YUHIKAKU

産業組織の
エッセンス

THE ESSENCE OF INDUSTRIAL ORGANIZATION

著・明城　聡
　　大西宏一郎

有斐閣ストゥディア

はしがき

本書のねらいと特徴

　この教科書は，ミクロ経済学の応用科目である「産業組織論」を初めて学ぶ学生の皆さんが，一歩ずつ学習していくことで初級から中級レベルまでの内容をしっかり理解できるようになることを念頭に書かれています。市場経済を理解するうえで必要なミクロ経済学の基礎から企業戦略への応用，そして産業組織論が深く関わっている競争政策の考え方までを広くカバーする，まさに産業組織の「エッセンス」と呼べるものになっています。産業組織論の初学者にとって最初の1冊として活用してもらうことが本書のねらいです。

　ところで，これは産業組織論に限った話ではありませんが，経済学を学ぼうとする人の多くが数学に対する知識不足，とくに経済学特有の数式の使い方でつまずくことがあるように思います。せっかく，現実社会を理解するのに経済学の知識を役立てようと思っても，数学が理解できないことで避けてしまうのはもったいないというほかありません。そこで本書ではそうした点にも配慮し，単なる数式表記による理論の説明ではなく，図による解説や，経済学的な解釈を加えることで読者の理解が深まるように工夫しています。また，具体的な事例をふんだんに盛り込み，一般論にとどまらない現実的な問題意識を共有できるように心がけてあります。本書を通じて，1人でも多くの方が経済学は難しいという先入観を克服し，産業組織論を学ぶ楽しさを見出してもらえたら筆者としてこれ以上の幸せはありません。

なぜ産業組織論を学ぶのか？

　私たちの生活を取り巻く市場環境では，日々数えきれないほどの財やサービスが取引されています。そうした商品取引に関して，経済学では最初に，財・サービスの価格と数量は需要と供給がちょうど釣り合うように決まる，ということを学びます。ある商品を欲しいと思う人が多いほど需要が増えて価格が上昇し，逆にそれを売りたいと思う人が多いほど供給が増えて価格は安くなり，両者がちょうど釣り合うところでその財・サービスの市場価格と販売量が決ま

るという考え方です。この考え方は今日広く社会に受け入れられていて，市場原理の根幹をなすものとみなされています。

　しかし，現実の市場1つひとつを個別に見ていくと，商品によって価格設定や販売方法にいろいろと違いがあることに気づきます。たとえば，映画館やアミューズメントパークは入場料金が大人と子供で異なったり，曜日や時間帯によって違っていたりもします。また，携帯電話の契約では単一料金プランではなく，複数の料金プランから好きなものを選べるようになっているのが普通です。他にも，ファストフード店ではメニューの価格改定は少ない代わりに，頻繁に値引きクーポン券を配っていることや，書籍は全国のどこの書店で買っても同一の定価販売となっていることなど，多くのバリエーションを見つけることができます。なぜ，企業はこうした価格設定や販売方法をとるのでしょうか？　もし，皆さんがこうした疑問の答えを知りたいと思ったら，本書が扱う産業組織論を学ぶことが1つの解決につながるかもしれません。

　さて，現実にいろいろな価格設定や販売方法があるのを見て，企業は商品の売り方にどんな手段を用いてもよいのかと考えたことはありませんか？　たとえば，筆者が子供のころに欲しかった人気ゲームソフト（ドラゴンクエストⅢ）を近くのゲームショップに買いに行ったところ，どこも品切れで買うことができませんでした。そうした中，とある店では注文を受け付けていたのですが，当時不人気でワゴンセールになっていた別のゲームソフトと一緒に買うことが購入条件になっていました。もちろん，そんな条件では買いませんでしたが，子供心にも理不尽さを感じたものです。こうした販売方法が果たして許されるのかどうかを経済学の立場で議論するのも産業組織論です。本書を通じて，皆さんが市場経済の仕組みと企業の販売戦略，そして，健全な競争環境とは何かを議論できるようになることが産業組織論を学ぶ目的になります。

▌本書の利用の仕方▐

　本書は教科書としての読みやすさを追求したため，いくつかの理論の証明については紙面に掲載せずに，ウェブサポートページにて解説することにしました。本書の内容だけでも十分理解できるようになっていますが，詳細な証明を知りたい方や，理論についてより深く学びたい方は，インターネット上で「有斐閣ストゥディア　ウェブサポートページ」で検索をかけるか，以下のURL

に直接アクセスしてもらえればと思います。

http://www.yuhikaku.co.jp/static/studia_ws/index.html

　なお，本書では経済学で用いる諸概念のうち，情報の非対称性や不確実性に関するトピックは扱わないこととしました。というのも，これらの内容を排除することで，大筋の議論がクリアになるというメリットがあるからです。一方で，近年の経済学分野では，取引に参加する経済主体間で利用できる情報に格差がある場合や，意思決定の結果として起こることに不確実性がある場合の議論は必須となっています。産業組織論においても，たとえば，企業の研究開発投資では，将来得られる成果にリスクが伴うため，不確実性が企業の意思決定に与える影響を分析することの重要性が増しています。しかしながら，これらのトピックを扱うには確率論の知識が必要不可欠であり，その準備を含めて本書でカバーするには紙幅がまったく足りません。

　このため，情報の非対称性や不確実性に関するトピックは他書の解説に譲ることとしました。これらに関心のある方は，たとえば，丸山雅祥（2017）『経営の経済学（第 3 版）』有斐閣の第 13 章を読んでみるとさらに理解が深まると思います。また，より上級レベルの内容に触れてみたいという方は，洋書になりますが，Paul Belleflamme and Martin Peitz (2015), *Industrial Organization: Markets and Strategies,* 2nd ed., Cambridge University Press の第 12 章などにチャレンジしてみるとよいでしょう。

┃授業を担当される先生方へ┃

　本書を授業の教科書・参考書としてご利用される場合には，資料作成に役立つように本書に掲載されているグラフ等をダウンロードできるサービスをご用意しています。詳しくは下記の有斐閣ウェブサイトをご覧ください。

http://www.yuhikaku.co.jp/static/studia_ws/teacher/index.html

　最後になりますが，本書を執筆するにあたり，有用なアドバイスをくださり，

また遅筆の筆者を温かく見守ってくださった有斐閣編集部の渡部一樹さんに心よりお礼申し上げます。

　　　2022 年 6 月

　　　　　　　　　　　　　　　　　　　　　　　　明城　　聡

　　　　　　　　　　　　　　　　　　　　　　　　大西　宏一郎

著 者 紹 介

明城 聡（みょうじょう　さとし）
法政大学経済学部教授
2007 年，筑波大学大学院システム情報工学研究科博士課程修了，博士号（社会工学）取得。
　文部科学省科学技術政策研究所研究員，神戸大学大学院経済学研究科准教授，法政大学経済
　学部准教授を経て，2020 年より現職。専門は実証産業組織論。第 1 回宮澤健一記念賞受賞
　（公正取引協会，2010 年）。
主な著作：

- Myojo, S. and T. Tanaka (2021) "Survival Analysis of Public Gas Utility Firms in the Japanese City Gas Industry," in S. Kusanagi and T. Yanagawa eds., *Privatization of Public Gas Utilities*, Kobe University Monograph Series in Social Science Research, Springer.
- Myojo, S. and H. Ohashi (2018) "Effects of Consumer Subsidies for Renewable Energy on Industry Growth and Social Welfare: The Case of Solar Photovoltaic Systems in Japan," *Journal of the Japanese and International Economies*, 48, 55-67.
- Myojo, S. and Y. Kanazawa (2012) "On Asymptotic Properties of the Parameters of Differentiated Product Demand and Supply Systems When Demographically Categorized Purchasing Pattern Data Are Available," *International Economic Review*, 53 (3), 887-937.

大西 宏一郎（おおにし　こういちろう）
早稲田大学教育・総合科学学術院教授
2007 年，一橋大学大学院経済学研究科博士後期課程修了，博士号（経済学）取得。財団法人
　知的財産研究所研究員，文部科学省科学技術政策研究所研究員，大阪工業大学知的財産学部
　専任講師，同准教授，早稲田大学教育・総合科学学術院准教授を経て，2022 年より現職。
　専門はイノベーションの経済学，産業組織論。
主な著作：

- Onishi, K., H. Owan, and S. Nagaoka (2021) "How Do Inventors Respond to Financial Incentives? Evidence from Unanticipated Court Decisions on Employees' Inventions in Japan," *Journal of Law and Economics*, 64 (2), 301-339.
- Kubota, S., K. Onishi, and Y. Toyama (2021) "Consumption Responses to COVID-19 Payments: Evidence from a Natural Experiment and Bank Account Data," *Journal of Economic Behavior and Organization*, 188, 1-17.
- Onishi, K. and S. Nagaoka (2020) "Graduate Education and Long-term Inventive Performance: Evidence from Undergraduates' Choices during Recessions," *Journal of Economics and Management Strategy*, 29 (3), 465-491.

目　　次

はしがき ————————————————————————— i

著者紹介 ————————————————————————— v

CHAPTER 1

私たちの生活と産業組織　　　　　　　　　　　　　1

大企業に対する規制は何のため？

1　市場構造と産業組織 ……………………………………… 2

　　大企業に対する規制や監視の必要性（2）　産業組織論とは
　　（3）　産業組織論は政策志向的（4）

2　競争政策と規制緩和 ……………………………………… 5

　　規制緩和がもたらす市場競争（5）　企業結合規制の緩和（6）

3　競争政策と独占禁止法 …………………………………… 8

　　独占禁止法とは（8）　産業政策 vs. 競争政策（10）

4　競争政策と産業組織論の発展 …………………………… 12

　　反トラスト法の成立（12）　ハーバード学派の産業組織論
　　（13）　シカゴ学派の産業組織論（15）　新しい産業組織論
　　（16）

CHAPTER 2

産業組織の基礎　　　　　　　　　　　　　　　　19

消費者と生産者の便益はどうやって測るのか？

1　消費者の行動 ……………………………………………… 20

　　消費者の購入意思と需要曲線（20）　需要曲線のシフト（22）
　　需要の価格弾力性（23）

2　企業の行動(1)——さまざまな費用と費用曲線 ………… 26

　　費用の諸概念と総費用曲線（26）　可変費用と固定費用を決
　　めるのは何か？（28）　平均費用と限界費用（29）

3　企業の行動(2)——利潤最大化と供給曲線 ……………… 31

　　利潤最大化（31）　損益分岐点と操業停止点（33）　市場全体

の供給曲線 （34）

4 完全競争市場と市場の効率性 ··· 35

完全競争市場とは （35）　完全競争市場は存在するのか？
（37）　消費者余剰と生産者余剰 （38）　完全競争市場の効率
性 （40）

5 市場の失敗と政府による市場介入 ····································· 41

市場の失敗 （41）　外部性による非効率性 （42）　政府による
市場介入 （43）　政府の失敗 （45）

CHAPTER 3 独占市場　　　　　　　　　　　　　　　　　　　　　　49

独占企業は儲かる？

1 独占企業の行動 ··· 50

独占市場とは （50）　独占企業の利潤最大化 （50）　利潤最大
化の条件は「限界収入＝限界費用」（52）

2 独占市場の非効率性 ··· 54

3 消費者情報を利用した価格差別 ··· 55

完全価格差別 （55）　市場分割による価格差別 （57）

4 自己選択による価格差別（発展） ··· 61

数量割引と二部料金 （61）　需要の異なる消費者がいる場合
の二部料金 （63）　メニュー料金による自己選択 （66）　抱き
合わせによるメニュー料金 （67）　タイイング （71）

CHAPTER 4 ゲーム理論の基礎　　　　　　　　　　　　　　　　　　73

相手の行動は想定内？

1 ゲーム理論とは ··· 74

ゲームの構成要素 （74）　戦略と利得表 （74）　値下げ競争の
囚人のジレンマ （76）

2 ゲームの均衡 ··· 77

最適反応と均衡戦略 （77）　ナッシュ均衡の求め方 （78）　純
粋戦略と混合戦略 （79）

3 展開形ゲーム ··· 80

価格選択の参入阻止ゲーム（80）　値下げ競争の囚人のジレンマ──展開形ゲームによる表現（82）　参入阻止と空脅し（83）　部分ゲーム完全均衡（84）　バックワード・インダクション（86）　新規参入の阻止は可能か？（87）

寡占市場　　　　　　　　　　　　　　　　　　93

戦略的な反応は企業を動かすか？

1 同質財市場における競争 ································· 94

クールノー競争（数量競争）（94）　反応関数と戦略的関係（96）　ベルトラン競争（価格競争）（98）　限界費用に差がある場合のベルトラン競争（100）　企業数が n の場合（101）　クールノーの極限定理（103）

2 差別財市場における競争 ································· 104

差別財の価格競争（104）　その他の価格戦略（106）　数量競争 vs. 価格競争（109）

3 企業の意思決定に順序がある場合 ··············· 110

シュタッケルベルグ競争（110）　差別財の価格競争の場合（112）　何がリーダーとフォロワーを決めるのか？（114）

企業の共謀と協調　　　　　　　　　　　　　　117

カルテルはなぜ起こるのか？

1 カルテルとは ·· 118

カルテルの分類（118）　カルテルの非効率性（119）　カルテルに参加するメリットはあるのか？（121）　カルテルは不安定（122）

2 繰り返しの意思決定と暗黙の共謀 ··············· 123

繰り返しの意思決定（123）　有限回の繰り返しの場合（124）　無限回の繰り返しの場合（124）

3 カルテル規制とリーニエンシー制度 ··············· 128

カルテルの生まれやすい土壌（128）　カルテルに対する行政処分と課徴金（129）　官製談合防止法（130）　リーニエンシー制度（130）　国際カルテル──ビタミン・カルテルの事例（131）

^{CHAPTER} **7** 市場への参入と戦略的な参入阻止行動　　　　　　137
　　　　　　　　　　　　　　　　既存企業は新規参入を阻止できるのか？

1 参入の経済効果 ………………………………………………… 138
　　新規参入の条件と入企業数（138）　過剰参入による社会的
　　厚生の低下（139）

2 コンテスタブル市場と参入障壁 ………………………………… 141
　　コンテスタブル市場による効率性の改善（141）　さまざまな
　　参入障壁（142）

3 企業戦略と参入阻止行動 ………………………………………… 145
　　参入阻止価格（145）　設備投資による参入阻止（発展）
　　（148）　参入阻止と消費者余剰（発展）（152）

4 独占禁止法における参入阻止の扱い …………………………… 154
　　略奪価格の合理性（154）　多角経営による略奪価格（155）
　　不当廉売（156）　競争政策における不当廉売の扱い（158）

^{CHAPTER} **8** 規制産業における競争政策と市場画定　　　　　　161
　　　　　　　　　　　　　　　　　　参入規制の必要な市場とは？

1 自然独占と規制産業 ……………………………………………… 162
　　費用逓減産業（162）　参入規制が必要な場合とは（163）

2 価 格 規 制 ………………………………………………………… 165
　　限界費用価格規制と平均費用価格規制（165）　公正報酬率規
　　制（166）　インセンティブ規制（168）　政府による規制の限
　　界（170）

3 規制当局による市場支配力の計測 ……………………………… 171
　　市場支配力とプライス・コスト・マージン（171）　企業数,
　　マーケットシェア, 市場集中度（172）　ハーフィンダール＝
　　ハーシュマン指数（173）

4 市 場 画 定 ………………………………………………………… 175
　　市場画定とは（175）　標準産業分類（176）　需要と供給の交
　　差価格弾力性（177）　仮想的独占者テスト（179）　仮想的独
　　占者テストの限界（181）

CHAPTER **9** 企業結合と競争政策　　　　　　　　　　185
　　　　　　　　　　　　　　　　企業はなぜ合併するのか？

1 企業結合と合併 ……………………………………………… 186
　　合併とは（186）　合併急増の背景（186）　合併の分類
　　（188）　合併の目的（190）

2 水平型合併の収益性と市場の効率性 ………………… 193
　　水平型合併が企業の利潤に与える影響（193）　シナジー効果
　　による効率性の改善（195）　水平型合併の余剰への影響
　　（196）

3 競争政策における企業結合の扱い ………………………… 198
　　公正取引委員会による合併審査（198）　合併ガイドライン
　　（199）　合併評価の難しさ（200）

CHAPTER **10** 垂直的な取引関係とプラットフォーム・ビジネス　　205
　　　　　　　　　　　　　　　公正な競争を阻害する取引方法とは？

1 垂直的な取引関係 …………………………………………… 206
　　ブランド間競争とブランド内競争（206）　二重マージン
　　（207）　ブランド内競争と二重マージン（209）

2 垂直的な取引制限 …………………………………………… 210
　　再販売価格維持（210）　再販適用除外制度（211）　再販売価
　　格維持の合理性（212）　テリトリー制（213）　排他的取引
　　（214）　抱き合わせ（215）　独占禁止法での垂直的な取引制
　　限の扱い（216）

3 プラットフォームと両側市場 ……………………………… 219
　　流通革命とプラットフォーム・ビジネスの普及（219）　両側
　　市場とは（220）　両側市場の分類（222）　プラットフォー
　　マーの利潤（224）　プラットフォーム間競争とクリティカル・
　　マス（226）

4 両側市場における競争政策 ………………………………… 227
　　カルテル（227）　不当廉売（228）　排他的取引（229）

CHAPTER 11 イノベーションと研究開発 235
誰がイノベーションを担うのか？

1 イノベーションとは ……………………………………… 236
　イノベーションの重要性（236）　イノベーションに伴う市場
　の失敗（237）

2 イノベーションの担い手は誰か？ ……………………… 239
　市場支配力とイノベーションの関係（239）　イノベーション
　の置き換え効果（240）　イノベーションの効率性効果（242）
　置き換え効果 vs. 効率性効果（244）

3 知識スピルオーバーと研究開発投資における協調行動 ……… 245
　知識スピルオーバー（245）　知識スピルオーバーと企業の戦
　略的行動（246）　知識スピルオーバーがある場合の研究開発
　投資（250）　研究開発投資における協調行動（発展）（251）

CHAPTER 12 知的財産権の保護 257
特許による発明の保護はなぜ必要なのか？

1 特許制度とイノベーション ……………………………… 258
　特許制度とは（258）　特許制度によるイノベーションの促進
　（259）　社会的厚生における効率性のトレードオフ（262）

2 最適な特許の保護期間とは ……………………………… 263
　特許期間が研究開発に与えるインセンティブ（263）　社会的
　に望ましい特許期間（265）　特許以外のイノベーションの促
　進制度（266）　特許の専有可能性（268）

3 特許をめぐる新たな問題 ………………………………… 269
　特許の藪（269）　クロスライセンスとパテントプール（270）
　パテントプールと競争政策（271）

参考文献 ————————————————————————— 277
練習問題解答 ————————————————————— 280
索　引 ————————————————————————— 283

Column● コラム一覧

❶ 航空産業の自由化と航空運賃 ……………………………………… 7
❷ 再生可能エネルギーの普及政策 …………………………………… 46
❸ デジタル革命で進む価格差別 ……………………………………… 60
❹ 参入阻止のコミットメント ………………………………………… 89
❺ 牛丼チェーンの価格競争 ………………………………………… 107
❻ 価格対抗保証による暗黙の共謀 ………………………………… 127
❼ JASRAC の抱き合わせによる参入阻止 ………………………… 144
❽ コストコとバロン・パークによるガソリンの不当廉売 ……… 157
❾ 電力市場の自由化 ………………………………………………… 169
❿ 八幡・富士製鉄の合併審査 ……………………………………… 201
⓫ 抱き合わせ規制の事例――マイクロソフト事件 ……………… 218
⓬ プレイステーションのソフト販売における再販売価格維持 … 230
⓭ キラー買収 ………………………………………………………… 254
⓮ 特許として認められるもの ……………………………………… 260
⓯ パテント・トロールの問題 ……………………………………… 272

第 1 章

私たちの生活と産業組織

大企業に対する規制は何のため？

「GAFA」と称される米巨大 IT4 社のロゴ（AFP＝時事提供）

INTRODUCTION

　この章ではいくつかの身近な事例を取り上げながら産業組織論とは何か
を解説します。また，経済学分野における産業組織論の成立の歴史的背景
を知ることで，産業組織論を学ぶことの意義や重要性を学習します。そし
て，産業組織論と深く結びついている競争政策が私たちの生活とどのよう
に関わっているのかを考えてみましょう。

1 市場構造と産業組織

┃ 大企業に対する規制や監視の必要性 ┃

　2021年8月の『日本経済新聞』に，GAFA（ガーファ）の株式時価総額が770兆円に達し，日本企業全体の総額750兆円を超えたという記事が掲載されました。ここでGAFAとはグーグル，アップル，フェイスブック，アマゾンの頭文字をとったもので，情報技術分野で基盤技術を提供する「プラットフォーマー」と呼ばれる大企業4社のことです。皆さんの中にも日常的にiPhoneでネット記事を「ググ」り，インスタグラムで友人と連絡を取り合い，アマゾンでショッピングをしている人は多いのではないでしょうか？　日本企業で最大のトヨタ自動車の時価総額が31兆円だったことを考えると，これら4社の規模がいかに大きいかわかると思います。まさに世界をリードしている大企業といえるでしょう。

　こうした巨大プラットフォーマーの急成長に対して，近年，日本のみならず主要先進国の政府は警戒を強めています。2018年12月に日本政府は巨大IT企業に対する監視強化の方針を表明しました。これらプラットフォーマーの取引実態を調査するとともに，その問題点や弊害を抑制すべく，ルール整備に乗り出しています。そして，2020年5月には大手プラットフォーマーの取引条件の透明性や公正性を高めるための「デジタルプラットフォーム取引透明化法」が成立しました。また，欧米諸国でもプラットフォーマーの活動を制限する法的整備が進められています。

　さて，皆さんはなぜこれら大企業が監視強化の対象になるのか疑問に思うかもしれません。これらの企業はインターネット上の個人情報や取引履歴に関するデータを大量に蓄積しており，それらをビジネスに活用することで莫大な収益を上げています。そして，その影響力から取引相手との交渉を有利に進めるとともに，将来的にライバルとなりそうな競合企業を買収して事業を拡大しています。また先端技術に関する特許などの知的財産を占有していることも指摘されています。こうした大企業の行動は果たして私たちの生活にどのような影

GAFA の時価総額が日本株全体を超える（『日本経済新聞』2021 年 8 月 27 日付朝刊）

響を与えるのでしょうか？

　もし，皆さんがこのような疑問に経済学の立場で何かしらの解答を求めるとしたら，それは本書が扱う産業組織論という学問分野が深く関わっています。大企業に対する規制や監視がなぜ必要なのか，またそうした規制にどのような問題があるのかを議論できるようになるのが本書で産業組織論を学ぶことの目標の１つです。

産業組織論とは

　本書が扱う**産業組織論**（industrial organization）という学問は，私たちの周りにある財やサービスの価格や供給量，あるいは品質といったものが，どのように決まるのかを学ぶ学問です。もう少し専門的に書くと，産業組織論では消費者や企業の経済活動を分析することで財やサービスの価格，数量，そして品質などが決まる市場構造を明らかにし，それが経済学的に望ましい状態なのかを議論する学問といえます。たとえば，たくさんの人が欲しいと思っている商品が少数の大企業だけによって供給されており，本来は安く提供できるにもかか

わらず非常に高い価格がつけられているとしましょう。また、なんらかの理由でその商品を供給する新たな企業も現れないとしたら、それは社会全体としては望ましい状態ではないかもしれません。そして、このような現象がなぜ起こるのかを理解するためには、財やサービスの特性と消費者の選択に関する意思決定、そして供給者である企業が行っている活動について掘り下げて考えてみる必要があります。

　ところで、企業が行っている経済活動といっても多岐にわたっています。商品となる財やサービスの生産供給という基本的な活動の他にも、生産設備への投資、新しい商品を生み出すための商品開発、コスト削減や新技術導入を目的とした研究開発、さらに消費者に企業活動を広く知ってもらうための広告活動などがあります。市場が形成される仕組みをきちんと理解するには、これらの企業活動についても踏み込んで分析しなければなりません。また、企業間で行われている取引関係についても注意を払う必要があるでしょう。これは、ある企業が生産した商品が私たちの手元に届くまでには、途中に卸売企業や小売店などの流通業者を介しているからです。最終的に私たちが手にする商品の販売価格は、これら生産者と流通業者の取引関係から大きな影響を受けていることは容易に想像されるでしょう。このように産業組織論では消費者と企業の行動に加えて、企業間での取引関係が市場を構成する産業組織の中でどのような役割を持っているのかを経済学の知識、主にミクロ経済学の知識を応用して分析します。

▌産業組織論は政策志向的▐

　産業組織論では、市場監視者としての政府が担うべき役割や機能についても大きな関心を持っています。この章の冒頭で政府のIT産業への監視強化を取り上げましたが、これは政府が経済政策を通じて市場をコントロールしようとしている事例の1つです。もし少数企業のみが供給している商品の価格が引き上げられた場合に、それが社会的に見て望ましくないと判断されれば、政府はなんらかの規制をかけてその商品の価格が「適正」になるよう行政指導したり、あるいはその市場への新規参入を促すような政策を行ったりするかもしれません。

　産業組織論は、市場が効率的に機能するためにはどのような規制が必要か、

またそれが持続するにはどのような市場の仕組みが必要かを考える学問でもあります。企業間の競争を促進させて市場の効率性を高めるための経済政策のことを**競争政策**（competition policy）と呼びます。競争政策を通じて市場取引のあり方について政策提言をするという一面において産業組織論は政策志向的な学問ということができます。

 ## 競争政策と規制緩和

▌規制緩和がもたらす市場競争 ▌

　市場で取引される商品の価格や数量，あるいは品質について政府がなんらかの規制を設けている，またはその市場に参入するのに政府の認可が必要となる産業のことを**規制産業**と呼びます。たとえば，電力，ガス，通信といった社会インフラ産業では市場に参入するのに政府の認可が必要となり，また料金も近年まで自由に企業が決めることはできませんでした。また，自動車産業では製造する自動車の排ガスや燃費について厳しい基準が設けられており，それを満たさない製品は販売することができません。これまで日本では国内産業の保護や育成，安全性，あるいはユニバーサル・サービス（電気・ガス・水道・郵便・放送・通信・医療・福祉などの公共サービスで価格や品質に地域差を設けないこと）といった観点から，多くの産業で参入規制や料金規制が設けられ企業活動が制限されていました（こうした規制の必要性については第8章で議論します）。

　近年の国内産業の変遷を語るうえでは政府の成長戦略の一環として行われている**規制緩和**の議論を避けて通ることはできません。1990年代以降に通信，航空，医療，銀行，保険をはじめとして，さまざまな産業で参入規制の撤廃や緩和が行われています（航空産業の自由化については **Column ❶** を参照）。「参入自由化」や「民営化」といった言葉が用いられることも多いこれら規制緩和の目的の1つは，参入障壁となる規制を緩めることで新たに市場へ参入する民間企業を増やして市場競争を促すことにあります。新たな参入企業が既存企業と競い合うことで技術革新が起こったり経営効率が改善したりすれば，結果として品質の高い商品が安く供給されるようになり，私たちの生活はより豊かにな

るでしょう。

　ところで，市場競争が進むということは，収益性の低い非効率的な企業は市場からの退出を余儀なくされることを意味します。他社との競争に敗れた企業が退出し，代わりに競争力のある企業が参入することで市場の新陳代謝が進むわけです。したがって，参入だけでなく退出も需要・供給を調整する市場メカニズムが機能するために必要なものと考えられています。第7章では企業の参入・退出行動が市場に与える影響や，それを制限するような企業の行為について競争政策の観点から説明します。また，第11章では企業が技術革新や研究開発を行う動機を明らかにします。そして，第12章では企業が行っている研究開発を促進・保護するための知的財産権を取り上げます。

▌企業結合規制の緩和 ▌

　規制緩和は新たな企業の市場参入を増やすだけでなく，**合併**や**買収**（mergers and acquisitions：M＆A）を通じた企業の経営統合も促しています。ここで合併とは複数の企業が結合して1つの企業になることです。また，買収とは一方の企業がもう一方の企業の株式を買い取るなどして支配下に置くことです。1990年代後半から国内での合併・買収による企業結合が急増しており，それまで年間500件程度で推移していた合併件数が2000年代に入ると1500件を超えるようになり，近年では4000件に達するまでに増加しています。これはそれまで合併・買収を規制していた法律（後述の独占禁止法や商法）が改正されたことで企業の経営統合が容易になったことが大きな理由として考えられています。

　企業結合によって市場に参入している企業数が減少すれば，競合するライバルが減少するため企業の**市場支配力**は高まることが知られています。ここで市場支配力とは，詳しくは第3章で説明しますが，企業が高い価格で商品を販売できる能力のことを指します。近年は収益性を高めるための経営戦略の一環として企業統合するケースが増えているといえるでしょう。また，市場競争が激しくなれば，競争力のない企業は市場から撤退せざるをえませんが，倒産以外の撤退の方法としてライバル企業に買収されたり，あるいは吸収合併によって1つの会社に統合されたりする場合があります。このような企業結合が市場に与える影響と政府による規制については第9章で扱います。

Column ❶ 航空産業の自由化と航空運賃

　規制緩和の一例として航空産業の自由化について見てみましょう。日本の航空産業は，1997年まで日本航空（JAL），全日本空輸（ANA），日本エアシステム（JAS）の3社による棲み分けが行われており，それ以外の企業は規制によって実質的に参入することができませんでした。これは，日本の航空産業を自立させ，安定的な経営基盤を築けるように同一路線に対する複数企業の運航が国土交通省（旧運輸省）によって制限されていたためです。結果として利用者が負担する航空運賃は非常に高い水準となっていました。

　しかし，1997年に航空産業の参入規制が撤廃されたのをきっかけとして，翌年には羽田〜福岡間でスカイマーク・エアラインズ，羽田〜新千歳間で北海道国際航空（エアドゥ）がそれぞれ就航を開始しました。その結果，航空市場では急激な価格競争が起こりました。規制が緩和されるまで羽田〜新千歳間は片道3万円もしたANAの正規料金ですが，エアドゥはその半額に近い1万6800円という低料金でこの路線に参入しています。また，参入規制が撤廃されるのと同時期に航空料金に対する価格規制も段階的に見直されています。それまでの航空運賃は航空会社が設定する正規料金だけでしたが，規制緩和によって早期購入割引や特定便割引といった割引メニューが大手航空会社からも提示されるようになり，消費者は自分のニーズに合ったプランを選べるようになりました。そして2000年2月には航空運賃は完全に自由化されています。

　次ページの図は国内航空運賃の推移を示したものですが，運賃が自由化される前の1990年頃から徐々に運賃が下がっているのがわかります。これは規制当局からの値下げ圧力があったのと将来的な規制緩和を見越して大手航空会社が料金を引き下げたためです。また，新規参入の起こった1997年から2000年にかけて運賃がさらに下落していることもわかります。そして，こうした運賃の低下とともに航空機の利用者も増え，規制緩和後の航空産業の需要は大幅に増加しています。

　今日では国内線だけでなく国際線でも数多くの航空会社が競合しています。とくに2010年10月に締結された日米オープンスカイ協定以降，提供するサービスを限定する代わりに徹底した低価格路線を打ち出したローコスト・キャリア（low cost carrier：LCC，格安航空会社）の参入が活発になっています。国内LCCとしては2012年に就航を開始したジェットスター・ジャパンやピーチ・アビエーションなどが代表例ですが，これら新しい航空会社の登場によって航空産業での価格競争はさらに激化しています。

図　国内線航空運賃の推移（1990 年を 100 とする旅キロあたりの平均運賃〔CPI 調整後〕）

(出所)　定期航空協会および国土交通省航空局資料から筆者作成。

③ 競争政策と独占禁止法

▌独占禁止法とは▐

　産業組織論では監視者としての政府の役割に大きな関心を寄せることは先に述べましたが，競争政策に法的な根拠を与えて企業の競争阻害行為を取り締まる法律が**独占禁止法**です。また，独占禁止法を所管し，実質的に市場監視を担っている公的機関が**公正取引委員会**です。近年の規制緩和の進展には独占禁止法の改正が深く関わっています。

　独占禁止法は正式には「私的独占の禁止及び公正取引の確保に関する法律」と呼びますが，市場での公正かつ自由な競争を促進し，国民経済の民主的で健全な発達を目的とする経済法です。独占禁止法は競争を制限したり，あるいは阻害したりするような企業行動を禁止することで市場の競争環境を整えるため

の法律といえます。具体的にどのような企業の行為が独占禁止法に違反するのか，またその判断基準も時代とともに変化していますが，一貫して問題とされるのは企業間での**カルテル**です。カルテルについては第 6 章で詳細に扱いますが，同じ市場にいる企業同士が結託して財やサービスの価格や数量などを決めてしまうことです。独占禁止法の第 3 条ではこのような共謀行為を**不当な取引制限**として禁止しています。ある行為がそれに至った理由の如何を問わず違法となることを法律用語で**当然違法**といいますが，共謀は当然違法に該当する違法行為です。

　仮にある企業の行為が独占禁止法に違反していると認定されれば，公正取引委員会はその違反企業に対して**排除措置命令**を出し，当該行為を中止させることができます。また，違反企業は行政罰として課徴金を納めなくてはなりません。たとえば，共謀行為に対する課徴金は，大手企業であれば該当商品・サービスの売上額（および密接関連業務の対価）の 10%，中小企業でも 4% に相当する金額です。2017 年度の国内製造業の売上高営業利益率が平均 5.5% ということを考えると，これがいかに大きな金額であるかわかるでしょう。実際に共謀行為に対する罰則は企業に科される行政罰の中で最も重いものの 1 つです。

　独占禁止法で問題となる企業行為は共謀だけではありません。ある商品と商品を組み合わせて販売する**抱き合わせ**（第 3 章），商品を特定の店舗でしか扱えないようにする**専売店制**（第 10 章），あるいは企業同士が経営統合する合併・買収（第 9 章）といった行為も独占禁止法に違反する可能性があります。ただし，これら行為については市場の効率性を改善する効果もあるので，当然違法ではなく対象事例ごとにその違法性を判断する方法（**合理の原則**）がとられています。これらについてはそれぞれ該当する章で説明します。

　独占禁止法の厳しすぎる運用は企業の自由な行動を阻害し，積極的な企業活動そのものを抑制しかねません。一方で競争を阻害するような企業行為は市場の効率性を損ね，結果的には消費者である私たちにも不利益を与える可能性があります。どのような行為を違法とみなすのか，またその判断基準はどうするのか，独占禁止法の解釈や運用方法については現在も議論されているトピックです。

産業政策 vs. 競争政策

　独占禁止法をもとに進められている競争政策ですが，これまでの日本経済の歴史を振り返るとその役割は時代とともに大きく変化しています。とくに国内産業の育成・保護を目的とする産業政策（産業保護政策）としばしば対立を起こしてきました。競争政策では，企業が自由な競争をした結果，競争力のある企業が生き残ることで効率的な市場が達成されるという市場メカニズムを重視するのに対して，競争力のない企業が競争力をつけられるように政府が参入規制をかけたり，技術力のある企業に税制優遇や補助金を出したりすることで産業を育成・保護するのが産業政策です。どちらも最終的には産業発展を目的としていることでは共通していますが，そのための政策アプローチは大分異なります。

　競争政策の歴史を振り返ると，日本では第二次世界大戦後の 1947 年に GHQ の要請によって独占禁止法が制定され，公正取引委員会が設立されました。これは戦後に解体された財閥の再興を防ぐことを目的に持株会社（第 9 章を参照）の設立が禁止されるなど，後述するアメリカの反トラスト法よりもある意味で厳しい基準でした。しかし，米軍の支配下から独立した 1953 年以降，産業政策が優先されたことで日本の競争政策はしだいに効力が弱められていきます。とくに当時は国内産業が壊滅的な状況だったため，早急な復興と産業育成を進める目的から，鉄道や通信などの社会インフラ産業では公営企業による資本集約が行われ，それ以外の産業でも幅広い保護政策が行われました。たとえば，不況時に企業がカルテルを結ぶことを容認したり，独占禁止法にも適用除外制度が導入されたりするなど日本の競争政策は後退していきます。このように日本が高度経済成長を迎えた 1950～70 年代には市場メカニズムによる競争よりも産業保護を優先する政策がとられてきました。

　しかし，行きすぎた産業保護は，産業育成という本来の意味を外れて競争力のない企業をも存続させてしまうことになります。1980 年代に入ると手厚い産業保護を受けてきた農業，漁業，林業，郵便，航空，通信などの国際的競争力の弱さが経済成長の足かせとなるようになります。また，自動車産業や電機・電子産業などこれまで産業保護を受けてこなかった産業が急成長を遂げたことからも，産業保護そのものの効果や意義について疑問や批判が集まるよう

CHART | 表 1.1　国有企業の民営化（1980 年代以降）

年度	内容
1983	・日本航空機製造 ⇒ 解散
1985	・日本電信電話公社 ⇒ NTT グループ ・日本専売公社 ⇒ 日本たばこ産業および塩事業センターに分離・民営化 ・日本自動車ターミナル ⇒ 特殊法人からの民営化
1986	・東北開発 ⇒ 民営化後に三菱マテリアルに吸収合併（1991）
1987	・日本国有鉄道 ⇒ JR グループおよび日本国有鉄道清算事業団に分割・民営化 ・日本航空 ⇒ 特殊法人を民営化
1988	・沖縄電力 ⇒ 特殊法人を民営化
1998	・国際電信電話（KDD）⇒ 民営化後に IDO，DDI と合併し KDDI に統合（2000）
2002	・日本興業銀行 ⇒ みずほフィナンシャルグループに吸収合併
2004	・電源開発 ⇒ 特殊法人を民営化 ・帝都高速度交通営団 ⇒ 東京メトロ ・新東京国際航空公団 ⇒ 成田国際空港
2005	・道路関係四公団 ⇒ 分割・民営化
2006	・日本アルコール産業 ⇒ 新エネルギー総合開発機構への移管（1982）を経て民営化
2007	・日本郵政公社 ⇒ 日本郵政グループ

（出所）　各社ホームページの沿革より筆者作成。

になります。このような自由化に向けた流れは 1980 年代の中頃の電電公社，国鉄，専売公社など国有企業の民営化として結実し，しだいに市場を民間に開放する動きが始まります。

　また，1989 年の独占禁止法改正では課徴金算定率や罰金額の引き上げが行われ，競争政策の強化が行われました。さらに，1997 年の改正では持株会社が解禁されるなど市場自由化の流れが加速しています。1990 年代は産業保護から競争政策へと政策転換が行われた時期といえるでしょう。そして，2000 年代には郵政（郵便，簡易保険，郵便貯金）の民営化を含めて幅広い分野での規制撤廃と市場開放が進められることになりました。**表 1.1** は 1980 年以降の国有企業の民営化をまとめたものです。

4. 競争政策と産業組織論の発展

反トラスト法の成立

　競争政策の必要性はどのような経緯で生まれ，またそれが産業組織論とどう関わってきたのでしょうか？ 独占禁止法が誕生した歴史的背景に触れつつ，産業組織論の学問上の変遷について見てみましょう。

　独占禁止法の起源は 1890 年にアメリカで制定された**シャーマン法**にさかのぼります。当時のアメリカでは南北戦争後の経済成長を背景に産業の集中化が進み，巨大企業や企業連合（トラスト）が誕生していました。巨大企業の出現は産業の発展を促す一方で弊害も生みます。それは石油，石炭，鉄鋼といった原材料のみならず，砂糖，石鹸，タバコ，ウィスキーといった日用品にいたるまで，さまざまな分野で巨大企業が市場を独占するようになったことです。これらの独占企業が価格のつり上げを行ったことで物価の高騰を招き，庶民の生活が圧迫されるようになりました。物価高騰に対する社会的な不満という世論を反映して制定されたのが巨大企業のトラストを規制する法律，すなわち**反トラスト法**です。シャーマン法は反トラスト法の第 1 号です。

　シャーマン法では消費者の選択肢を確保するために，企業による不当な取引制限と独占を維持・形成する行為を禁止しています。この法律によって企業同士が共謀して価格を決める行為や市場独占を目的として競合企業を市場から排除するような行為が違法になりました。実際にスタンダード・オイルやアメリカン・タバコなどの多くのトラストがシャーマン法によって解体されています。しかし，シャーマン法はどのような行為が独占化につながる行為で違法となるのか曖昧な表現が用いられていたため，法律上の解釈をめぐって論争が起きています。そしてシャーマン法の抜け穴をついて，合併や買収を通じた巨大な独占企業が出現するという問題が起こりました。

　このような事態を受けて 1914 年に制定されたのが**クレイトン法**です。クレイトン法はシャーマン法を補完する法律で，取引相手に他事業者と取引しないように強制する行為や，大企業同士が合併する行為を違法行為として規制して

います。さらにクレイトン法は1936年の改正を受け，同じ商品を異なる買い手に対して価格で差別する行為（第3章第3節の完全価格差別を参照）も禁止しています。

　また，クレイトン法と同じくして1914年に制定された**連邦取引委員会法**によって市場での企業行動を監視するための公的機関である**連邦取引委員会**（Federal Trade Commission：FTC）が設立されました。シャーマン法を含めたこれら3つの法律のこと合わせて反トラスト法と呼びます。

┃ ハーバード学派の産業組織論 ┃

　19世紀末にアメリカで起こった巨大企業による独占市場の問題に対して経済学はどのような影響を与えたのでしょうか？　シャーマン法が成立する以前の古典的な経済学では，独占市場という言葉はほとんど用いられておらず，またそれが問題となるのは，かつてのイギリス植民地における東インド会社のような，政府が特定企業に専売特権を与える場合だけだと考えられていました。これは利潤の出るような市場であれば，政府がなんら規制をしないかぎり，企業の新規参入が起こり競争によって価格が下がるため，最終的には需要と供給が一致するという市場メカニズムを経済学者の多くが信じていたからです。したがって，当時の経済学では無数の生産者によって財の供給が行われる完全競争市場（第2章）が前提とされており，現実の独占企業が生み出す市場の非効率性に対して有効な分析方法や解決策を提示することはありませんでした。

　経済学が現実の独占市場について分析を行うようになったのは1930年代に入ってからです。1933年にチェンバリン（E. H. Chamberlin）の『独占的競争の理論』が公刊され，さらにその数カ月後にロビンソン（J. V. Robinson）の『不完全競争の経済学』が公刊されると独占市場に対する経済学者の関心が高まりました。そして，クールノー競争やベルトラン競争（第5章）といったそれ以前から存在していた少数企業による寡占市場のモデルにも再び注目が集まるようになりました。この時期に独占市場や寡占市場といった不完全競争の理論が大きく発展しています。また，1950年代に入るとこれら不完全競争の理論が，現実の市場でも実際に成り立っているのか統計的に検証する試みが行われるようになります。これらの研究はメイスン（E. S. Mason）を先駆けとして，ベイン（J. S. Bain）やケイブス（R. E. Caves）といったハーバード大学を中心とした

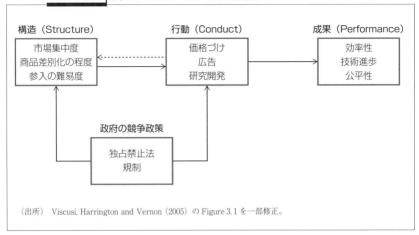

CHART 図1.1 SCP パラダイムの概念図

構造（Structure）

市場集中度
商品差別化の程度
参入の難易度

行動（Conduct）

価格づけ
広告
研究開発

成果（Performance）

効率性
技術進歩
公平性

政府の競争政策

独占禁止法
規制

（出所）　Viscusi, Harrington and Vernon（2005）の Figure 3.1 を一部修正。

経済学者によって行われたため，**ハーバード学派**の産業組織論，あるいは古典的産業組織論と呼ばれています。

　ハーバード学派の経済学者は市場データの観測を通じて，技術水準や原料調達といった供給要因によって新規参入が困難な市場や，市場シェアの大部分を少数の企業が占めている市場ほど，そこで企業が得ている利益率が高いことを発見しました。また，そうした高い利潤を上げている企業の中には大企業が多かったことから，「少数の大企業が共謀して価格つり上げを行うことで高利益を得ている」という**共謀仮説**を立てるに至りました。

　ハーバード学派は共謀仮説を検証するにあたり，市場の組織を**構造**（structure），**行動**（conduct），**成果**（performance）という 3 つの基本概念に分けて分析を行っています。ここで構造とは市場集中度，参入の難易度，その財の品質や広告による差別化の程度といったその市場が持っている特徴のことを指します。また，行動とは価格づけ，宣伝広告，研究開発，および設備投資などその市場で企業がとっている行動のことです。そして，成果とは企業の利益率，生産効率，技術進歩，消費者と企業間での分配の公平性といった市場で実現された成果のことです。ハーバード学派ではこれら 3 つの基本概念の間には構造 → 行動 → 成果という因果関係があると考えました（図1.1を参照）。こうした枠組みに基づいて，市場集中度と企業収益性の相関などを分析するハーバード学派の研究のことを，それぞれの基本概念の頭文字をとって **SCP パラダイム**

と呼びます。

　ハーバード学派では市場構造が企業行動を決定し，ひいては市場成果を決定するという主張から，市場構造を基準に企業を厳格に取り締まることで反競争的な企業行動を排除する政策を掲げています。具体的には，カルテルなどの協調的行為に対する規制の厳格化，市場集中度を高めるような企業合併の禁止，そして市場シェアの大きい企業に対する企業分割などを提唱しました。こうしたハーバード学派の独占禁止政策は 1950〜70 年代のアメリカの競争政策に大きな影響を及ぼしています。実際にこの時期に行われた企業結合をめぐる訴訟判決では市場集中度やマーケットシェアといった市場構造の指標が重視され，大企業による買収や合併が市場競争を減退させるとして違法とされました。また，こうした合併訴訟の判決を反映し，1968 年に制定されたアメリカ司法省の合併ガイドラインでも市場構造の指標を用いた合併の審査基準が採用されています。

▌ シカゴ学派の産業組織論 ▐

　1970 年代になると，ハーバード学派の産業組織論はシカゴ大学のスティグラー（G. J. Stigler）やデムゼッツ（H. Demsetz）などの経済学者によって批判を受けるようになりました。これらの経済学者の主張はハーバード学派とは異なり，「市場で大企業が高い利益率を上げているのは協調的な行為によって価格つり上げを行っているからではなく，これら企業の技術水準や生産効率が高いからである」というものです（効率性仮説）。デムゼッツは集中度の高い市場であっても大企業と中小企業では利益率が異なることを市場データによって指摘し，大企業の経営効率の優位性を説きました。また，ブローゼン（Y. Brozen）は大企業の高利益率は長期的には産業利益率に一致（収束）する傾向があることから，ベインらの発見した市場集中度と産業利益率の間の相関関係は一時的なものにすぎないと主張しました。

　こうしたハーバード学派の SCP パラダイムに対する批判は，主にシカゴ大学の経済学者によって行われたことからシカゴ学派と呼ばれていますが，この時期のハーバード学派との間で行われた熾烈な論争は後にハーバード＝シカゴ論争と呼ばれ，産業組織論の潮流に大きな影響を及ぼすことになります。結果的にはシカゴ学派の批判に対してハーバード学派の経済学者が有効な反論をす

ることができなかったため，1970年代以降の産業組織論の主流はシカゴ学派に移っていきます。

シカゴ学派では集中度が高くなるのは経営効率の高い企業が市場で生き残った結果であり，一時的な現象であるから特別な規制は必要ないと考えました。そして，自由な企業活動こそが長期的には市場効率性を高めるので，規制による束縛はむしろ市場の効率性を減退させてしまうとして従来の競争政策を強く批判しました。このようにシカゴ学派の競争政策は，市場に対する厳格な構造規制や企業の合併規制は基本的に必要なく，超大型の合併とカルテルのみを取り締まればよいというものです。この考え方は1970年代後半のアメリカの競争政策に大きく反映されていきます。とくに1981年に発足したレーガン政権ではシカゴ学派の考え方に基づいて情報通信，電力，航空，トラック運送業など多くの産業で抜本的な規制緩和が行われました。そして，1982年に改定された米司法省の合併ガイドラインでも企業合併の審査基準が大幅に緩和されました。

新しい産業組織論

1980年代になると産業組織論の分析手法に新たな進展がありました。それはこの時期に大きな発展を遂げたゲーム理論（第4章）の考え方が産業組織論にも応用され，新しい理論モデルが数多く生まれたことです。少数企業のみが参入する寡占市場での企業行動に合理的な振る舞いを仮定し，不確実性のもとで導かれる企業戦略が市場にどのような影響をもたらすのか理論分析されるようになりました。そして，それまで扱われなかった企業の複雑な取引形態などが理論分析できるようになり産業組織論は大きく飛躍しました。

そして，企業間での取引関係についてさまざまな理論分析が行われた結果，シカゴ学派の主張するような市場メカニズムが常に有効に機能するわけではないことが明らかとなりました。一方で，ハーバード学派が主張する市場集中度と企業利益率についても一般的に成り立つような理論的な関係がないこともわかりました。このようにゲーム理論に基づいて市場構造を分析する近年の産業組織論は**新産業組織論**と呼ばれています。

また，このような理論的な成果を踏まえて実証分野でも新しい試みが行われるようになっています。**新実証産業組織論**と呼ばれる分野では，それまでの実

証研究で行われていたような産業横断的な分析ではなく，個別の市場ごとに詳細なデータを用いた統計分析が行われるようになりました。技術進歩によるコンピュータの計算能力の向上は，それまで不可能であった複雑な理論モデルを実際の市場データに照らし合わせて検証することを可能とし，さらにシミュレーション手法を用いた高度な統計分析も行われるようになっています。そして，こうした新しい実証分析でも理論と整合的な結果が数多く得られています。以上のような理論と実証の両面での積み重ねによってハーバード＝シカゴ論争に終止符が打たれたことで，現在の産業組織論は**ポスト・シカゴ学派**の時代といわれています。

　近年の産業組織論ではさらに新しいタイプの市場についての研究が進められています。そのうちの1つは航空，鉄道，そして通信といった市場がネットワーク構造として特徴づけられる産業です。こうしたネットワーク型産業では提供されるサービスの品質がネットワークの規模に応じて変化し，ユーザー数が多ければ多いほど利便性が増すという性質を持っています。

　また，雑誌，テレビ，インターネットなどのプラットフォーム事業についても近年，活発に研究が行われています。たとえば，広告メディアではプラットフォームを通じて消費者と広告主という異なるユーザーが相互に影響を与え合う特徴があります（詳しくは第10章第3節を参照）。こうした成長著しい新しい市場は私たちの生活とも密接に関わっており，そこで企業がどのような行動をとるのか，あるいはどのような規制緩和が行われるのかは非常に関心の高いテーマです。このように時代とともに変化する市場をいち早く分析に反映する一面からも産業組織論は非常にエキサイティングな学問といえるでしょう。

SUMMARY ●まとめ

□1 産業組織論は，消費者や企業の経済活動を分析し，企業間での取引関係が市場を構成する産業組織の中でどのような役割を持っているかを明らかにする学問です。

□2 産業組織論では，市場が効率的に機能するために，政府が市場監視者として担うべき競争政策のあり方を論じます。

□3 産業政策が参入規制や補助金給付などを通じて産業を育成・保護するのに対して，競争政策は公正かつ自由な市場環境を整え，競争力のある企業が生き残ることで効率的な市場の達成を目的とします。

□4 産業組織論は，時代の変化や新しい産業の発展とともに分析手法や政策評価のあり方を洗練させてきています。

EXERCISE ● 練習問題

1-1 本文を読んで以下の空欄①〜⑫に適切な語句を入れて文章を完成させなさい。

1. 独占禁止法は，市場での ① 競争を促進するため法律であり，その運用は競争当局である ② が担っている。独占禁止法で違法とされる行為は多岐にわたるが，違法性に関して大別すると，その行為が認められた事実をもって理由を問わず違法となる ③ と，個別の事案ごとに違法かどうかを判断する ④ がある。

2. ハーバード学派は少数の大企業が高利益を上げている根拠として ⑤ を主張した。また，それを検証するための SCP パラダイムでは，(a) 市場集中度や参入難易度，財の差別化の程度といった ⑥ ，(b) 価格づけ，宣伝広告や研究開発といった ⑦ ，そして，(c) 企業利益率や生産効率，技術進歩，分配の公平性といった ⑧ を基本概念にあげ，これらの間に因果関係があるものとした。そして，(a) と (b) を厳しく取り締まることが競争政策では重要であることを説いた。

3. シカゴ学派は大企業が高い利益率を上げている根拠として ⑨ を主張した。この仮説によると，市場集中度が高くなるのは経営効率の高い企業が生き残った結果であり，特段の規制は必要ないとされる。むしろ，規制による束縛は市場の ⑩ を減退させてしまうため，自由な経済活動こそが競争政策として重要であることを説いた。ただし，超大型の ⑪ と ⑫ については，この限りでなく取り締まりの対象と考えられている。

CHAPTER

第 **2** 章

産業組織の基礎

消費者と生産者の便益はどうやって測るのか？

さまざまな市場（魚市場と株式市場）

INTRODUCTION

　この章では産業組織を理解するのに必要なミクロ経済学の基本的な考え方を学びます。まずは市場取引を理解するために商品の需要者である消費者と供給者である生産者の行動を考えてみましょう。ここで想定するのは自分にとって利益があるかどうかで意思決定する合理的な消費者や生産者です。これは，ミクロ経済学ではさまざまな消費者や生産者の経済活動の源泉が利益追求にあると考えているからです。多数の消費者と生産者が市場で取引をするときに商品の価格や販売量がどのように決まるのか見てみましょう。また，市場取引から消費者や生産者が得ている便益の測り方についても取り上げます。

1 消費者の行動

消費者の購入意思と需要曲線

　ある消費者が特定の商品を購入するときの行動を考えてみましょう。ここでは普段の私たちがそうであるように，消費者は商品の価格を見てそれをどれだけ購入するのかを決めているものとします。もちろん，消費者は限りある予算の中でやりくりしなければならないので，いくらでも欲しいだけ買うことはできません。図 2.1 は消費者が予算内で購入したいと思う商品の価格と数量の関係をグラフに表したものです。ここでグラフの縦軸は商品の価格（p），横軸は購入量（q）を表しており，価格と購入量の関係を表した曲線のことを**需要曲線**（demand curve）と呼びます。

　需要曲線は言い換えれば，その消費者がその商品に最大で支払ってもよいと考える金額，すなわち**支払意思額**（willingness to pay）と購入量の関係を表しています。たとえば，図 2.1 では消費者はこの商品を最初の 1 個購入するのに最大で p_1 円まで支払ってもよいと考えていることを意味します。そして，さらに追加でもう 1 個購入するなら，その追加分に対しては最大で p_2 円まで支払ってもよいと考えていることになります。したがって，もし商品の価格が p_1 より 1 円でも高ければこの消費者は 1 つも商品を購入しません。また，どんなに安くても最大で 7 個までしか購入しないことになります。実際の価格が p_3 と p_4 の間にある p' 円であれば，消費者はこの商品を 3 個まで買うことを意味します。これは消費者が 4 個目を購入するのに p_4 円までしか支払いたくないのに対して，実際の価格はそれよりも高いためです（$p' > p_4$）。

　なお，図のように需要曲線が右下がりになる，つまり追加的な購入に対して支払意思額が徐々に低下していくのは，消費者の予算が限られていることに加えて，消費者が最初の 1 個目の購入に対しては高い商品価値を見出すのに対して，2 個，3 個と購入数が増えるにつれて得られる満足度（効用といいます）は減少していくと考えられるからです。これは追加的に購入する分については，1 個目よりも少ない額しか消費者は支払いたくないことを需要曲線は反映して

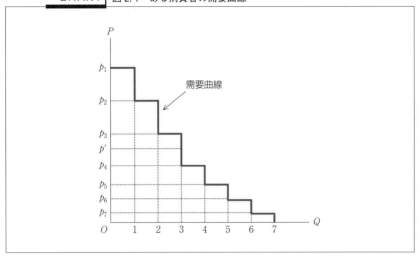

CHART 図2.1 ある消費者の需要曲線

需要曲線

いるわけです。

　ところで私たちの1人ひとりの好みや所得が異なるように，需要曲線の形状は消費者によって異なります。それでは，市場に異なる需要曲線を持った2人の消費者がいるときに，この商品に対する市場全体の需要曲線はどう表されるでしょうか？　この場合はこの2人の需要曲線を水平方向に足し合わせたものが市場全体の需要曲線になります。図2.2は消費者1と消費者2の需要曲線と，それらを合成してできた市場全体の需要曲線を表しています。この考え方を拡張していけばたくさんの消費者がいる場合であっても，それぞれの消費者の需要曲線を水平に足し合わせていけばよいことになります。多様な好みを持った消費者がいることを考えれば，足し合わされた市場全体の需要曲線はしだいになめらかな形状になるでしょう。

　また，ここでは商品を1個ずつ購入することを想定して階段状の需要曲線を考えましたが，スーパーでの食肉の量り売りやガソリンスタンドでの給油のように購入量が連続値をとる商品では需要曲線も連続的ななめらかな形状で描くことができます。以降では説明を簡略するため図2.3のような直線の需要曲線 D を考えることにします。この場合も階段状の需要曲線と同じように考えればよく，商品の価格が p のときの市場全体の需要量は q となります。

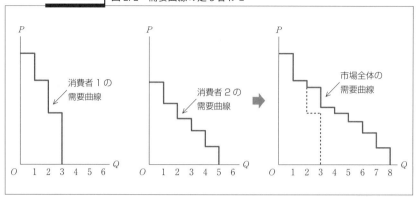

CHART 図 2.2 需要曲線の足し合わせ

消費者 1 の需要曲線

消費者 2 の需要曲線

市場全体の需要曲線

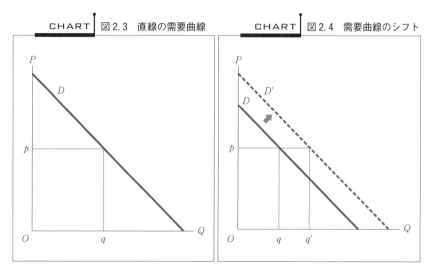

CHART 図 2.3 直線の需要曲線

CHART 図 2.4 需要曲線のシフト

需要曲線のシフト

　次に商品 A と商品 B という 2 つの商品があり，それぞれの購入量を消費者が選べる状況を想定して需要曲線の性質を考えてみましょう。商品 A，B の需要曲線は消費者が予算配分を行った結果として導かれたものなので，その形状は商品価格だけでなく消費者の所得水準にも依存します。もし，消費者の所得水準が上昇して予算が増えると，より多くの商品を購入することができるようになります。このとき，消費者が所得の上昇によって商品 A の購入量を増やすなら，それは商品 A の需要曲線が右上にシフトしたことを意味します。図

2.4のように同じ価格であってもより多く消費することになるので商品Aの需要曲線は直線DからD'に右上方向に移動したと考えられるからです。

　例として，ある会社員が昇進して給料が増えたことで休日の旅行回数を増やすことを考えてみましょう。この場合，所得水準の増加によって，旅館や航空サービスといった旅行関連の商品の需要曲線は右上シフトすると考えられます。所得水準の増加によって需要曲線が右上シフトするような商品のことを**上級財**（superior goods）といいます。一方，所得水準が上昇することで需要が減少する商品もあります。もし，この会社員が昇進に伴い，今まで住んでいた安アパートから高級マンションに引っ越すような場合，安アパートの需要は所得の増加によって減少します。したがって，安アパートの需要曲線は所得の増加によって左下にシフトするといえます。このような商品のことを**下級財**（inferior goods）といいます。

　需要曲線のシフトは所得だけでなく，他の商品の価格が変化しても起こります。もし，商品Bの価格が下がった場合に，今まで購入していた商品Aをやめて商品Bを購入する人が増えるなら，商品Aの需要曲線は左下にシフトしたといえます。逆に商品Bの価格が上がれば商品Aの需要は増加することになります。このとき，商品Aと商品Bは互いに**代替財**（substitute goods）の関係にあるといいます。たとえば，電気料金が上昇した場合に，それまで電気ポットでお湯を沸かしていたのを節約のためガスコンロに切り替える，といったことがありますが，これはガスと電気が代替関係にあることを意味しています。

　2つの商品の関係は上記のような代替関係だけではありません。商品Aの価格が上がったときに商品Aの需要量だけでなく，商品Bの需要量も減少するような場合が考えられます。たとえば，食パンとマーガリンのような商品は一方の需要に合わせてもう一方の需要も同じように動くと考えられます。食パンの値段が上がれば，食パンを食べる人が減りますが，このとき同時にマーガリンの需要も減少します。つまり食パンの価格が上がったことでマーガリンの需要曲線は左下にシフトしたことになります。このような関係にある財は互いに**補完財**（complementary goods）の関係にあるといいます。

┃ 需要の価格弾力性 ┃

　需要曲線の形状は商品に対する消費者の好みだけでなく，その商品の性質に

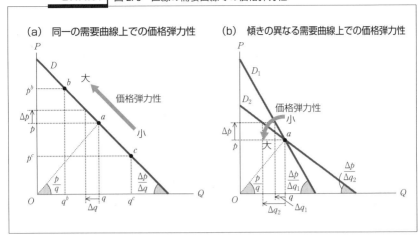

(a) 同一の需要曲線上での価格弾力性　　　(b) 傾きの異なる需要曲線上での価格弾力性

よっても変わります。一般的に生活必需品は価格が変わっても必要となる数量はそれほど変化しないため需要曲線は切り立った崖の斜面のような形状になると考えられます。一方，娯楽品や奢侈品は価格の変化に対して消費者が購入を控えたり増やしたりするので需要曲線はなだらかな形状になると考えられます。

　ここではある商品の価格が変化したときに需要量がどれだけ変化するか需要曲線を使って考えてみましょう。需要曲線は商品の価格と需要量の関係を表したものなので，この曲線の傾きが価格変化に対する需要量の変化の割合を表しています。図2.5 (a) のように需要曲線が直線の場合には傾きは常に一定なので，価格変化（Δp）に対する需要量の変化（Δq）も一定です（ここでΔはデルタと読み，変化量を表しています）。たとえば，図2.5 (a) の点aにおいて価格がpからΔpだけ上昇すると需要量はqからΔqだけ減少し，このときの変化量の比は$\Delta q/\Delta p$となります。需要曲線が直線でない場合は，任意の点でその需要曲線の接線を引いて，その傾きの逆数から$\Delta q/\Delta p$を計算すれば，価格変化に対する需要量の変化を求めることができます。

　しかし，$\Delta q/\Delta p$の値は価格や数量をどのような単位で計算するかによって値が変わってしまうという弱点があります。たとえば，ある野菜の需要量が1円の価格上昇に対して100 g減少するとき，この価格変化に対する需要量の変化は$\Delta q/\Delta p = -100/1 = -100$（g/円）になりますが，もし数量を kg で測っていたとしたら$\Delta q/\Delta p = -0.1/1 = -0.1$（kg/円）となり，同じ需要曲線であって

も値が異なってしまいます。実用上は計測単位に依存せずに需要量の変化を測れた方が便利です。そこでミクロ経済学では、**需要の価格弾力性**（price elasticity of demand）という指標を使って価格変化に対する需要量の変化を分析します。

$$\varepsilon = -\left(\frac{\Delta q}{q}\right) \bigg/ \left(\frac{\Delta p}{p}\right) = -\left(\frac{\Delta q}{\Delta p}\right)\left(\frac{p}{q}\right) \tag{2.1}$$

この価格弾力性 ε（イプシロン）は価格変化に対する需要量の変化（$\Delta q / \Delta p$），すなわち需要曲線の傾きの逆数に，測定している場所の価格と需要量の比（p/q）をかけたものです。また、式全体にマイナス符号がついているのは、価格が上昇すると需要量が減少するのを想定して、価格弾力性を正の値で表現するためです。

　需要の価格弾力性は、価格が1%変化したときに需要量が何%減少するかを表す指標です。価格弾力性が大きい商品ほど価格上昇に対する需要量の減少が大きい商品といえますが、その商品に対する消費者の好みだけでなく代替商品の存在からも価格弾力性の値は影響を受けます。他に似たような商品が多いほど、値上げによる消費者の買い替えが起こりやすく価格弾力性は高くなる傾向があります。一方、他と差別化されていて代替商品の少ないブランド商品は、価格変化の影響を受けにくく価格弾力性は低くなる傾向があります。自動車を例に取り上げると、価格が安くて維持費も低い軽自動車は経済性を求める消費者に人気がありますが、多くのメーカーから似たような車種が販売されているため代替が起こりやすく、価格弾力性は高い商品といえます。一方、海外ブランドの高級車は価格が高くて維持費もかかるため販売数は多くありませんが、高級車を買うような消費者にとっては他に代替する商品が少なく、価格弾力性は低い商品といえます。

　なお、需要の価格弾力性は需要曲線の形状、つまり、需要曲線の傾き（$\Delta p/\Delta q$）だけでなく価格と数量（p, q）にも依存していることに注意が必要です。具体的に図2.5 (a) で同一の需要曲線上の点 b と点 c における価格弾力性を考えてみましょう。需要曲線は直線なので、これらの2つの点での傾き（$\Delta p/\Delta q$）は等しくなります。しかし、$p^b > p^c$、かつ $q^b < q^c$ であるため価格と数量の比（p/q）は異なり、$p^b/q^b > p^c/q^c$ となります。したがって、$\Delta p/\Delta q$ が負の値であることに注意すると、点 b での価格弾力性は $\varepsilon_b = -(\Delta q/\Delta p)(p^b/q^b) > -(\Delta q/$

$\Delta p)(p^c/q^c) = \varepsilon_c$ となり，点 c での価格弾力性よりも大きいことがわかります。つまり，直線の需要曲線では左上に行くほど価格弾力性が大きくなります。

次に傾きの異なる需要曲線で価格弾力性がどうなるのか考えてみましょう。図 2.5 (b) では D_1 と D_2 は傾きの異なる 2 つの需要曲線を表していますが，両者の交わる点 a での価格弾力性はどうなるでしょうか？ ここで，D_1 は D_2 に比べて需要曲線の傾きが大きく価格変化に対する需要量の変化が小さくなっています。したがって，$-(\Delta q_1/\Delta p) < -(\Delta q_2/\Delta p)$ なので，点 a での D_1 の価格弾力性 ε_1 は D_2 の価格弾力性 ε_2 よりも小さくなります（$\varepsilon_1 = -(\Delta q_1/\Delta p)(p/q) < -(\Delta q_2/\Delta p)(p/q) = \varepsilon_2$）。これより，任意の点を通過する需要曲線について，その点での価格弾力性は需要曲線の傾きが大きい（需要曲線が切り立っている）ほど小さくなり，逆に傾きが小さい（需要曲線が寝ている）ほど大きくなります。

企業の行動（1）

⫸さまざまな費用と費用曲線

┃ 費用の諸概念と総費用曲線 ┃

商品を需要する側の消費者について理解できたら，次は商品の供給側である企業について考えてみましょう。企業の行動を考えるうえで重要なのは費用の概念です。まずは，さまざまな費用について詳細に見てみましょう。

企業は商品となる財・サービスを生産するためにさまざまな**生産要素**（production factor）を投入します。ここで生産要素とは生産活動に必要な資源のことで，工業製品であれば，工場設備，機械設備，部品等の原材料，さらには工場で働く労働者などです。企業はこうした生産要素を効率的に組み合わせることで財・サービスを生産していると考えるわけです。もちろん，こうした生産要素を使うには対価となる費用が発生します。工場建設や機械設備を導入するには投資費用がかかり，また労働者を雇うには給与として支払う賃金が必要です。

なお，企業の費用を考える際に注意しなければならないのは，経済学では実際に企業が支払った実費費用だけでなく**機会費用**（opportunity cost）も費用に含める点です。ここで機会費用とは，もし企業が生産活動を行わずに別のことを行っていたら得られたであろう最大利益のことです。たとえば，企業が新し

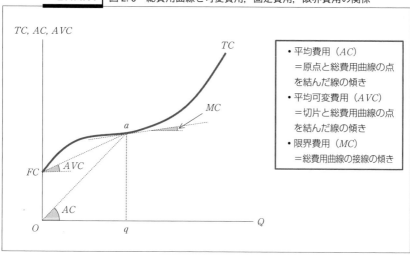

CHART 図2.6 総費用曲線と可変費用，固定費用，限界費用の関係

- 平均費用（AC）
  ＝原点と総費用曲線の点を結んだ線の傾き
- 平均可変費用（AVC）
  ＝切片と総費用曲線の点を結んだ線の傾き
- 限界費用（MC）
  ＝総費用曲線の接線の傾き

い機械設備を導入するのに100万円をかける場合，実費費用は100万円ですが，経済学ではもしその100万円を別の用途に用いていたら，いくらの利益が得られたかということを考えます。仮にその100万円を国債の購入に充てて資産運用すると，機械設備の利用期間10年間で30万円の利益が得られるとします。この場合，設備投資によって潜在的な運用利益30万円を機会費用として失ってしまったことになります。つまり，機会費用とは企業が生産活動をすることで失った機会損失ということになります。この企業にとって10年間で少なくとも30万円を超える利益を得られないのであれば，この設備投資は合理的な行動とはいえません。したがって，経済学上の投資費用は実費費用に機会費用を加えた130万円になります。

　企業が生産物を生み出すために必要となる費用総額のことを**総費用**（total cost：TC）といいます。通常，総費用は生産量 q が増えるにつれて増大すると考えられるので，生産量 q と総費用の関係を表した**総費用曲線**（total cost curve）は図2.6の曲線 TC のように右上がりの形状になります。ところで，総費用の中には先ほどの例で述べたような機械設備への投資費用や労働者への賃金などが含まれていますが，これらは生産量によって可変的な費用と，生産量によらず固定的な費用の2つに分類することができます。

　具体例として，あるベーカリー工場でパンを1カ月に1万個作っている場合

を考えてみましょう。いま，工場で働く従業員は2人で，給料は月額固定の15万円とします。また，パンの原材料は1個当たり50円とし，その他の生産に用いる機械のメンテナンス費用や光熱費，機会費用等は無視できるとします。すると1カ月のパンの生産にかかる総費用は，従業員の給料と原材料費を合わせて15万円×2人＋50円×1万個＝80万円になります。また，パンの生産を2倍の2万個に増やしたときの総費用は15万円×2人＋50円×2万個＝130万円になります。ここで原材料費に相当する部分は生産量によって変化する一方で，従業員2人分の賃金は生産量には依存しない固定額です。

　このように，総費用のうち生産量によって変化する費用の部分のことを**可変費用**（variable cost：VC）といい，原材料費や光熱費，アルバイトの賃金などが含まれます。一方，生産量に関わらず一定の費用のことを**固定費用**（fixed cost：FC）といい，代表的なものとして機械設備のリース代，建物や土地の賃貸料，正社員の給与などがあげられます。ここで，**総費用＝可変費用＋固定費用**（$TC = VC + FC$）と書くことができます。図2.6の総費用 TC のうち，固定費用 FC は生産量に依存しないので縦軸との切片として表され，可変費用 VC は FC よりも上側の部分になります。

　なお，固定費用に含まれる費用の一部に**埋没費用**（サンクコスト：sunk cost）があります。埋没費用とは，すでに企業が投入した費用のうち，事業を止めて市場から退出した場合に回収不可能になる費用のことです。たとえば，事業から撤退する際に不要となる工場や機械設備は他の用途に転用できれば埋没費用になりませんが，売却する場合には初期費用と売却額の差額は埋没費用になります。他にもすでに支払ってしまった人材育成費，研究開発費，および広告宣伝費なども回収できないので埋没費用となります。一方，オフィスビルや荷物の運搬に使っていたトラックなどは売却すればある程度の金額が回収できるので埋没費用になる部分は相対的に少ないといえるでしょう。

可変費用と固定費用を決めるのは何か？

　総費用のうち何が固定費用で何が可変費用になるのかは生産物の性質だけでなく，企業の生産規模や時間単位の取り方によっても変わります。先ほどのベーカリー工場の例では，パンを1万個から2万個に増やしても従業員2人の労働時間は変わらないものとして賃金を固定費用とみなしていました。しかし，

もし生産量をさらに増やして10万個にするには従業員に残業させる必要があるとします。すると，この追加の労働に対して発生する残業代は生産量に依存するので可変費用になります。同様に生産量に応じてパートタイムでアルバイトを雇った場合の給料も可変費用になります。また，ここでは1カ月という時間単位でパンの生産を考えましたが，時間単位をもっと長くしたらどうなるでしょうか？　もし従業員2人の雇用契約が1年ごとの更新制であれば，工場の経営者はパンの年間生産量に応じて従業員を毎年，何人雇うか決定できることになります。この場合，各年の従業員数は年間生産量に応じて変化することになります。したがって，1カ月単位では固定的であった従業員の賃金も1年単位で見ると可変費用ということになります。

　このように，分析に用いる時間単位をどのように測るかで，同じ労働賃金であっても固定費用と可変費用のどちらに入るのかが変わります。一般的には，時間単位を長くとればとるだけ，企業が生産要素の組み合わせを自由に変更できるようになるため，それまで固定的であった費用は可変的になります。そして，十分長い期間を考えればあらゆる費用は可変費用になり固定費用はなくなると考えられます。ミクロ経済学では，固定費用が存在するような短い期間のことを**短期**（short-run）と呼ぶのに対して，すべての費用が可変費用となるような長い期間のことを**長期**（long-run）と呼びます。

▎平均費用と限界費用

　総費用 TC を生産量 q で割った額，つまり生産物1単位当たりにかかる費用のことを**平均費用**（average cost : AC）と呼びます。式で表すと平均費用は $AC = TC/q$ になります。また，総費用は可変費用と固定費用の和で表せたので，平均費用は $AC = VC/q + FC/q$ と分解できます。ここで可変費用を生産量で割った部分（VC/q）のことを**平均可変費用**（average variable cost : AVC），固定費用を生産量で割った部分（FC/q）のことを**平均固定費用**（average fixed cost : AFC）と呼びます。平均可変費用と平均固定費用はそれぞれ生産物1単位当たりの可変費用と固定費用を表しています。

　企業の費用を考えるうえで最も重要な概念の1つに**限界費用**（marginal cost : MC）があります。これは，現在の生産量 q から生産量を1単位増やす場合に追加的に発生する費用のことで，数式で表すと $MC = \Delta TC/\Delta q$ となります。

ここでΔqは微小な生産量の増分を表していて，この生産量の微小変化に対する総費用の増分がΔTCです。なお，総費用のうち固定費用は生産量に依存しない（$\Delta FC/\Delta q = 0$）ため，実際に変化するのは可変費用だけです。したがって，限界費用は$MC = \Delta TC/\Delta q = \Delta(FC + VC)/\Delta q = \Delta VC/\Delta q$と表すことができます。

先ほどの図2.6は総費用曲線TC上の点aにおける平均費用AC，平均可変費用AVC，限界費用MCがそれぞれどのように表されるのか表しています。平均費用ACは総費用TCを生産量qで割った値なので，これは原点Oと点aを結んだ直線の傾きとして表されます。また，平均可変費用AVCは縦軸上のFCと点aを結んだ直線の傾きとなります。そして，限界費用MCは生産量の微小変化に対する費用の増分を表しているので，総費用曲線TCの点aにおける接線の傾きになります。

次に生産量qが変化したときの平均費用，平均可変費用，および限界費用の形状について考えてみましょう。まず，平均費用は原点と総費用曲線上の点を結んだ直線の傾きなので，平均費用が最小となるのはこの直線が総費用曲線と接する点です。図2.7の上側の図では，点aで原点からの直線の傾きが最も小さくなり平均費用ACが最小になっています。また点aでは原点からの直線と総費用曲線の接線の傾きが等しくなりますが，接線の傾きは限界費用MCを表しているので，この点でMCとACが等しくなっていることもわかります。さらに生産量が点aよりも小さい範囲では，接線の方が原点からの直線よりも傾きが小さいのでMCはACよりも小さい値になります。逆に生産量が点aを超えると，接線の方が原点からの直線よりも傾きが大きくなっていくので，MCはACよりも大きい値になります。このようなMCとACの関係を描いたのが図2.7の下側の図です。MCは点aにおいてACと交わることがわかります。

同様に平均可変費用AVCは縦軸上の点FCと総費用曲線上の点を結んだ直線の傾きですが，これが最小となるのは点bです。ここでも，やはりMCとAVCが等しくなります。また，先ほどのACとMCの関係が，AVCとMCの関係についても同様に成り立つので，点bにおいてAVCとMCは交わることになります。なお，AVCには固定費用が含まれていないので，図2.7の下側の図のようにACよりも下側に位置します。

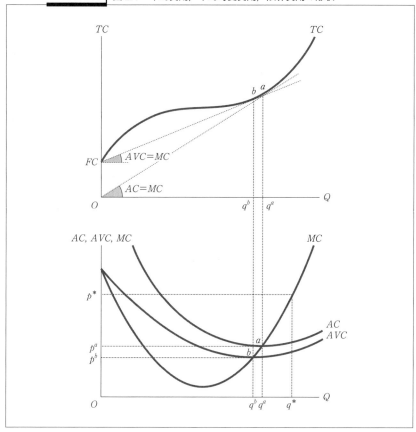

３ 企業の行動 (2)

⫸ 利潤最大化と供給曲線

利潤最大化

　費用の概念について理解したところで，次に企業の行動について考えてみましょう。ここでは，まず，商品の販売価格が市場で決まっており，企業は価格を自由に決めることができない状況（プライス・テイカー：price taker）を考えることにします。つまり，企業が価格を所与（与えられた条件）として，商品を

どれだけ生産（供給）するのかだけを決定できる状況です。これは非常に強い仮定ですが，市場規模が大きく個別企業が市場に及ぼす影響を無視できるときの近似としては妥当なものでしょう。なお，企業が価格を自由に決めることができる場合については第3章以降で扱います。

　それでは商品の価格 p が所与の場合に，企業はどれだけ供給を行うのでしょうか？　その答えは企業の収入と費用の関係で決まります。合理的な企業であれば，商品の供給から得られる利潤（収入から費用を引いた金額）をなるべく大きくしたいと考えるでしょう。いま，企業が商品1単位だけ供給して得られる収入は一定価格 p で与えられています。一方，供給量を1単位増やすときに追加で発生する費用は限界費用 MC です。図2.7の下図で限界費用はある供給量までは右下がりの形状をしていますが，そこから供給量が増えると右上がりになります。つまり供給量を増やしていくと，追加で発生する1単位当たりの費用も増加していくことになります。このように限界費用は供給量に応じて変化するので，限界費用を供給量 q の関数として $MC(q)$ で表すことにします。すると，たとえば，価格が図2.7の下図の p^* で与えられているときに，企業が q^* よりも少ない供給量を選んでいると（つまり，企業が $p^* > MC(q)$ となるような供給量 q を選んでいると），企業は供給量を増やすことで利潤を増やすことができます。なぜならば，追加供給で得られる収入 p^* の方が，追加で発生する費用 $MC(q)$ よりも大きいからです。逆に企業が q^* よりも多い供給量を選んでいれば（企業が $p^* < MC(q)$ となる供給量 q を選んでいれば），供給量を減らした方が利潤は増えることになります。そして企業の利潤が最大となるのは価格と限界費用が等しくなる供給量 q^* が選ばれたときです。

　したがって，価格 p が与えられたもとで合理的な企業にとって利潤が最大となる最適供給量は以下の関係式を満たす供給量 q となります。

利潤最大化条件
（プライス・テイカー）

$$p = MC(q) \tag{2.2}$$

この関係式は，企業にとって最適な供給量が限界費用曲線上で与えられる供給量であることを表しています。このことをもう一度，図2.7の下図を使って確認すると，もし価格が縦軸上の p^* で与えられれば，企業にとって最適な供給量は，p^* から水平に直線を引いて限界費用曲線にぶつかった点での供給量，すなわち q^* ということになります。

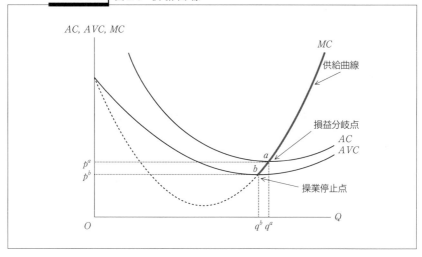

CHART 図2.8 供給曲線

AC, AVC, MC

MC

供給曲線

損益分岐点

AC
AVC

p^a
p^b

a

b

操業停止点

O

q^b q^a

Q

▌損益分岐点と操業停止点 ▌

　それでは，どのような価格であっても企業は限界費用曲線に従って供給する
のが最適なのでしょうか？ 先に正解を述べておくとこれは正しくなく，最適
な供給量を与えるのは限界費用曲線上の一部の範囲だけです。このことについ
て理解するために，図2.8の点 a の意味について考えてみましょう。点 a は限
界費用曲線 MC が平均費用曲線 AC と交わる点です。実はこの点 a はこの企
業にとっての**損益分岐点**（break-even point）を表しています。

　損益分岐点とは収入と費用がちょうど等しくなる点のことで，企業がこの点
よりも高い価格で商品を売れるなら黒字だが，この点よりも安い価格で売って
しまうと赤字になる点のことです。もし市場で与えられる価格 p が，図2.8の
点 a での価格 p^a よりも高ければ，企業は式（2.2）に従って $p=MC(q)$ とな
る供給量 q を市場に投入することで黒字になります。なぜなら，点 a よりも右
側では限界費用 MC は平均費用 AC よりも大きいので，限界費用と等しい価
格で商品を売れば，1単位当たりの供給から得られる利潤（$p-AC$）は正とな
るからです。しかし，もし価格が p^a よりも安ければ平均費用 AC の方が限界
費用 MC よりも大きいため，供給量1単位当たりの利潤は負になります。し
たがって，限界費用曲線 MC は利潤が最大となる供給量を与えますが，実際
に黒字となるのは点 a よりも右側の範囲だけになります。

3　企業の行動 (2)　● 33

それでは価格が損益分岐点のp^aよりも安い場合には，企業は商品の供給を止めた方がよいのでしょうか？ これについては，企業がすでに市場に参入していて供給を行っている場合には正しくありません。この企業にとって価格が点bの水準p^bまで下がるまでは，市場にとどまって供給を続ける方がよいことになります。ここで点bは限界費用曲線MCが平均可変費用曲線AVCと交わる点です。もし，価格がp^aまで下がった時点で供給を止めてしまうと，生産量は0なので可変費用は発生しませんが，市場から完全撤退しないかぎりは固定費用を支払うことになるため，この固定費用分はすべて赤字となってしまいます。しかし，価格がp^aとp^bの間にあるかぎり，限界費用曲線に従って供給を行うことで可変費用を完全に回収したうえで，さらに固定費用の一部分を回収することができます（ACとAVCの差は〔平均〕固定費用であることに注意しましょう）。したがって，企業にとっては価格がp^bに下がるまでは赤字であっても供給を続けた方がよいことになります。

なお，価格がp^bよりもさらに下がった場合には，固定費用だけでなく可変費用さえも収入で補うことができないので，供給をやめて市場から退出するのがよいことになります。つまり，点bは企業が市場から退出するかどうかを決める**操業停止点**（shut-down point）になります。

以上の分析から，限界費用曲線の点bよりも右側の範囲が最適な供給量を与える部分になります。つまり，価格がp^b以上であれば，企業は限界費用曲線に従って供給することで利潤を最大化することができます。図2.8に示した限界費用曲線の点bよりも右側の範囲のことを**供給曲線**（supply curve）と呼びます。

┃ 市場全体の供給曲線

個別の企業については，前項で述べたように限界費用曲線（の一部分）が供給曲線となります。それでは市場に複数の企業が参入している場合の供給曲線はどうなるのでしょうか？ 答えは市場全体の需要曲線を考えたときと同じように，供給曲線についても個別企業の供給曲線を足し合わせればよいことになります。

例として図2.9の左図のように，企業1の供給曲線S_1と企業2の供給曲線S_2の足し合わせを考えてみましょう。この場合，価格がp_1以下では，企業1

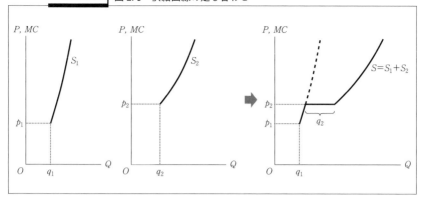

CHART 図2.9 供給曲線の足し合わせ

と企業2のどちらも操業停止点以下の価格なのでどちらも供給を行いません。しかし，価格がp_1を超えると限界費用の小さい企業1が先に供給を始めることになります。この時点ではまだ価格は企業2の操業停止点に達していないので，企業2は供給を始めることができません。さらに，価格がp_2に達すると今度は企業2も供給を開始することになります。したがって，価格がp_1からp_2の範囲では企業1のみが供給し，価格がp_2以上になると企業1と企業2の両方が供給するようになります。結果的に，図2.9の右図のように2つの企業の供給曲線を水平方向に足し合わせた曲線Sが市場全体の供給曲線になります。このように考えると市場に参入している企業が増えるにつれて市場全体の供給曲線はしだいになめらかな形状になっていきます。

4. 完全競争市場と市場の効率性

完全競争市場とは

ここまで企業は商品の販売価格を自分では決めることはできず，市場で与えられた価格で売るしかない状況を考えました。これは，どのような条件のもとで成り立つのでしょうか？ ミクロ経済学では，最も基本的な市場の概念として個別の消費者や企業が市場に及ぼす影響が無視できる**完全競争市場**（perfectly competitive market）を考えます。

完全競争市場とは以下の4つの性質を満たす市場のことです。

① 取引される財・サービスが同質である。

② 財・サービスの売り手と買い手が無数に存在する。

③ 市場への参入および退出が自由である。

④ 財・サービスの価格や品質について売り手と買い手は完全な情報を持っている。

条件①の性質は，どの企業が提供する商品も同質で消費者はいっさい区別しないというものです。ここで同質であるとは，その商品の性能や機能といった実質的なものだけでなく，ブランド・イメージや広告の影響など消費者がその商品に対して抱いている印象も含んでいます。つまり，消費者はどの企業から購入しても商品はまったく同じであると考えていることになります。条件②は，消費者と企業の数が十分に大きく，個々の消費者や企業が取引を通じて市場価格に与える影響は無視できることを意味しています。条件③は，企業がその市場に参加したり退出したりするのになんら制約がないという条件です。これは制度や慣習等による参入規制がないことに加えて，参入・退出時の技術的制約や埋没費用がないことを意味しています。最後の条件④は，消費者と企業は市場で取引される商品の価格や特性を完全に知っており，両者の間で情報の非対称性がないというものです。

以上の4つの条件が満たされる市場では，個々の消費者や企業は市場に対してなんら影響力を持たないことになります。したがって，消費者や企業は商品の価格が市場で与えられたものとして行動するプライス・テイカーとみなすことができます。このとき市場全体の需要と供給がちょうど釣り合うのは需要曲線と供給曲線が交わる点になります。図2.10では直線で需要曲線Dと供給曲線Sを表していますが，点aが完全競争市場での均衡点を表しており，この点で市場価格と取引量が決定します。

これはなぜかというと，完全競争市場では市場メカニズムによって需要と供給がちょうど釣り合うように価格が自動調整されるからです。もしも，市場価格が均衡価格pよりも高ければ，必要とされる需要量よりも供給量が上回る超過供給の状態になります。この状況では少ない買い手に対して商品があふれることになるので，しだいに価格は下落します。逆にもしも市場価格がpよりも低ければ，供給に対して需要が上回る超過需要の状態です。少ない商品をめぐ

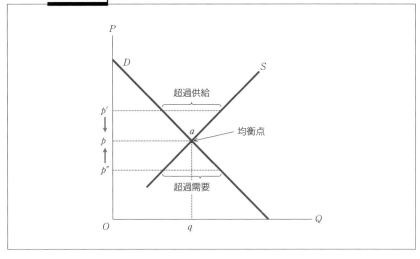

って買い手が競い合うため，しだいに価格は上昇するでしょう。こうした価格の自動調整を通じて，最終的には市場価格は需要と供給の一致する均衡価格 p に落ち着くことになります。

完全競争市場は存在するのか？

　それでは現実の財やサービスで完全競争市場は存在するのでしょうか？　通常，私たちの周りにある商品では完全な同質財はほとんどなく，機能や品質などで差別化されています。たとえば，家電製品や自動車のような商品ではメーカーによって機能や性能，信頼性はもちろん，消費者がそのメーカーに抱くブランド・イメージも大きく異なるので条件①の同質性の条件は満たされません。また，これらの市場ではメーカー数も無数といえるほど多くはないため条件②も満たされているとはいえないでしょう。

　それでは，野菜や肉類のような農産物の市場はどうでしょうか？　多くの消費者は農産物の産地については考慮するものの，どの農家がつくった野菜なのかまで考えることはほとんどないかと思います。したがって，完全に同質とはいえないまでも家電製品や自動車と比べれば農産物は同質的な財といえます。また，生産者である農家の数も非常に多い（2020年時点で約103万戸）ため無数といっても問題ないでしょう。しかし，農業という職業について見てみると，

さまざまな形で参入規制が存在することがわかります。たとえば，農業を始めるには農地を取得して農家にならなければなりませんが，政府（農地法）によって農地取得は制限されており自由な参入はできません。また，廃業する場合にも農地を別の用途に転用することは制度上難しく，自由に退出できるわけではありません。したがって，農産物市場では自由な参入・退出という条件③が成り立たないことになります。

　このように調べていくと完全競争市場の仮定をすべて満たす市場は現実的にはほとんど見つからないことがわかります。そのような中で完全競争市場に最も近いとされているのは外国為替市場です。外国為替市場では，ある個人が売り手にも買い手にもなりえますが，その取引量は市場規模に対してほとんど無視できるほど小さくプライス・テイカーとみなすことができます。

▌消費者余剰と生産者余剰▐

　実際にはほぼ存在しないと考えられる完全競争市場ですが，経済学ではなぜこのような現実的でない市場を取り上げる必要があるのでしょうか？　それは，以下で見るように，完全競争市場は資源配分の観点では最も効率的な市場と考えられるからです。市場の社会的厚生（経済的な便益）を分析する際の基準として完全競争市場は重要です。

　市場の効率性を考える際に，経済学では**余剰**（surplus）という概念を用いて分析を行います。ここで余剰とは，消費者や生産者がその市場からどれだけ便益を得ているかという社会的厚生を測る指標です。まず，消費者にとっての便益ですが，第1節で学んだ需要曲線が消費者の支払意思額と需要量の関係であることを思い出すと，需要曲線の下側の面積は消費者がその商品に対して最大で支払ってもよいと考えている金額であることがわかります。たとえば，図2.11 (a) で市場全体の需要曲線を直線 D とすると，消費者は q 単位の消費に対して，需要曲線の下側の面積，つまり□ $bOqa$ の面積だけ対価を支払ってもよいと考えていることになります。ここで市場価格が均衡価格 p であれば，実際に q 単位の消費に対して消費者が支払う金額は□ $pOqa$ の面積です。したがって，差し引きで△ bpa の面積（□ $bOqa$ − □ $pOqa$）だけ消費者は支払わずにすんだ計算になります。この△ bpa の面積のことを**消費者余剰**（consumers' surplus）と呼び，消費者が市場取引から得た便益（＝支払った金額以上に得られた満

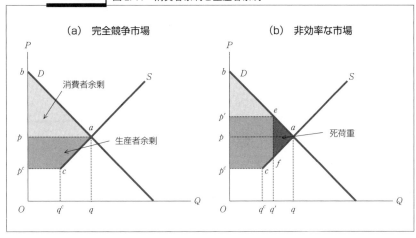

（a）完全競争市場

（b）非効率な市場

足）を表します。

　一方，生産者の便益である**生産者余剰**（producers' surplus）は市場取引から得ている利潤に相当します。まず生産者の収入についてですが，図2.11 (a) において均衡価格 p のもとで q 単位の取引から生産者が得る総収入 pq は□$pOqa$ の面積になります。一方，この供給にかかった費用は供給曲線の下側の面積で表されます。図2.11 (a) では直線 S が生産者全体の供給曲線を表しており，ここで点 c はすべての企業が市場から退出する操業停止点を表しています。このとき，q 単位の生産にかかる総可変費用は□$p^c Oq^c c$ の面積と□$cq^c qa$ の面積の和で表されます。これはなぜかというと，まず，生産量 q^c までにかかる可変費用は，点 c が平均可変費用と限界費用（供給曲線）が一致する点であることから 1 単位につき p^c なので，全体で□$p^c Oq^c c$ の面積（＝$p^c q^c$）となります。また生産量 q^c から q までの可変費用は，供給曲線 S が限界費用曲線でもあったので，直線 S の下側の面積□$cq^c qa$ になります。よってこれら 2 つを足したものが総可変費用になります。生産者余剰は総収入の□$pOqa$ から総可変費用である□$p^c Oq^c c$ と□$cq^c qa$ の和を差し引いたものになり，これは図2.11 (a) では□$pp^c ca$ の面積で表されます。

　ここで注意しなければならないのは，生産者余剰は厳密には生産者の利潤そのものではないという点です。これは「利潤＝収入－可変費用－固定費用」という関係式から「生産者余剰＝収入－可変費用＝利潤＋固定費用」となり，生

産者余剰には利潤だけでなく固定費用が含まれていることがわかります。それでは、なぜ生産者余剰に固定費用を含めるかというと、固定費用は供給量に関係なく発生する一定の費用だからです。これは言い換えると、生産者余剰は企業が生産量の調整を通じて得ている利潤であることを意味しています。なお、短期でなく長期の場合には固定費用は0になるので生産者余剰は単に利潤となります。

以上のようにして計算された消費者余剰と生産者余剰を合わせたものを**総余剰**（total surplus）と呼び、消費者と生産者が市場から得ている社会的厚生になります。

┃ 完全競争市場の効率性 ┃

完全競争市場では、市場メカニズムによって価格が自動調整されることで均衡点での取引が行われることになります。このとき市場から得られる総余剰は最大となり最も効率的な資源配分が行われている状態です。消費者と生産者のどちらかの便益を減らすことなくこれ以上は総余剰を増やすことができない状態のことを**パレート最適**（Pareto efficient）といいますが、完全競争市場ではパレート最適な資源配分が達成されます。以下ではこのことを図で確認してみましょう。

完全競争市場での総余剰は**図2.11 (a)** の□ bp^ca の面積で表されますが、なんらかの理由によって均衡点ではないところで取引が行われた場合を考えます。たとえば、**図2.11 (b)** のように供給量が均衡点よりも少ない $q'(<q)$ に制限された場合、需要曲線上で決まる市場価格は均衡価格 p よりも高い p' になります。このとき価格の上昇によって消費者余剰は△ $bp'e$ に減少します。一方で生産者余剰は増加して五角形 $p'p^ccfe$ になります。したがって、全体としての総余剰は五角形 bp^ccfe になりますが、これは完全競争市場の総余剰である□ bp^ca よりも面積が小さくなっています。ここで、失われてしまった△ efa の部分は**死荷重**（デッドウェイト・ロス：dead weight loss〔DWL〕）と呼ばれる損失で、供給量が絞られたことで非効率性が発生していることになります。また、上記の説明とは逆に供給量が市場均衡点よりも多い場合には、超過供給が発生して市場価格が均衡価格 p よりも低くなります。このときは価格下落によって消費者余剰が増える一方で生産者余剰は減少するため、結果としてはやはり死荷重が

発生することになります。

　なお，完全競争市場で達成されるパレート最適な資源配分の条件には，消費者と生産者のどちらが多くの余剰を得ているかについては，とくに決まりはありません。仮に総余剰のすべてを生産者が独占し，消費者余剰がゼロであったとしても，総余剰をそれ以上増やせないのであればやはりパレート効率な資源配分ということになります。産業組織論では市場の効率性を高めて総余剰を大きくするための競争政策を議論しますが，消費者と生産者の所得分配が公平かどうかを問うことは基本的にはありません。というのも産業組織論が重視しているのは分配の公平性ではなく，市場取引がフェアであるかという公正性の概念だからです。なお，分配の公平性については，市場から得られる総余剰を最大にしたうえで，政府が生産者や消費者への課税等による再分配で事後調整するのが望ましく，これは公共経済学が扱う概念になります。

5　市場の失敗と政府による市場介入

┃市場の失敗┃

　さて総余剰で測った社会的厚生ですが，実際には市場メカニズムがうまく機能せずに市場の効率性が損なわれてしまうことがあります。そのような状況のことを**市場の失敗**（market failure）といい，次のような場合に起こることが知られています。
　①　不完全競争市場である場合
　②　市場取引で考慮されていない外部性がある場合
　ここで，①の**不完全競争市場**（imperfectly competitive market）とは，完全競争市場の条件を満たしていない市場のことです。産業組織論では主に売り手が少数の不完全競争市場を取り上げて，市場の失敗を解消するための競争政策を議論します。次章からは，独占や寡占といった不完全競争市場について非効率性が生じるメカニズムを取り上げます。一方，②の外部性による市場の失敗は，主に産業政策や公共政策の視点で議論される非効率性です。以下ではこちらの非効率性について取り上げます。

外部性による非効率性

　ある市場で消費者と生産者が取引を行う際に，実際にはこの取引に参加していない人たちであっても，さまざまな影響を受けることがあります。たとえば，企業の生産活動が大気汚染や水質汚染，あるいは騒音を引き起こし，工場の周辺住民が健康被害を訴えるといったことが考えられます。このような市場取引では考慮されていない第三者への影響のことを**外部性**（externality）といいます。公害問題のような社会的に望ましくない影響のことを**負の外部性**（外部不経済）と呼ぶのに対して，社会的に望ましい影響のことを**正の外部性**（外部経済）と呼びます。正の外部性の例としては，その商品が普及することで将来的に技術革新が起こったり，私たちの生活環境が改善されて新たな経済価値が生まれたりすることがあげられます。こうした外部性がある場合には完全競争市場であっても効率的な資源配分が達成されないことが知られています。

　ここでは取引される商品が社会的に望ましい正の外部性を持つ場合について市場均衡点の効率性を考えてみましょう。図 2.12 (a) において，直線 S は企業が外部性を無視して自社の生産コストのみを考慮して供給する場合の供給曲線（私的費用曲線）を表しています。ここで，その商品が普及することで取引に参加していない人たちも恩恵を受けることができ，供給量 1 単位につき T だけ社会的な便益が高まるとしましょう。すると，この正の外部性を含めた社会的な供給曲線（社会的費用曲線）は企業の私的費用曲線 S を T だけ下方シフトさせた曲線 S' になります。これは正の外部性を含めた社会的なコストは，企業が負担する生産コストよりも低いことを意味しています。

　もし，企業が私的費用曲線 S に基づいて供給を行うと，完全競争市場での均衡点は図 2.12 (a) の点 e になります。このときの供給量 q は正の外部性も含めた社会的費用曲線 S' に基づいて供給したときの供給量 q_1 よりも少なく，社会的に望ましい水準に比べて過少供給になります。また，消費者余剰は△ bpe，生産者余剰は□ pp_3fe となり，2 つを合わせると□ bp_3fe になります。一方でこの商品が普及することで社会的便益が生まれますが，その経済的価値は供給量 1 単位当たり T なので，市場全体では $T×q$，つまり□ pp_2de になります。ここで，この□ pp_2de の面積は□ p_3p^ccf と□ $fcde$ の面積の和に等しいので，これを先ほどの消費者余剰と生産者余剰の和□ bp_3fe に足すと，市場全体での

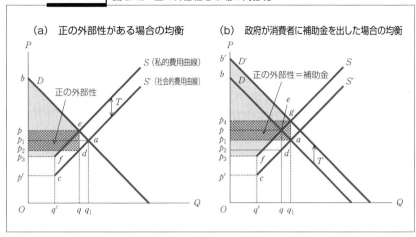

(a)　正の外部性がある場合の均衡　　(b)　政府が消費者に補助金を出した場合の均衡

便益は五角形 $bp^c cde$ の面積になることがわかります。一方，もしも社会的費用曲線 S' のもとで供給が行われていれば，正の外部性も含めた総余剰は□ $bp^c ca$ に等しかったはずです。したがって，私的費用曲線 S に基づいて供給が行われると△ eda の面積だけ余剰が失われてしまうことになります。これが外部性の存在による完全競争市場の非効率性です。

なお，ここで考えたのとは逆に公害問題など負の外部性がある場合は，私的費用曲線と社会的費用曲線の関係が逆になるものの，同様の議論で市場の失敗を確認することができます。

政府による市場介入

完全競争市場であっても市場の失敗が発生するのは，市場取引では外部性の存在が考慮されておらず，企業の私的費用と社会的費用が一致していないからです。そのため，均衡点での取引では超過供給や過少供給が起こって死荷重が発生します。自由な取引を前提とした市場メカニズムではこの損失を避けることができません。それでは，この問題を解決するためにはどうしたらよいでしょうか？　その解答の1つは政府による市場介入です。先ほどの正の外部性がある市場において，政府が補助金を出して消費者にインセンティブ（動機づけ）を与えることを考えてみましょう。

図2.12 (a) の均衡点 e では，この商品の供給量が適正水準に比べて過少供給

となっていることが問題でした。そこで，政府は需要を高めて供給量が増えるように財政支出によって補助金を出すことにします。具体的にはこの商品を買った人に対して購入量 1 単位につき T 円の補助金を政府が出すものとしましょう。すると，消費者にとって補助金の分だけ価格が割引されたのと同じなので購入意欲が高まります。このとき需要曲線は図 2.12 (b) の直線 D' のように元の需要曲線を T だけ上方シフトさせたものになります。そして，この需要曲線 D' と企業の私的費用曲線 S の交点 g が新たな市場均衡点となります。このときの供給量 q_1 は図 2.12 (a) で社会的費用曲線に基づいて供給されたときの供給量に一致しています。なお，ここで注意してほしいのは，需要曲線が上方シフトしたことで均衡価格は補助金がないときの p よりも高い水準 p_4 になっていることです。この価格上昇と供給量の増加によって生産者の利潤は増えることになります。

　次に図 2.12 (b) で総余剰を考えてみましょう。まず消費者余剰ですが補助金によって需要曲線がシフトしたため△ $b'p_4 g$ になります。また，生産者余剰は□ $p_4 p_3 fg$ です。一方，この商品が供給されることで生じる正の外部性の経済的価値は $T \times q_1$ となり，図では□ $p_4 p_1 ag$ で表されます。ただし，政府はこの正の外部性と同額の $T \times q_1$ だけの補助金を消費者に支払っていますが，これは財政支出で賄われているので余剰としてはマイナスになります。したがって，この 2 つは相殺して差し引きゼロです。結果として補助金を出したときの便益は消費者余剰と生産者余剰の和に等しい□ $b'p_3 fg$ になります。ここで□ $b'p_3 fg$ を垂直に T だけ下側にスライドさせると，この総余剰は□ $bp^c ca$ に一致していることがわかります。これはすなわち，図 2.12 (a) で社会的費用曲線 S' のもとで供給が行われたときの総余剰と等しいことを意味しています。

　以上の分析から，正の外部性がある場合に政府が市場介入することで効率性を改善できる（可能性がある）ことがわかりました。なお，ここでは消費者に補助金というインセンティブを与えることで需要曲線を上方シフトさせましたが，これとは逆に企業に対して供給量を増やすインセンティブを与えることもできます。この場合は供給量 1 単位につき T 円だけ助成金を出して，企業の私的費用が社会的費用に一致するように引き下げられれば，供給量を適切な水準に調整することができます。なお，ここで用いた消費者余剰，生産者余剰，外部性収支，政府収支を含めた余剰のことを**社会的余剰**（social surplus）とい

います。

$$社会的余剰＝消費者余剰＋生産者余剰＋外部性収支＋政府収支 \quad (2.3)$$

ここで外部性収支は，正の外部性から負の外部性を差し引いた経済的価値です。また政府収支は政府の収入から支出を引いた金額になります。

　このように市場取引では考慮されていない外部性の影響を，政府が介入して市場内部に取り込むことを**内部化**（internalizing）といいます。実際に外部性が大きいと考えられている農業，漁業，エネルギー，通信，医療，教育などの分野に関連した産業では，政府は積極的な市場介入を行っています。この理由の1つは外部性の影響を内部化することで市場の効率性を高めることにあるといえるでしょう。

▎政府の失敗 ▎

　さて，市場の失敗を回避するための政府の市場介入ですが，常に成功するとは限らないことも知っておく必要があります。それはなぜかというと政府が持っている情報や能力には限界があるためです。前項の分析では正の外部性が供給量1単位につき T 円であることを前提にしていましたが，この金額が実際にいくらなのか政府が事前に把握していることはほとんどありません。したがって，補助金制度を実施する際には専門家や有識者の意見などを参考にして給付額を決めることになりますが，それが正しくなければ無駄な財政支出が行われたり，あるいは投入額が不十分になったりすることがあります。また，たとえ補助金を適切に給付できたとしても，その市場の需要曲線や企業の私的費用曲線の形状がわからなければ，市場全体で発生している死荷重の大きさは測れません。需要曲線や費用曲線を消費者や企業からのヒアリングに基づいて推計することは可能ですが，正確に把握することは困難です。このため，市場介入の効果に関する費用便益を評価できない場合がほとんどです。さらにこれらとは別に，補助金や助成金などを運用するには新たな行政コストが発生するという問題もあります。

　このように政府が介入したにもかかわらず，適正な効果が得られずに市場の効率性の改善がうまくいかないことがあります。そのような状況のことを**政府の失敗**（government failure）といいます。第1章では競争政策との対比として

産業政策を取り上げましたが，特定産業への補助金や税制優遇などは政府の能力が十分高くなければうまく機能せず，また結果として市場の失敗を上回る政府の失敗を引き起こす可能性もあります。産業政策や公共政策では政府の市場介入をどの程度行うのか，あるいは市場メカニズムに任せるのかが常に議論になります。

Column ❷　再生可能エネルギーの普及政策

　私たちが生きる21世紀は地球温暖化や大気汚染などの環境問題に国際的な関心の高まった時代です。近年ではエネルギー利用のあり方として再生可能エネルギー（以下，再エネ）の有効利用が必要とされています。ここで再エネとは太陽光，水力，風力，地熱，バイオマスといった自然現象源泉のエネルギーのことで，どれだけ利用しても枯渇せず，また電力を取り出す際に二酸化炭素を排出しないという特徴があります。日本では1970年代からエネルギー政策の一環として政府主導で再エネの研究開発が行われてきましたが，本格的に普及が始まったのは2000年代に入ってからのことです。また，2011年3月の震災による原発停止を経て，電源の分散化というエネルギー・セキュリティの観点からも再エネの普及が注目されています。

　再エネは火力発電よりも発電費用が高いため，市場に任せるだけでは普及が進まないという問題があります。このため，再エネの普及拡大にはこれまで多くの補助金や助成金が使われてきました。たとえば，太陽光発電を取り上げると1994年から2013年までに太陽光発電を設置した住宅には補助金が給付されています。また，2009年には太陽光で発電された電力のうち余剰となった分を電力会社が固定価格で買い取る制度（固定価格買取制度）が導入されました。この制度は2012年には対象を太陽光発電以外の再エネにも拡大し，さらに余剰買取から全量買取へと移行しています。こうした制度によって経済的メリットが大きく増したことや太陽電池パネルの生産コストが劇的に下がったことで太陽光発電の普及は大きく進みました。太陽光発電の導入量は2000年時点の33万kWから2016年には4300万kWへと急拡大しています。また電力供給に占める再エネの割合についても，2002年時点ではわずか0.4%（水力除く）だったのが2016年には7.6%まで拡大しています。まさに政府の市場介入が普及を大きく促進させた事例といえるでしょう。

　一方で急速な再エネの普及拡大は別の問題を引き起こしています。それは発電コストの増大です。本来であれば再エネは発電コストが高いため普及し

なかったものを補助金や電力買取によって実質価格を引き下げたことで普及が進みました。しかし，電力買取にかかった費用，つまり電力会社が負担したコストは「再生エネ賦課金」として私たちが支払っている電力料金に上乗せされています。これは再エネの高い発電コストを国民全体で負担しようという考えに基づいたものですが，2018年時点での再エネ賦課金は 2.9 円/kWh 程度で家庭用電力料金のおよそ 11% を占めています。そして，今後の再エネの普及とともにさらに高くなると予測されています。こうした負担が果たして低炭素社会の実現やエネルギー・セキュリティなどの外部性と釣り合うのかどうか慎重に評価する必要があるでしょう。

（参考資料：『エネルギー白書』2004, 2018）

SUMMARY ●まとめ

☐ 1 需要曲線はその財に対する消費者の支払意思額と需要量の関係を表したもので，財の性質や競合商品の存在などによって形状が変わります。

☐ 2 完全競争市場では，企業は限界費用が財の価格に一致するように供給量を決定します。このとき，限界費用曲線上の平均可変費用曲線との交点よりも上側の部分を供給曲線といいます。

☐ 3 完全競争市場では需要曲線と供給曲線の交点が市場均衡点になります。もし，外部性がなければ完全競争市場ではパレート最適な資源配分が行われます。

☐ 4 市場取引で考慮されていない外部性がある場合，政府が市場介入して市場の失敗を是正することがあります。ただし，政府の能力が高くなければ必ずしも効率性が改善するとは限りません。

EXERCISE ● 練習問題

2-1 本文を読んで以下の空欄①〜⑪に適切な語句を入れて文章を完成させなさい。

1. 需要曲線が直線で与えられるとき，需要の価格弾力性は需要曲線上で ① に行くほど大きくなる。また，同じ価格で売られている 2 つの商品があり，それぞれの需要曲線が異なる傾きを持つとき，需要曲線の傾きが大きい商品の方が需要の価格弾力性は ② なる。

2. 企業の総費用は，財の供給量によらずに一定の ③ と，供給量に応じて変化する ④ を合わせたものとして表される。また，③ のうち市場から撤退する際に回収不可能となる部分のことを ⑤ という。財の供給量を 1 単位増加させたときの費用の増加量のことを ⑥ という。

3. 完全競争市場は，(a) 取引される財が ⑦ であること，(b) 売り手と買い手が無数に存在すること，(c) 市場への ⑧ が自由であること，(d) 財の価格や品質について売り手と買い手が完全な情報を持っていること，の 4 条件を満たす市場である。

4. 政府が市場介入によって市場取引で考慮されていない外部性を市場内部に取り込むことを ⑨ という。また，市場介入による政府の目的は，消費者余剰，生産者余剰，外部性収支，および ⑩ を足し合わせた ⑪ の改善である。

2-2 1. ある企業が新たな機械設備を導入するかどうかを検討している。この機械設備を導入には初期費用として 1000 万円がかかり，導入から 10 年間利用できるが，その後はただちに使えなくなるものとする。また，この企業が機械設備を導入せずに，1000 万円で国債（年利 2%）を購入した場合には，毎年 20 万円が得られ，10 年後には 1000 万円が戻ってくるものとする。このとき，この企業が機械設備を導入することの経済学上の費用は 10 年間でいくらになるか？ ただし，導入した機械設備は他の用途に転用したり，売却したりすることはできず 10 年後の資産価値は 0 円とする。また，将来価値の割引は考えないものとする。

2. 1 で求めた費用のうち埋没費用はいくらか？

3. もし，この企業が機械設備でなく，1000 万円でトラックを購入した場合に，このトラックの 10 年後の売却価格が 300 万円であるとすると埋没費用はいくらになるか？

第 **3** 章

独占市場

独占企業は儲かる？

さまざまな料金プランを提供する通信キャリア事業者
（2021 年 2 月，写真提供：共同）

INTRODUCTION

　　第 2 章で議論した完全競争市場では，企業は商品の価格を決められないプライス・テイカーであると仮定しましたが，これは市場に参入している企業が非常に多く，競争圧力によって個々の企業が市場価格に影響力を持たない場合です。この章では不完全競争市場の中でも，市場に参入しているのが独占企業 1 社のみという極端な状況を想定します。規制産業を除くと，現実的には参入企業が 1 社だけという市場はほとんど存在しませんが，独占企業の行動を分析することは有用です。ライバル企業との競争がない状況で独占企業がどのような価格で商品を販売するのか考えてみましょう。また，競争がないことで完全競争市場に比べてどれだけ消費者便益が損なわれるのか見てみましょう。

1 独占企業の行動

独占市場とは

　参入している企業が1つしかいない市場のことを**独占市場**（monopoly market）といいます。完全競争市場とは異なり，独占市場では財やサービスの供給を企業1社だけが行うため，消費者はこの独占企業から商品を購入するしかありません。政府による規制がなければ，独占企業は商品の取引価格を自由に決められることになります。この意味で独占企業は**プライス・メーカー**（price maker）です。この章では独占企業が合理的に行動する場合に市場価格や供給量がどのように決まるのか，そして独占市場の効率性について考えます。

　なお，ここでは市場への新規参入はまったくなく，独占企業が潜在的な参入企業から受ける脅威はないと仮定します。第7章で見るように市場への参入が簡単にできる状況では，たとえ市場に競合する企業がいなくても，独占企業は市場価格を自由に設定することはできません。これは潜在的な参入企業が存在することで，独占企業は見えない価格競争にさらされているためです。したがって，ここで想定しているのはなんらかの理由（第7章を参照）によって新規参入がないと考えられる状況です。

独占企業の利潤最大化

　まずはプライス・メーカーである独占企業がどのように価格を決めるのか考えてみましょう。完全競争市場と同様に，独占市場においても合理的な企業であれば市場から得られる利潤を最大化するように価格を決めるはずです。そこで，以下では市場の需要曲線が次の線形関数で表されるものとして独占企業の利潤を考えます。

（需要曲線）　　　　　　　$p = a - bQ$　　　（a, b は正の定数）　　　　　　　(3.1)

ここで，a はその市場でつけられる最大価格（$Q = 0$ のときの価格）を表すパラメータです。また，b は需要曲線の傾きを表すパラメータであり，値が大きい

ほど需要の価格弾力性は小さくなります。なお，本来の需要曲線は価格に対する需要量を表すため，$Q=D(p)$ のような p の関数で与えられますが，ここでは計算の簡便化のため，$p=D^{-1}(Q)$ という逆需要関数の形で与えることにします。

　もし独占企業が式（3.1）の需要曲線の形状を知っていれば，商品にいくらの価格をつけたときに市場でどれだけ需要されるのかがわかることになります。言い換えると，独占企業は市場価格が p となるように供給量 Q を選べると考えることもできます。このとき，企業の収入は供給量 Q の関数として以下のように表すことができます。

（収入）
$$R(Q)=pQ=(a-bQ)Q \tag{3.2}$$

独占企業は供給量の調整を通じて市場価格を動かすことで，収入を変化させられることになります。

　次に独占企業の費用ですが，ここでも計算の簡単化のために限界費用が供給量に関わらない一定値 c であり，さらに固定費用は F であると仮定します（なお，限界費用は最大価格を超えないものとして $c<a$ とします）。つまり，独占企業の総費用曲線は供給量 Q の関数として以下で表されることにします。

（費用）
$$C(Q)=cQ+F \qquad (c, F \text{は正の定数}) \tag{3.3}$$

すると，独占企業の利潤は収入から費用を引いて，以下の $\pi(Q)$ で表すことができます。

（利潤）
$$\begin{aligned} \pi(Q)=R(Q)-C(Q)&=(a-bQ)Q-cQ-F \\ &=-bQ^2+(a-c)Q-F \end{aligned} \tag{3.4}$$

独占企業が最適な価格を選ぶことは，別の言い方をすると，式（3.4）の $\pi(Q)$ を最大化するように供給量 Q を選ぶことと同じです。ここで $\pi(Q)$ が Q の2次関数であることに注意すると，$\pi(Q)$ の最大値はグラフを描けば簡単に求めることができます。図3.1に示すように $\pi(Q)$ は上に凸の放物線であり，$Q=(a-c)/2b(\equiv Q^M)$ のときに最大値 $\pi(Q^M)=(a-c)^2/4b-F$ となることがわかります。これは式（3.4）を以下のように平方完成の形に書き換えれば理解しやすいです。

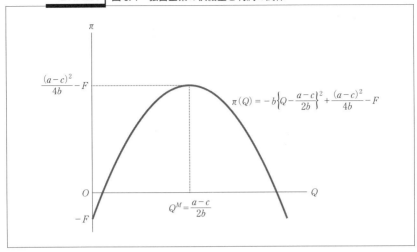

$$\pi(Q) = -bQ^2 + (a-c)Q - F = -b\left\{Q - \frac{a-c}{2b}\right\}^2 + \frac{(a-c)^2}{4b} - F \qquad (3.5)$$

式 (3.5) において，$\pi(Q)$ が最大となるのは第1項の { } の中身がゼロとなるとき，すなわち $Q = Q^M = (a-c)/2b$ のときで，独占企業の利潤は $\pi(Q^M) = (a-c)^2/4b - F$ です。また，このときの市場価格は $p = a - bQ^M = (a+c)/2 (\equiv p^M)$ となります。ここで固定費用 F は供給量に依存しないため，Q^M や p^M にはなんら影響を与えていないことに注意しましょう。このため企業の利潤最大化を考える際にしばしば固定費用は省略されます。

利潤最大化の条件は「限界収入＝限界費用」

上記の計算では2次関数の形状を利用して独占企業の利潤が最大となる供給量を求めましたが，一般的には供給量を1単位増加させたときの収入の増分と費用の増分がちょうど等しくなる供給量で独占企業の利潤は最大になることが知られています。供給量を1単位増やしたときの収入の増分のことを**限界収入**（marginal revenue：MR）といい $MR(Q) = \Delta R(Q)/\Delta Q$ で表します。一方，供給量を1単位増やしたときの費用の増分は第2章で説明した限界費用 $MC(Q) = \Delta C(Q)/\Delta Q$ です。つまり，独占企業の利潤が最大化となるのは限界収入と限界費用が一致する供給量です。

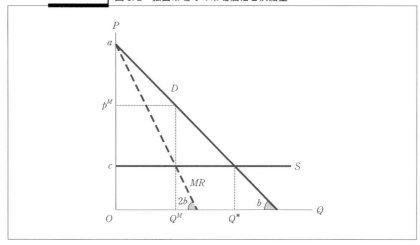

CHART 図3.2 独占市場での市場価格と供給量

（利潤最大化の条件） $\qquad MR(Q) = MC(Q) \qquad$ (3.6)

実際に式（3.2）の収入から限界収入を求めると，$MR(Q) = a - 2bQ$ となります（この求め方については微分の知識が必要になるので，詳しくはウェブサポートページを参照してください）。一方，費用の増分は供給量によらず一定値 c なので，限界費用は $MR(Q) = c$ となります。したがって，これらを一致させる供給量を求めると，$a - 2bQ = c$ より，独占企業の供給量はやはり $Q^M = (a-c)/2b$ になります。

　なお，完全競争市場では，企業はプライス・テイカーなので与えられた価格でしか商品を売ることができませんでしたが，これは限界収入が供給量によらず $MR(q) = p$ であることを意味しています。したがって，完全競争市場での利潤最大化の条件式 $p = MC(Q)$ も式（3.6）を満たしていることになります。

　次に独占企業の利潤最大化を価格と供給量の関係で確認してみましょう。図3.2 は直線の需要曲線 D とそれから導かれる限界収入曲線 MR，そして限界費用が一定のときの供給曲線 S を表しています。需要曲線 D が式（3.1）の直線（$p = a - bQ$）で与えられる場合には，限界収入 $MR = a - 2bQ$ と需要曲線 D の切片（縦軸と交わる点）は同じ値（a）になります。また，限界収入 MR の傾きは需要曲線 D の傾きの2倍（$-2b$）です。このとき，独占企業の利潤最大化の条

件式（3.6）を満たす供給量は，直線 MR と水平の供給曲線 S が交わる点での供給量，すなわち Q^M になります。また，そのときの市場価格は Q^M から垂直線を伸ばして，需要曲線 D とぶつかったところの価格 p^M です。

　完全競争市場では市場全体の需要曲線と供給曲線の交わる均衡点で供給量が決まり，図3.2 では需要曲線 $D(p=a-bQ)$ と供給曲線 $S(p=c)$ の交点，すなわち，$Q^*=(a-c)/b$ が供給量でした。一方，独占市場での供給量 $Q^M=(a-c)/2b$ はこの半分であり，完全競争市場に比べて少ないことがわかります。独占市場では企業が1社しか存在しないので独占企業は供給量を少なく絞ることで市場価格をつり上げることができます。このように企業が限界費用を超えて価格を高く設定できる能力のことを**市場支配力**（market power）といいます。完全競争市場では市場価格は限界費用に一致するので企業は市場支配力をいっさい持てませんでしたが，独占市場ではライバル企業との競争がないため企業は大きな市場支配力を持つことになります。

 ## 独占市場の非効率性

　それでは，独占市場の社会的厚生はどのようになっているのでしょうか？ 図3.3 は先ほどの需要曲線と供給曲線を用いて独占市場での消費者余剰（CS）と生産者余剰（PS）を表したものです。消費者余剰は，Q^M 単位の購入量に対して消費者が受け取った便益（□ aOQ^Mf）から実際の支払額（□ p^MOQ^Mf）を差し引いたものなので△ ap^Mf になります。完全競争市場であれば市場価格は限界費用に一致するので $p=c$ であり，このときの購入量 Q^* に対して消費者余剰は△ ace です。したがって，独占市場の消費者余剰は完全競争市場に比べてかなり小さくなっています。これは独占市場では消費者が高い価格で商品を買わなければならないためです。

　一方，生産者余剰は企業の収入（□ p^MOQ^Mf）から可変費用（□ cOQ^Md）を引いた□ p^Mcdf になります。完全競争市場であれば，収入が□ cOQ^*e に対して可変費用も□ cOQ^*e なので生産者余剰はゼロですが，独占市場では正の生産者余剰を得ることができます。これは独占企業が市場支配力を発揮した結果といえるでしょう。

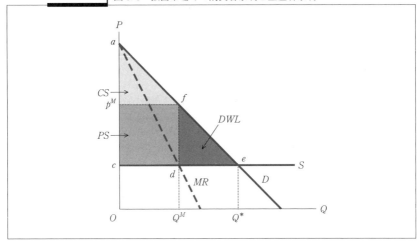

　このように独占市場では完全競争市場に比べて消費者余剰が減少する代わりに生産者余剰が増加します。しかし，それだけではありません。図3.3の△ fde の部分は消費者と生産者のいずれも受け取っていない死荷重（DWL）となっています。独占市場では市場への供給量が減少してしまうため，この死荷重の分だけ完全競争市場に比べて非効率性が発生することになります。

3　消費者情報を利用した価格差別

▎完全価格差別▎

　これまで独占企業は市場全体で単一価格をつけるものとして利潤最大化を考えましたが，ここではいったん，この前提条件を見直すことにします。つまり，独占企業が消費者1人ひとりに対して異なる価格をつけることができ，さらに販売量に応じて商品の単価も変えられるとしたら何が起こるか考えてみましょう。

　さて，消費者1人ひとりはそれぞれ異なる需要曲線を持っており，市場全体の需要曲線はそれらを水平に足し合わせたものでした。ここで個々の需要曲線

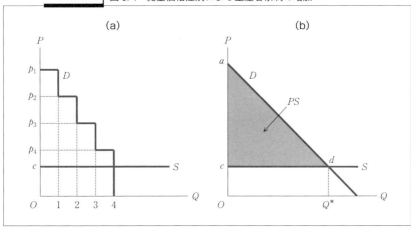

CHART 図 3.4 完全価格差別による生産者余剰の増加

(a)

(b)

はその消費者が商品に対して支払ってもよいと考える支払意思額であったことを思い出してください。もし，独占企業が消費者 1 人ひとりの需要曲線の形状を知っていれば，独占企業はそれぞれの消費者に異なる価格で販売しようとするはずです。具体的には，消費者 1 人ひとりに対して支払意思額に等しい価格をつけることで独占企業は利潤をさらに増やすことができます。

　たとえば，ある消費者が図 3.4 (a) で表される需要曲線を持っているとしましょう。この消費者は商品の 1 個目については p_1，2 個目は p_2，3 個目は p_3，4 個目は p_4 という支払意思額を持っていることになります。独占企業がこの消費者に対して 1 個目は p_1，2 個目は p_2，3 個目は p_3，4 個目は p_4 というように価格を変えていったらどうなるでしょうか？　このとき，消費者は商品を全部で 4 個買うことになりますが支払総額は $p_1 + p_2 + p_3 + p_4$ です。つまり，消費者は支払意思額のすべてに等しい金額を独占企業に支払ったことになります。このような価格設定の方法を**完全価格差別**（perfect price discrimination）といいます。

　完全価格差別が行われると消費者余剰はゼロになりますが，独占企業の利潤はその分だけ増加することになります。もし独占企業がすべての消費者に対して完全価格差別することができれば市場全体で単一価格をつけたときよりも高い利潤を得ることができます。図 3.4 (b) は市場全体の需要曲線 D に対して完全価格差別を行ったときの生産者余剰を表しており，完全競争市場で消費者余

剰であった部分（△*acd*）がすべて生産者余剰に置き換わっています。これは独占企業が消費者から余剰をすべて搾取している状況です。ただし，完全価格差別された市場では死荷重が発生しておらず，完全競争市場と同様に効率的な市場といえます。

　もちろん，このような価格差別は現実的ではありません。まず，独占企業が消費者すべての支払意思額を完全に把握するのは難しいでしょう。また，仮に独占企業が消費者1人ひとりの完全な情報を持っていたとしても，消費者間で購入した商品を取引できるようであればこのような価格差別は困難になります。これは支払意思額の低い消費者がたくさん商品を買っておき，安く購入した分を他の消費者に転売してしまえば，独占企業は他の消費者に高い価格で商品を売れなくなるからです。したがって，完全価格差別を実現するには商品の性質上転売できないか，あるいは消費者間での取引を禁止できる必要があります。このようにあまり現実的ではない完全価格差別ですが，たとえば購入者の体形にあわせて作られたテーラーメイドの高級紳士服（ネーム入り）や購入時に認証登録が必要なソフトウェアなどでは実行可能かもしれません。

▌市場分割による価格差別▐

　消費者1人ひとりの需要曲線はわからなくても，需要の大きい（支払意思額の高い）消費者なのか，それとも小さい（支払意思額の低い）消費者なのかを独占企業がなんらかの情報を使って識別できることがあります。たとえば，映画館の需要を考えてみると，大人は子供に比べて所得が多いので，多少，チケット代が高くても映画館を利用しますが，子供はチケット代が高ければ映画館には行かないでしょう。「大人」と「子供」という大まかな区分ではありますが，市場には「需要の大きな大人グループ」と「需要の小さな子供グループ」という2つのセグメントがあることになります。ここで映画館が大人料金と子供料金を分けて異なる価格をつけると単一価格をつけた場合よりも利潤を増やせる可能性があります。このような年齢，性別，あるいは居住地などで消費者をグループ分けして価格差別することを**市場分割**（market segmentation）といいます。以下では市場分割によって独占企業の利潤が増加する例を見てみましょう。

　ここでは説明を簡単にするために，各消費者の需要量は最大でも1単位とします。つまり，消費者は自分の支払意思額よりも市場価格が安ければ1単位だ

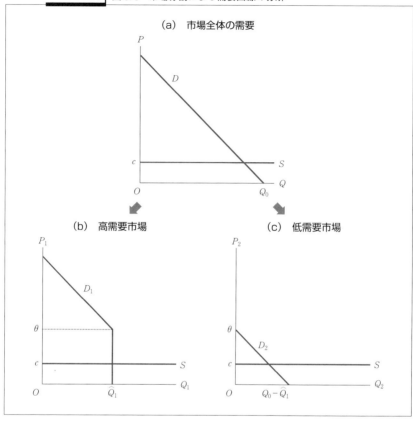

(a)　市場全体の需要

(b)　高需要市場

(c)　低需要市場

け購入し，高ければ購入しないという状況です。これは映画館の例では，消費者は映画を1度だけ見に行くか，あるいはまったく見に行かないかを選択することを意味しています。また，市場には，支払意思額の大きい人から小さい人までが一様に存在しており，図3.5 (a) のような市場全体の需要曲線 D が描けるものとします。そして，独占企業はなんらかの情報を使って，消費者の支払意思額が θ（シータ）以上であるのか，そうでないのかを完全に識別できると仮定します。これは映画館の例でいえば，大人はすべて θ 以上の支払意思額を持ち，子供はすべて θ よりも小さい支払意思額を持つという極端な状況を意味しています。

　これらの仮定のもとで独占企業が θ という価格で市場を2つに分割すること

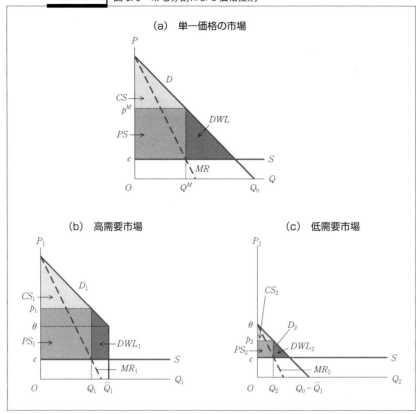

(a) 単一価格の市場

(b) 高需要市場　　　　　　　　(c) 低需要市場

を考えます。市場を分割するとは図3.5 (a) の全体の需要曲線 D を，図 (b) の高需要市場 D_1 と図 (c) の低需要市場 D_2 に分けることを意味します。もし，市場分割を行わずにすべての消費者に単一価格をつける場合には，独占企業の利潤が最大化になるのは限界収入と限界費用が等しくなる価格なので，図3.6 (a) の p^M が市場価格になります。

　一方，市場分割を行った場合には，高需要市場と低需要市場のそれぞれで利潤最大化することになるので，高需要市場では図3.6 (b) の p_1，低需要市場では図 (c) の p_2 がそれぞれ市場価格になります。ここで高需要市場での価格 p_1 は単一価格をつけた場合の価格 p^M とまったく同じです。つまり，単一価格のときにこの商品を購入していた $Q^M (= Q_1)$ 人の消費者は，市場分割されても

高需要市場で同じ価格で購入できることになります。さらに，低需要市場では新たに安い価格 p_2 で購入することができる消費者が Q_2 人だけ生まれています。このことから，市場分割が行われるとそれまで購入できなかった消費者が購入できるようになるため市場全体の供給量が増加します。

　また，市場分割によって独占企業の利潤は増加しています。これは単一価格のときと同じだけの生産者余剰 PS_1 が高需要市場から得られるのに加えて，低需要市場からも新たに生産者余剰 PS_2 が得られるからです。したがって，この市場分割では消費者余剰と生産者余剰の両方が増加して，死荷重が減少するので市場全体の効率性は高まります。

　実際に利用されている市場分割の例としては映画館の大人・子供料金以外にも，飲食店のレディース割引，ソフトウェアの学割などがあげられます。また，大人や子供といった消費者属性で市場分割するだけでなく，需要の異なる平日と祝祭日で料金設定を変えるような市場分割も商業施設やリゾート施設などでは行われています。

4. 自己選択による価格差別（発展）

数量割引と二部料金

　前節の市場分割では，独占企業は年齢や性別などをシグナルに用いて消費者1人ひとりの支払意思額を識別できることを仮定しました。しかし，そのような情報が常に利用できるとは限りません。また，年齢や性別などの属性が支払意思額とは関係ないと考えられる場合もあります。そうした場合に用いられるのが，どれだけの支払意思額を持つのかを消費者自身に暗黙で表明させる方法です。この方法は，**数量割引**（quantity discount）や**二部料金**（two-part tariff）を利用して行われるメニュー料金が該当します。まずは，メニュー料金が何かを説明する前にこれらの料金について解説します。

　まず，数量割引ですが，これは商品の購入量に応じて値引きされる料金体系のことです。たとえば，紳士服量販店では，スーツを1着購入すると4万円するが，2着目の購入は半額の2万円になるようなことがあります。この場合，スーツの単価は1着しか買わなければ4万円なのに対して，2着買えば3万円になります。つまり，数量割引は，需要が大きくたくさん購入する消費者ほど単価が安くなる価格差別といえます。

　次に，二部料金とは価格設定が2段階になっている料金体系のことで，商品の購入量に応じて変動する**従量料金**と，購入量によらない一定の**固定料金**が組み合わされたものです。固定料金を G，従量料金の単位レートを r とすると，二部料金で消費者が商品を q 単位購入するときの支払額は以下で表されます。

（二部料金） $$P(q) = G + rq \qquad (3.7)$$

ここで購入量1単位当たりの価格は $P(q)/q = G/q + r$ になるので，二部料金も購入量 q によって単価が変わる価格差別であることがわかります。また，購入量が大きくなるほど固定料金の割合が減って単価が下がるため，実質的に二部料金は数量割引と同じものと考えることができます。

　それでは，二部料金を用いることでどのようなメリットが独占企業にあるの

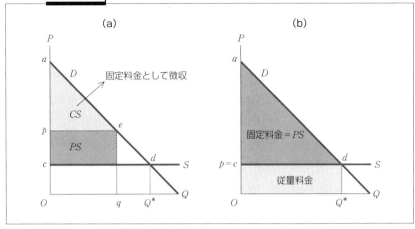

か考えてみましょう。図3.7 (a) は，需要曲線 D を持っている消費者に対して，独占企業が価格 p で商品を販売したときの消費者余剰と生産者余剰を表しています。この消費者は□ $pOqe$ だけ支払って商品を q 単位購入することになりますが，もし独占企業がさらに固定料金を徴収したらどうなるでしょうか？　もし固定料金が△ ape よりも小さければ購入量は q 単位から変わりません。なぜならば，この消費者の q 単位の消費に対する支払意思額□ $aOqe$ は，実際の支払額□ $pOqe$ よりも大きいため，その差額として消費者余剰（ $=$ △ ape）が発生しているからです。消費者余剰がゼロ以上であるかぎりは独占企業の価格設定を受け入れた方がよいことになります。つまり，独占企業にとっては価格 p で q 単位販売するならば，さらに固定料金として△ ape だけ徴収できることになります。なお，消費者は消費者余剰がゼロであってもまったく購入しないよりは q 単位の購入を選ぶと仮定しています。

　この状況をさらによく考えてみると，独占企業にとって価格 p で q 単位売るのも実は最適ではないことに気づくと思います。独占企業が価格を限界費用に等しい c に設定すれば消費者は Q^* 単位だけ購入するので，そのうえで固定料金を消費者余剰に等しい額だけ徴収すれば，生産者余剰がさらに増えることがわかります。つまり，図3.7 (b) に示すように，価格を c にして従量料金□ cOQ^*d を徴収し，さらに固定料金を△ acd にすれば生産者余剰は最大になります。このとき，独占企業はこの消費者に対して完全価格差別を行ったのと同

じだけの利潤を得ることができます。

　以上の議論から，二部料金の従量料金のレートを限界費用まで下げたうえで固定料金を消費者余剰に相当する金額にすれば，単一価格をつけるよりも独占企業は利潤を増やすことができます。ただし，完全価格差別と同様に，独占企業は消費者1人ひとりの需要曲線を知っているとは限らないため，固定料金を1人ひとりに合わせて変更するのは困難です。このため現実に用いられている二部料金では固定料金が一定の金額となっている場合がほとんどです。

　二部料金の事例としてよく見られるのは，遊園地などの入場料とは別に利用するアトラクションに応じて料金がかかるようなサービスです。他にもスポーツクラブや学習塾などでは入会金と月謝が別にかかることがありますが，これも二部料金といえます。なお，家庭用の電気やLPガスの料金体系でも二部料金が用いられていますが，これらは第8章で解説する規制産業に該当するため，利潤増を目的とした価格設定とは異なる理由によります。

▌需要の異なる消費者がいる場合の二部料金 ▌

　現実の市場では，すべての消費者が同じ需要曲線を持っているとは限りません。そこで需要曲線の異なる消費者が存在する場合の二部料金について考えてみましょう。ここでは話を簡単にするため，市場には需要の大きな消費者と小さな消費者の2タイプが存在するものとします。そして，独占企業はこれら2タイプの需要曲線の形状は知っているものの，消費者1人ひとりがどちらのタイプなのかは判別できないとします。つまり，年齢や性別といった消費者属性では市場分割できない状況です。図3.8には，需要の大きい消費者（タイプ1）に対応する需要曲線 D_1 と需要の小さい消費者（タイプ2）に対応する需要曲線 D_2 が描かれています。

　まずは，独占企業が二部料金で単一の料金プランを用意する場合を考えてみましょう。先ほどは従量料金を限界費用まで下げて，消費者余剰分を固定料金にすることを考えましたが，市場に異なる需要曲線を持つ消費者がいる場合には，必ずしも従量料金レートを限界費用まで下げるのがよいとは限りません。そこで，従量料金レートと固定料金の組み合わせを考えて利潤が最も大きくなる料金体系を探ります。

　はじめに従量料金レートですが，限界費用まで下げて安くする（$r=c$）のか，

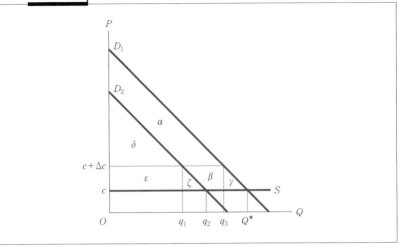

それよりも少し高い金額（$r = c + \Delta c$）にするのか2通りが考えられます。ここで，Δc をどれぐらいにするのかという問題がありますが，ここでは c に比べて十分小さい額とだけ仮定しておきます。次に固定料金については，先ほどと同じように消費者余剰に等しい金額に設定するのが独占企業にとって利潤最大化になりますが，2つのタイプのどちらの消費者に合わせるのかが問題です。たとえば，図3.8で従量料金レートを限界費用まで下げる場合（$r = c$）には，固定料金を需要の小さいタイプ2の消費者に合わせて $G = \delta + \varepsilon + \zeta$ にするか，あるいは需要の大きいタイプ1の消費者に合わせて $G = \alpha + \beta + \gamma + \delta + \varepsilon + \zeta$ にするのか2通りが考えられます。一方，従量料金レートを限界費用よりも少し高くする場合（$r = c + \Delta c$）には，固定料金をタイプ2の消費者に合わせるなら $G = \delta$，タイプ1の消費者に合わせるなら $G = \alpha + \delta$ という2通りの設定になります。以上をまとめると，従量料金レート r と固定料金 G の決め方としては，以下の4パターンが考えられます。

①　$r = c,\ \ G = \delta + \varepsilon + \zeta$
②　$r = c,\ \ G = \alpha + \beta + \gamma + \delta + \varepsilon + \zeta$
③　$r = c + \Delta c,\ \ G = \delta$
④　$r = c + \Delta c,\ \ G = \alpha + \delta$

これら4つの料金プランで得られる独占企業の利潤を考えてみましょう。ま

	料金プラン	従量料金レート(r)	固定料金 (G)	購入量 タイプ1	購入量 タイプ2	消費者余剰 タイプ1	消費者余剰 タイプ2	生産者余剰
単一料金	①	c	$\delta+\varepsilon+\zeta$	Q^*	q_2	$\alpha+\beta+\gamma$	0	$2(\delta+\varepsilon+\zeta)$
	②	c	$\alpha+\beta+\gamma$ $+\delta+\varepsilon+\zeta$	Q^*	0	0	0	$\alpha+\beta+\gamma$ $+\delta+\varepsilon+\zeta$
	③	$c+\Delta c$	δ	q_3	q_1	α	0	$\beta+2(\delta+\varepsilon)+\zeta$
	④	$c+\Delta c$	$\alpha+\delta$	q_3	0	0	0	$\alpha+\beta$ $+\delta+\varepsilon+\zeta$
メニュー料金	(i), (ii) から選択	(i) $c+\Delta c$ (ii) c	(i) δ (ii) $\beta+\delta+\varepsilon+\zeta+\eta$	Q^*	q_1	$\alpha+\gamma-\eta$	0	$\beta+2(\delta+\varepsilon)$ $+\zeta+\eta$

ず料金プラン①ですが，従量料金レートが限界費用に等しいので，タイプ1とタイプ2の消費者の購入量はそれぞれ Q^*，q_2 単位になります。このときタイプ1とタイプ2の消費者はそれぞれ $\delta+\varepsilon+\zeta$ の固定料金を支払うことになるので，独占企業の利潤は $2(\delta+\varepsilon+\zeta)$ になります。

次に料金プラン②ですが，従量料金レートは限界費用に等しいものの固定料金が $\alpha+\beta+\gamma+\delta+\varepsilon+\zeta$ と高いため，タイプ2の消費者はまったく購入しないことになります（タイプ2の消費者が固定料金に支払ってもよいと考えるのは $\delta+\varepsilon+\zeta$ まで）。この場合，タイプ1の消費者だけが Q^* 単位購入することになり，このときの固定料金の支払額 $\alpha+\beta+\gamma+\delta+\varepsilon+\zeta$ が独占企業の利潤となります。

次に料金プラン③ですが，タイプ1とタイプ2の消費者の購入量はそれぞれ q_3，q_1 単位となります。独占企業はタイプ1の消費者から従量料金で $\varepsilon+\zeta+\beta$，固定料金で δ の利潤を得ます。またタイプ2の消費者からは従量料金で ε，固定料金で δ の利潤を得ます。よって独占企業の利潤は合わせて $\beta+2(\delta+\varepsilon)+\zeta$ になります。

最後に料金プラン④ですが，②と場合と同様にタイプ1の消費者のみが q_3 単位購入し，タイプ2の消費者は購入しないことになります。このとき，タイプ1の消費者から従量料金で $\varepsilon+\zeta+\beta$，固定料金で $\alpha+\delta$ が得られるため，独占企業の利潤は合わせて $\alpha+\beta+\delta+\varepsilon+\zeta$ になります。以上をまとめたのが表3.1 です。

この表を使って4つの料金プランの生産者余剰を比べてみましょう。まず，②＞④なのは明らかです。次に，①と②の比較ですが，もし，タイプ2の消費者の需要が十分大きければ，$\alpha + \beta + \gamma < \delta + \varepsilon + \zeta$という関係が成り立つので生産者余剰は①＞②になります。さらに従量料金レートの上げ幅Δcが十分に小さければ，ζは非常に小さい値になるので$\beta > \zeta$となります。このとき③＞①が成り立ちます。したがって，いくつか条件が成り立てば，生産者余剰が最も大きくなるのは料金プラン③ということになります。つまり，独占企業が単一の料金プランを決める場合には，従量料金レートを限界費用よりも少し高くしたうえで，固定料金を需要の小さい消費者に合わせて決めるのがよいことになります。

メニュー料金による自己選択

ところで，もし独占企業が単一の料金プランではなく，固定料金と従量料金の組み合わせが異なる料金プランを複数用意して，消費者自身に好きな料金プランを選んでもらったらどうなるでしょうか？　ここでは単一料金プランの中で最も利潤の大きい「料金プラン③」と「従量料金レートは限界費用に抑えて固定料金を①よりも少し高くした料金プラン」の2つを用意することを考えます。具体的には，

(i) $r = c + \Delta c$, $G = \delta$ 　　　　（料金プラン③）

(ii) $r = c$, $G = \beta + \delta + \varepsilon + \zeta + \eta$ 　　（料金プラン①の固定料金を$\beta + \eta$だけ増加）

という2つの料金プランです。ただし，プラン (ii) の固定料金に含まれるηは，$\eta < \gamma$を満たす金額とします。これはプラン (ii) の固定料金をプラン①より高くするもののプラン②よりは安くするためです。このように複数の料金メニューの中から消費者自身にプランを選ばせる方法を**メニュー料金**（menu pricing）といいます。

さて，このメニュー料金を用いたときに，2つのタイプの消費者がそれぞれどちらの料金プランを選択するか考えてみましょう。まず，タイプ1の消費者ですが，料金プラン (i) ではq_3単位の購入からαだけ消費者余剰を得るのに対して，料金プラン (ii) ではQ^*単位の消費から$\alpha + \gamma - \eta$の消費者余剰を得ることになります。ここで，$\eta < \gamma$という条件からタイプ1の消費者は高い消費者余剰を得られる料金プラン (ii) を選ぶことになります。一方，タイプ2の消

費者は料金プラン（i）を選ぶと q_1 単位の購入で消費者余剰がゼロなのに対して，料金プラン（ii）を選んでしまうと消費者余剰はマイナス（$-(\beta+\eta)$）になってしまいます。したがって，タイプ2の消費者は料金プラン（i）を選ぶことになります。このとき，独占企業は，タイプ1の消費者から固定料金で $\beta+\delta+\varepsilon+\zeta+\eta$，タイプ2の消費者から従量料金で ε，固定料金で δ を得るため，合計で $\beta+2(\delta+\varepsilon)+\zeta+\eta$ の利潤を得ることになります。つまり，単一の料金プラン③を用意した場合の利潤 $\beta+2(\delta+\varepsilon)+\zeta$ よりも η だけ利潤が増加します。

メニュー料金がうまく機能すれば，需要の大きい消費者は従量料金が安くて固定料金の高いメニューを，需要の小さい消費者は従量料金が高くて固定料金の安いメニューを選ぶことになります。このとき需要の大きい消費者は正の消費者余剰を得る（上記の例でいえば $\alpha+\gamma-\eta$）のに対して，需要の小さい消費者の消費者余剰はゼロになっています。このため，メニュー料金では需要の大きい消費者ほど得をすることになります。

なお，ここで注意しなければならないのは，需要の大きい消費者は料金プラン（ii）を選ぶと料金プラン（i）よりも高い消費者余剰が得られるのに対して，需要の小さい消費者は逆に料金プラン（i）の方が高い消費者余剰を得られるようになっていることです。しかし，たとえば，料金プラン③に料金プラン①もしくは②を組み合わせてしまうと，需要の大きい消費者と需要の小さい消費者の両方が同じ料金プランを選んでしまいます。このような設定ではメニュー料金による自己選択はうまく機能しません。

実際のメニュー料金は携帯電話やインターネット通信の料金プランなどで利用されています。NTTドコモやauなどの通信キャリア事業者は，ユーザーの通信量に応じてさまざまな料金プランを用意していますが，大まかには通信量の多い人向けの定額制プランと，通信量の少ない人向けの従量制プランに分けられるのが一般的です。

抱き合わせによるメニュー料金

自己選択による価格差別としては，メニュー料金の他に，複数の商品をセット販売する方法もあります。たとえば，マイクロソフトが発売している文書作成ソフトWordや表計算ソフトExcelなどは，それぞれを単品購入することもできますが，それらをセットにしたOfficeを購入することもできます。それ

ぞれを単品購入するよりも Office を購入した方がトータルでは安いため，両方のソフトを欲しい消費者にとってはお買い得な商品になっています。このように複数の商品をセットにして販売することを**抱き合わせ**（bundling）といいます。ここで，セット商品しか販売されていない場合を**純粋抱き合わせ**（pure bundling）というのに対して，セット販売に加えて単品販売も並行して行われている場合を**混合抱き合わせ**（mixed bundling）といいます。混合抱き合わせでは，消費者はそれぞれの商品を単品購入するのか，それともセット購入するのかを選べるのでメニュー料金の一形態と解釈することができます。ここでは，2 つのソフトウェアが混合抱き合わせで販売される場合を考えてみましょう。

ソフトウェア W（以下，W）とソフトウェア X（以下，X）の 2 つの商品があり，それぞれ 1500 円で単品販売されているとします。また，消費者はそれぞれのソフトウェアに対して個別に支払意思額を持っているとします。図 3.9 (a) は縦軸に W への支払意思額，横軸に X への支払意思額をとったものですが，たとえば，W に対して 2500 円，X に対して 500 円の支払意思額を持っている消費者は図の点 a で表されます。この消費者は，価格が支払意思額よりも低い W のみを購入し，X は購入しないことになります。このように価格と支払意思額の関係を考えていくと，図の領域 ▨ は W のみを購入する消費者，領域 ▤ は X のみを購入する消費者，そして領域 ▩ は W と X の両方を購入する消費者を表しています。一方で領域 □ はどちらも購入しない消費者です。なお，ここでは簡便のため，それぞれの商品に対する支払意思額は最大でも 3000 円にしています。

まず，単品販売しか行われていない場合の販売企業の利潤を考えてみましょう。消費者が一様に分布していると仮定すると図中の領域の面積がそのまま消費者の人数になります。売上高は領域の面積に販売価格をかければよいので，W の単品購入者から (1500×1500) 人 × 1500 円 = 33.75 億円，X の単品購入者から (1500×1500) 人 × 1500 円 = 33.75 億円，そして W と X の両購入者から (1500×1500) 人 × $(1500 + 1500)$ 円 = 67.5 億円となり，合計で 135 億円となります。ソフトウェアの限界費用がゼロであると仮定すれば固定費用を除いた利潤は 135 億円になります。

次に 2 つのソフトウェアのセット販売を追加した場合はどうなるでしょうか？ もしセット商品の価格が 2500 円だとしたら，先ほどの図 3.9 (a) の点 a

図3.9 混合抱き合わせによるメニュー料金

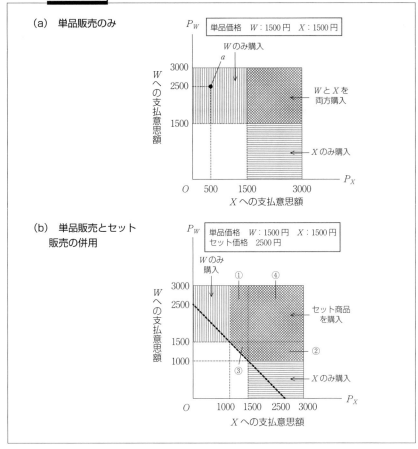

（a）単品販売のみ

単品価格　W：1500円　X：1500円

Wのみ購入

a

WとXを両方購入

Xのみ購入

Wへの支払意思額

3000
2500
1500

O　500　1500　3000　P_X

Xへの支払意思額

P_W

（b）単品販売とセット販売の併用

単品価格　W：1500円　X：1500円
セット価格　2500円

Wのみ購入

①　④

セット商品を購入

②

③

Xのみ購入

Wへの支払意思額

3000
2500
1500
1000

O　1000　1500　2500　3000　P_X

Xへの支払意思額

P_W

の消費者は，依然として W のみを単品購入することになります。なぜならば，この消費者は X に対して 500 円までしか支払いたくないので，W の単品価格 1500 円とセット価格 2500 円との差額 1000 円は X への支払額としては高すぎるからです。点 a の消費者がセット商品を購入するにはセット価格が 2000 円以下である必要があります。

図 3.9 (b) は，単品価格はそれぞれ 1500 円のまま，セット価格を 2500 円にした場合の購入パターンを表しています。図中の各点について単品購入とセット購入でどちらの方が消費者余剰が大きいか比較すれば，その点の消費者が選

択する購入パターンがわかります。領域▨▨は W のみを購入する消費者，領域▤▤は X のみを購入する消費者，そして領域▧▧はセット商品を購入する消費者になります。図 3.9 (a) と比べると，W と X の両方を購入する，つまりセット商品を購入する消費者の領域▧▧が拡大していることがわかります。これは単品販売のみのときには W と X のどちらか一方しか購入しなかった消費者の一部（図の①，②の領域）がセット商品を購入するようになるからです。また，単品販売ではどちらも購入しなかった消費者の一部（図の③の領域）もセット商品を購入するようになります。この消費者は W と X にそれぞれ 1500 円未満の支払意思額しか持たないものの，両方合わせると 2500 円以上の支払意思額を持っている消費者です。

　このときの企業の利潤について考えてみましょう。まず，W の単品購入者から（1500×1000）人×1500 円＝22.5 億円，X の単品購入者から（1000×1500）人×1500 円＝22.5 億円，そして，セット商品の購入者から（2000×2000－500×500÷2）人×2500 円＝96.875 億円が得られます。よって，利潤は合計 141.875 億円になりますが，これは単品販売のみのときの 135 億円よりも 6.875 億円だけ増加しています。ここで，図の④の領域の消費者はセット商品がなくても両方購入する需要の大きい消費者なので，企業からすれば本来はセット割引する必要はないのですが，これら消費者からの売上減よりも，単品販売のみでは一方しか購入しない消費者（図の①，②の領域）や，どちらも購入しない消費者（図の③の領域）からの売上増が大きいため利潤は増加しています。さらに，この例ではどの消費者も単品販売のみの場合に比べて消費者余剰は変わらないか，あるいは増加しています。これは，単品価格は据え置きのまま，新たにセット商品が割安で追加されたため，消費者の便益はなんら損なわれないからです。したがって，この例では混合抱き合わせによって消費者余剰と生産者余剰の両方が増加しています。

　なお，一般的には単品販売のみの場合に独占企業がつける最適価格と，混合抱き合わせの場合につける最適価格は一致しません。実際に上記の例では，単品販売のみの場合の最適価格は 1500 円ですが，混合抱き合わせの場合は単品価格を 2000 円にしてセット価格は約 2586 円にするのが最適になります。このとき混合抱き合わせによって単品価格が上がるので消費者の中には消費者余剰が減少する人が出てきます。詳細については微分や積分の知識が必要になりま

すが，本書のウェブサポートページで解説しています。関心のある人はそちら
を参照してください。

┃ タイイング ┃

　抱き合わせには上記のような単品でも機能する商品をセット販売する以外に
も，本来はセットでしか機能しない商品をばら売りするケースを含めることが
できます。たとえば，プリンターは本体とインクの両方があって初めて印刷機
として機能しますが，メーカーや機種によって使えるインクの仕様が独自規格
になっているため，実質的に本体とインクはセットで買わなくてはなりません。
また，テレビゲームもゲーム機本体とゲームソフトで対応関係があり，異なる
プラットフォームのゲームソフトは動かないようになっています。このように
単独では機能しない完全補完財の関係にある商品を別々に販売することをタイ
イング（tying）といいます。タイイングでは商品がセット販売されていなくて
も抱き合わせの一種とみなすことができます。なお，プリンター本体やゲーム
機本体が1台あれば十分なのに対して，インクやゲームソフトは必要に応じて
複数購入する必要があります。このため，プリンター本体やゲーム機本体の代
金を固定料金，インクやゲームソフトの代金を従量料金とみなせば，ある種の
二部料金と考えることもできます。

SUMMARY ●まとめ

- □ 1 独占企業が単一価格で利潤最大化する場合には，限界収入と限界費用が一致
　するように供給量が決定されます。このとき，死荷重が発生して資源配分に
　非効率性が発生します。
- □ 2 独占企業は，消費者の情報を活用して価格差別することで，単一価格をつけ
　る場合よりも利潤を増やすことができます。
- □ 3 それまで単品販売のみであったものが混合抱き合わせで販売されると，市場
　全体で消費者余剰と生産者余剰の両方が増加する可能性があります。ただし，
　消費者の中には余剰の減少する人もいます。

3-1 本文を読んで以下の空欄①〜⑪に適切な語句を入れて文章を完成させなさい。

   1. 企業が限界費用よりも高い価格を設定できる能力のことを ① という。完全競争市場では各企業の ① は ② であるのに対して，独占市場での ① は大きい。

   2. 同じ商品であっても購入者の年齢・性別や販売する時間帯などによって異なる価格をつける価格差別のことを ③ という。 ③ がうまく機能すると市場全体の供給量は ④ する。

   3. 二部料金は，購入量によらずに一定の ⑤ と購入量に応じて変動する ⑥ からなる料金体系である。この料金体系では購入量の増加とともに単価が下がるため，実質的には ⑦ と同じである。

   4. 二部料金のメニュー価格では，需要の大きい消費者は固定料金が ⑧ ，従量料金レートの ⑨ 料金プランを選ぶのに対して，需要の小さい消費者は固定料金が ⑩ ，従量料金レートの ⑪ 料金プランを選ぶ。

3-2 あなたは京王線めじろ台駅の周辺に新しくカレー屋をオープンした。近隣エリアに競合する店舗はなく，1日当たりのカレーの需要曲線が $p = 1000 - 2Q$ で与えられるとする。カレーを提供するのにかかる費用は人件費や光熱費などを含めて1皿当たり400円である。このとき，カレー1皿の価格をいくらにしたらよいか？ また，1日当たりの固定費が1万円であるときの利潤を求めなさい。

3-3 マクドナルドや吉野家といったファストフード店では一律の値引きでなくクーポン券を配布する場合が多い。これはなぜか，価格差別の観点から議論しなさい。

3-4 図3.9の例でソフトウェア W とソフトウェア X を2500円で純粋抱き合わせした場合に生産者余剰はどうなるか？ 単品販売のみの場合，および混合抱き合わせの場合と比較しなさい。

ゲーム理論の基礎

相手の行動は想定内？

隣り合うファストフード店（写真提供：時事通信フォト）

INTRODUCTION

　これまでに扱った完全競争市場や独占市場では，市場に参入している企業数が無数か，あるいは1社かという両極端の状況を考えていました。参入企業数では大きく異なる2つの市場ですが，どちらの市場も企業の利潤最大化を考える際に競合するライバル企業の行動を考える必要がない点では一致していました。しかし，現実には複数のライバル企業が競合している市場が数多く見られます。少数の企業が競合している寡占市場ではお互いの利害が相互依存しているのが一般的です。個人や企業などの主体間の利害関係をモデル化し，合理的な戦略的行動が何かを考えるのがゲーム理論（game theory）です。この章では企業間の競争を分析するのに必要なゲーム理論の基礎を学びます。

1 ゲーム理論とは

ゲームの構成要素

　ゲーム理論（game theory）は企業同士の競合関係に限らず，個人や組織など
の経済主体の利害関係を扱うことができるため，身近な友人関係からビジネス，
さらには国家戦略における意思決定までさまざまな場面での合理的行動を分析
するのに利用されています。ゲーム理論では，個人や企業などの意思決定を行
う主体のことを**プレイヤー**と呼び，与えられた情報のもとでプレイヤーがどの
ような行動をとれるのかを記述します。そして，プレイヤーの選んだ行動の結
果，どのようなことが起こるかを**利得**（gain）として表します。つまり，特定
のゲームを記述するには構成要素として，①プレイヤーとその数，②利用可能
な情報集合，③プレイヤーのとれる行動（戦略）と順序，そして④利得構造，
を決めればよいことになります。

　ゲームとは何かを理解する具体例として，ある地域に出店しているファスト
フード・ストア2店舗の値引き競争について考えてみましょう。この2つの店
舗は，提供している商品や価格帯で競合しておりマーケットシェアを分け合っ
ているとします。そして，お互いがさらに顧客を獲得するために，現在の販売
価格から値引きを行うかどうかを検討している状況としましょう。この状況を
ゲームで表すと，まず，プレイヤーは2つの店舗となり，プレイヤーのとれる
行動は｛値引きする｝か，あるいは｛値引きしない｝か，という2つになりま
す。また，利用可能な情報とは，意思決定する際にお互いの店舗が相手のとっ
た行動を知っているかどうかを意味します。ここでは2つの店舗は同時に意思
決定することにして，相手のとった行動は事前には知らないとします。最後に，
ゲームの利得は各店舗の行動の結果として得られる利潤です。

戦略と利得表

　表4.1はファストフード・ストアの価格競争ゲームの利得表です。利得表と
はプレイヤーのとれる**戦略**（strategy）の組み合わせと利得をまとめた表のこ

表4.1　値引き競争の囚人のジレンマ

		店舗2	
		値引きする	値引きしない
店舗1	値引きする	(200, 200)	(300, 100)
	値引きしない	(100, 300)	(250, 250)

とです。ここで戦略とは，ゲームの最初から最後までにプレイヤーが行うすべての意思決定について，選択できる行動をリストにしたものです。ファストフード・ストアの例では，プレイヤーはお互い同時に1回のみ意思決定を行うので，戦略は行動そのものとなり{値引きする}と{値引きしない}の2つだけになります。

　さて，表4.1は2×2の行列ですが，各マスの要素は店舗1と店舗2のとった戦略（行動）の組み合わせについて，それぞれの利得を表しています。たとえば，右上のマスの店舗1が{値引きする}，店舗2が{値引きしない}という戦略をとったときの利得は(300, 100)ですが，これは店舗1が300，店舗2が100の利得を得るという意味になります。残りの3つの戦略の組み合わせについても同様に，（店舗1，店舗2）の順に利得が示されています。表4.1のような利得表を用いたゲームのことを**戦略形ゲーム**（strategic-form game）と呼び，標準的なゲームはこの形式で表記されます。

　なお，このゲームではプレイヤーは同時に意思決定しているので，意思決定のタイミングの観点では**同時手番ゲーム**と呼ばれます。これに対して，プレイヤーの意思決定に順番があるゲームのことを**逐次手番ゲーム**といいますが，これについては第3節の参入阻止のゲームで扱うことにします。また，同時手番ゲームでは，お互いのプレイヤーは相手のとった行動を事前に知らずに意思決定するので，プレイヤーの情報量の観点では**不完全情報ゲーム**（imperfect information game）になります。これに対して，意思決定の段階で相手がこれまでにとった行動をすべて観測できるゲームのことを**完全情報ゲーム**（perfect information game）といいます。こうした分類に従うと，たとえば，じゃんけんは同時手番（不完全情報）ゲーム，将棋やオセロは逐次手番の完全情報ゲームということができます。なお，逐次手番の不完全情報ゲームは，原理的には同

時手番ゲームと同じものと考えることができます。

値下げ競争の囚人のジレンマ

それでは**表4.1**を使って，各店舗の利得構造について考えてみましょう。ま
ず，店舗2が｛値引きしない｝場合は，店舗1は｛値引きしない｝ときの利得
250よりも，｛値引きする｝ときの利得は300で高い値になります。これは，
店舗1は値引きによって相手から需要を奪うことができるためです。一方，
｛値引きしない｝を選んだ店舗2の利得は店舗1が｛値引きする｝と需要を奪
われることになるので利得は100となり，店舗1が｛値引きしない｝ときの利
得250よりもかなり小さい値になります。それでは，店舗1と店舗2の両方が
｛値引きする｝場合にはどうなるでしょうか？　この場合，お互いに需要を奪
い合うことになり売上は伸びず，店舗1と店舗2の利得はお互いが｛値引きし
ない｝場合の利得250よりも小さい200になってしまいます。したがって，い
ずれか一方だけが値引きを行った場合のみ，値引きを行った店舗の利得が増え
るのに対して，もし両者が値引きをしてしまうと，どちらも値引きしないとき
より利得は小さくなってしまいます。これは相手を出し抜いて自分だけが競争
的な行動をとった（この例では値引きした）場合には得をするが，両者が競争的
な行動をとってしまうと両者とも損することを意味しています。また，相手に
出し抜かれて自分だけが競争しない場合には，さらに利得が低くなってしまう
構造にもなっています。このような利得構造を持ったゲームのことを**囚人のジ
レンマ**（prisoners' dilemma）と呼びます。

それでは各店舗にとって｛値引きする｝のと｛値引きしない｝のではどちら
が望ましい戦略でしょうか？　囚人のジレンマ・ゲームでは，各プレイヤーの
利得は自分のとった戦略だけでなく，相手のとった戦略にも依存しています。
したがって，自分のとる戦略に対して相手がどう反応をするのかを検討する必
要があります。相手の戦略を所与としたときに，自分の利得が最も高くなるよ
うに戦略を選ぶことを**最適反応**（best response）といいます。まずは店舗1の
立場で最適反応を考えてみましょう。

もし，店舗2が｛値引きしない｝のであれば，店舗1にとっての最適反応は
｛値引きする｝ことです。なぜならば，店舗1が｛値引きしない｝を選んだと
きの利得250に対して，｛値引きする｝場合の利得は300で大きくなるからで

す。同様に，店舗2が {値引きする} 場合についても，店舗1は {値引きする} ことが良い結果になります。店舗1が {値引きしない} ときの利得100よりも {値引きする} ときの利得200は大きくなります。つまり，店舗1にとっては，店舗2がとった戦略に関わらず，常に {値引きする} のが最適反応になります。これは，店舗2の立場でも同じで，店舗1が {値引きする} か {値引きしないか} に関わらず，やはり {値引きする} が最適反応になります。このように相手の戦略によらず，常に利得が高くなる戦略のことを**支配戦略**（dominant strategy）といいます。囚人のジレンマ・ゲームでは両者とも {値引きする} が支配戦略です。

 # ゲームの均衡

▍最適反応と均衡戦略 ▍

　前節で見たように，囚人のジレンマ・ゲームではプレイヤーにとって {値引きする} が支配戦略です。したがって，両者の支配戦略の組み合わせ（値引きする，値引きする）は，お互いにその状態からあえて戦略を変更する必要のない安定した状態ということができます。このような落ち着いた状態となる戦略の組み合わせのことを**均衡戦略**（equilibrium strategy），あるいは単に**均衡**（equilibrium）と呼び，ゲームの結果として達成可能な安定した状態を表しています。囚人のジレンマでは，お互いのプレイヤーが相手を出し抜こうとせず競争しなければ（この例では値引きしなければ），両者とも高い利得を得られるにもかかわらず，実際に均衡となるのはお互いが競争することで利得が下がってしまう状態です。

　ゲーム分析の1つの目的はそのゲームの均衡を求めることですが，必ずしもすべてのゲームで囚人のジレンマ・ゲームのように支配戦略が存在するとは限りません。通常は相手のとった戦略に対して最適反応が異なるのが普通です。したがって，一般的なゲームについて均衡を求めるために，均衡の概念をもっと正確に定義しておく必要があります。ここでは，「すべてのプレイヤーが，互いに相手のとっている戦略を所与として最適戦略を選択している状態」を均

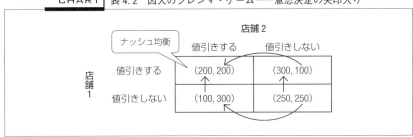

CHART | 表4.2　囚人のジレンマ・ゲーム──意思決定の矢印入り

店舗2

ナッシュ均衡

		値引きする	値引きしない
店舗1	値引きする	(200, 200)	(300, 100)
	値引きしない	(100, 300)	(250, 250)

衡の定義とします。この定義で与えられる均衡のことを，提唱者であるノーベル経済学賞受賞者ナッシュ（J. F. Nash, Jr.）にちなんで**ナッシュ均衡**（Nash equilibrium）といいます。

　念のため，**表4.1**の囚人のジレンマ・ゲームで（値引きする，値引きする）がナッシュ均衡になっていることを確認しておきましょう。店舗1にとっては店舗2が｛値引きする｝場合の最適反応は｛値引きする｝ことです。同様に，店舗2にとっても店舗1が｛値引きする｝場合の最適反応は｛値引きする｝ことです。したがって，（値引きする，値引きする）という戦略の組み合わせはナッシュ均衡の定義を満たしています。

　第2章では市場の社会的厚生についてパレート最適かどうかを議論しましたが，ゲーム理論でも同様の概念が用いられます。ゲームに参加するプレイヤーのうち少なくとも1人のプレイヤーの利得を下げなければ，他のプレイヤーの利得を増やすことができない状態がパレート最適であり，このときゲームで得られる利得の配分が最も効率的に行われている状態です。囚人のジレンマでは，お互いが｛値引きしない｝を選べば，2人とも利得を増やせるので，均衡戦略の（値引きする，値引きする）はパレート最適にはなっていません。つまり，ナッシュ均衡は必ずしもパレート最適になるとは限らないことになります。

ナッシュ均衡の求め方

　一般的にナッシュ均衡を求めるには，利得表に意思決定の方向を表す矢印を記入して考えるのが有効です。**表4.2**は囚人のジレンマ・ゲームのすべての戦略の組み合わせについて，その状態から各プレイヤーが意思決定を変更するかどうかの矢印を記入したものです。たとえば，**表4.2**の右下のマス（値引きし

ない，値引きしない）を起点にして考えると，店舗1は｛値引きしない｝から｛値引きする｝に戦略を変えると利得は250から300に増えるので矢印は上向きになっています。一方，店舗2も｛値引きしない｝から｛値引きする｝に戦略を変えると利得は250から300に増えるので矢印は左向きになります。次に右上のマス（値引きする，値引きしない）について考えると，店舗2は｛値引きしない｝から｛値引きする｝に戦略を変えると利得は100から200に増えるため，矢印は左向きになります。同様に左下のマス（値引きしない，値引きする）についても，店舗1は｛値引きしない｝から｛値引きする｝に戦略を変えることで100から200に利得が上がるため矢印は上向きとなります。このように矢印を記入して意思決定の動きをたどると，どのマスを起点にしても必ず左上のマスにたどりつくことがわかります。また，いったん，左上のマスにたどり着くとそこからはもう他のマスに移動しないこともわかります。つまり左上のマス（値引きする，値引きする）がこのゲームのナッシュ均衡になります。

　なお，ゲームによってはナッシュ均衡が複数存在する場合もあります。この場合も上記と同様に矢印を書いていくことでナッシュ均衡を求めることができますが，どこのマスを起点に矢印を追うかでたどり着くマスが異なることになります。ナッシュ均衡が複数存在する場合には，どちらの均衡が実現するかについて理論的な説明はできません。それまでの慣習や偶然性などに左右されることになります。

純粋戦略と混合戦略

　ここで考えているようなプレイヤーが複数の戦略の中から特定の1つを確定的に選ぶゲームのことを**純粋戦略ゲーム**（pure strategy game）といいます。純粋戦略では，ナッシュ均衡が存在しない場合があることが知られています。たとえば，2人でじゃんけんをするときにお互いに安定的な手がないことは明らかです。こうした状況では，プレイヤーが確率的に戦略を選ぶ**混合戦略ゲーム**（mixed strategy game）を考える必要があります。純粋戦略の範囲ではナッシュ均衡が存在しない場合であっても，混合戦略まで考えればナッシュ均衡が存在するゲームもあります。本書では混合戦略ゲームについては扱いませんが，ウェブサポートページで具体的な事例を紹介しているので，興味のある人はそちらを参照してください。

③ 展開形ゲーム

┃ 価格選択の参入阻止ゲーム ┃

　次にプレイヤーの行動に順番のある逐次手番ゲームについて考えてみましょう。ここでは逐次手番ゲームの例として，既存企業が独占している同質財市場に新規企業が参入するかどうか検討している状況を扱うことにします。このゲームでは，まず新規企業（プレイヤー1）がサンクコストを支払って市場に {参入する} のか，あるいは {参入しない} のかを決めます。次に独占企業（プレイヤー2）は新規企業の行動を見たうえで，商品の販売価格に従来の {高価格} をつけるのか，それとも利潤がまったく出なくなるような {低価格} をつけるのかを選択します。また，ゲームの利得はそれぞれの企業が得られる利潤に対応させます。このゲームでは，独占企業が {低価格} を選ぶことで潜在的な企業の新規参入を思いとどまらせることができるのかどうかに関心があるので，「価格選択の参入阻止ゲーム」と呼ぶことにしましょう。

　逐次手番ゲームはゲーム・ツリー（game tree）を使って**展開形ゲーム**（extensive-form game）として表現するのが便利です。ゲーム・ツリーとは，図 4.1 のようにプレイヤーをノード（決節点）として表し，それらノードをプレイヤーの意思決定の順序に従って直線（パス）で結んだものです。ここでパスはプレイヤーの選ぶ行動を表しています。この図では，最初に意思決定する新規企業が上側の四角形のノードで表されています。また，新規企業がとれる行動は {参入する} と {参入しない} の2つなので，これらの行動に対応するパスがノードから下に伸びており，次に意思決定を行う独占企業のノードにつながっています。独占企業のとれる行動は {低価格} と {高価格} なので，これらに対応するパスがノードからさらに下に伸びています。このゲームで新規企業と独占企業がとれる行動の組み合わせは（参入する，低価格），（参入する，高価格），（参入しない，低価格），（参入しない，高価格）の4つになり，ゲーム・ツリーの一番下にこれらに対応する利得を書いています。

　各プレイヤーの利得について見ておきましょう。まず，新規企業が {参入し

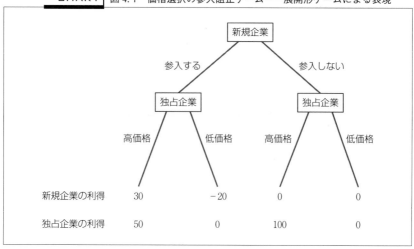

ない}，独占企業が {高価格} を選んだ場合ですが，新規参入は起こらず市場
価格も変わらないので独占企業は従来どおりの独占利潤を得ることができます。
このときの利得を 100 とします。また，参入しなかった新規企業の利得は 0 で
す。次に新規企業が {参入しない}，独占企業が {低価格} を選んだ場合です
が，独占企業が利潤をゼロにする水準，すなわち平均費用と同じ水準まで価格
を引き下げると仮定すると，独占企業は市場を独占したにもかかわらず利潤が
出ないため利得は 0 になります。また，参入しなかった新規企業の利得も 0 で
す。

　次に新規企業が {参入する} を選び，独占企業が {高価格} を選んだ場合で
す。この場合，独占企業と新規企業が独占利潤 100 を分け合えば，独占企業の
利得は 50 になります。一方，新規企業の利得は，参入コストに 20 だけ必要だ
と仮定すると，利潤からの差額で 50−20＝30 になります。また，新規企業が
{参入する} を選び，独占企業が {低価格} を選んだ場合ですが，やはり平均
費用に等しい価格によって独占企業の利得は 0 になります。一方，新規企業は
市場からの利潤が得られないばかりか参入コスト 20 を負担することになるの
で利得は −20 とマイナスになります。

　以上の逐次手番ゲームですが，戦略形ゲームとして表記することもできます。
戦略形ゲームではプレイヤーの戦略の組み合わせに対応した利得表を作成しま

表 4.3 価格選択の参入阻止ゲーム──戦略形ゲームによる表現

		独占企業			
		{高価格, 高価格}	{高価格, 低価格}	{低価格, 高価格}	{低価格, 低価格}
新規企業	参入する	(30, 50)	(30, 50)	(−20, 0)	(−20, 0)
	参入しない	(0, 100)	(0, 0)	(0, 100)	(0, 0)

すが，ここで注意する必要があるのは，逐次手番ゲームではプレイヤーの意思決定に順序があるため，利得表の戦略リストは必ずしも各プレイヤーの行動リストとは一致しないということです。価格選択の参入阻止ゲームでは，最初に意思決定する参入企業の戦略は {参入する} もしくは {参入しない} であり，選択できる行動と一致しています。一方，独占企業は新規企業が行動した後に意思決定するため，新規企業が {参入する} 場合にとる行動と，{参入しない} 場合にとる行動を別々の戦略として用意しておく必要があります。新規企業が {参入する} 場合の行動を波括弧の左側，{参入しない} 場合の行動を波括弧の右側に書くことにすると，独占企業の戦略は {高価格, 高価格}，{高価格, 低価格}，{低価格, 高価格}，{低価格, 低価格} の4つになります。したがって，図 4.1 の価格選択の参入阻止ゲームを戦略形ゲームで表すと，表 4.3 のように新規企業の戦略2通りに対して独占企業の戦略4通りとなり，全部で8通りの戦略の組み合わせがあります。

値下げ競争の囚人のジレンマ──展開形ゲームによる表現

逐次手番ゲームだけでなく，同時手番ゲームも展開形ゲームとして表すことができます。ただし，同時手番ゲームではプレイヤーの意思決定が同時に行われるため便宜的に順番をつける必要があります。図 4.2 は第1節で扱った値下げ競争の囚人のジレンマを展開ゲームで表したものですが，ここでは一応の順序として店舗1，店舗2の順に意思決定することにしています。ここで2番目に意思決定する店舗2の左右2つのノードが点線で結ばれています。この点線は，店舗2は自身がどちらのノードにいるのかを知らない，つまり，店舗2は店舗1が {値引きする} と {値引きしない} のどちらを選んだかを知らずに意思決定することを表しています。

CHART 図4.2 値下げ競争の囚人のジレンマ──展開形ゲームによる表現

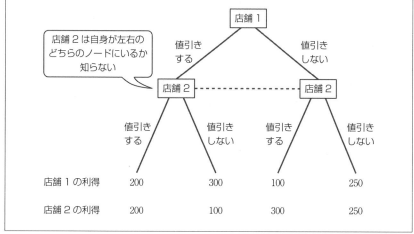

CHART 表4.4 価格選択の参入阻止ゲームのナッシュ均衡

		独占企業			
		〔高価格，高価格〕	〔高価格，低価格〕	〔低価格，高価格〕	〔低価格，低価格〕
新規企業	参入する	ナッシュ均衡 (30, 50)	ナッシュ均衡 (30, 50)	(−20, 0)	(−20, 0)
	参入しない	(0, 100)	(0, 0)	(0, 100) ナッシュ均衡	(0, 0)

参入阻止と空脅し

　さて，表4.3に戦略形ゲームとして表した価格選択の参入阻止ゲームですが，このゲームのナッシュ均衡も利得表に矢印を描いて求めることができます。実際に手順に従って矢印を描きこんだのが表4.4です。この表から，

　①（｛参入する｝，｛高価格，高価格｝）

　②（｛参入する｝，｛高価格，低価格｝）

　③（｛参入しない｝，｛低価格，高価格｝）

の3つがこのゲームのナッシュ均衡になっていることがわかります。これらナッシュ均衡のそれぞれがどのような意味を持つのか考えてみましょう。まず，①の均衡ですが，これは新規企業が参入し，独占企業は高価格をつける状況で

す。新規参入によって，独占企業の利潤は半分になりますが，新規企業と独占企業のいずれもが正の利得を得られます。次に②の均衡ですが，これも①と同様に新規参入が起こって高価格がつけられるので，新規企業と独占企業で利潤を分け合う状況です。他方，③の均衡は前者2つとは異なります。新規企業は市場に参入しないにもかかわらず，独占企業は高価格をつけている状況です。新規企業にとっては①もしくは②の均衡の利得が高く，独占企業にとっては③の均衡の利得が高くなっています。

　独占企業にとって望ましい③の均衡ですが，これは独占企業が低価格をつけることを予期して，新規企業が参入を回避している状況であると解釈できます。つまり，独占企業の {低価格，高価格} という戦略は「もし参入するなら価格を下げて利益が出ないようにする」という独占企業の新規企業に対する脅しを含んだものといえるでしょう。

　それでは，③のナッシュ均衡は果たして現実的といえるでしょうか？ 新規企業からすれば，独占企業が本当に低価格をつけるならば参入しない方が合理的です。しかし，独占企業にとって実際に参入が起こったときに低価格をつけるのは合理的ではありません。なぜならば，新規参入が起こったことを前提にすると，独占企業の利得は低価格をつけると0なのに対して，高価格をつければ50を得られるからです。つまり，高価格をつければ得られる利得を捨ててまで低価格をつけるのは合理的とはいえません。この意味で独占企業による {低価格，高価格} という戦略は実行性を伴わない**空脅し**（non-credible threat）にすぎません。

┃ 部分ゲーム完全均衡 ┃

　それでは，このような現実的でないナッシュ均衡をゲームの解から取り除くにはどうしたらよいでしょうか？ このときに用いられるのが**部分ゲーム完全均衡**（subgame perfect equilibrium）の概念です。部分ゲーム完全均衡を理解するためには，まず**部分ゲーム**（subgame）が何かを知る必要があります。部分ゲームとは，ある単一のノードから始まり，それから続くノードをすべて含んだ元ゲームを構成するゲームのことです。たとえば，図4.1の価格選択の参入阻止ゲームでは，新規企業が参入した場合の左側の独占企業のノードから始まる部分は1つの部分ゲームになっています。同様に新規企業が参入しない場

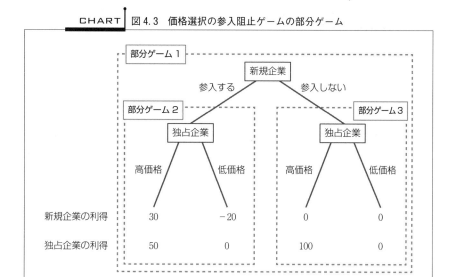

部分ゲーム 1

新規企業

参入する　　　　参入しない

部分ゲーム 2　　　　　　　　　　　　　　　　　　　　　部分ゲーム 3

独占企業　　　　　　　　　　　独占企業

高価格　　　　　低価格　　　　高価格　　　　　低価格

新規企業の利得　　　　30　　　　　−20　　　　　0　　　　　　0

独占企業の利得　　　　50　　　　　　0　　　　　100　　　　　　0

合の右側の独占企業のノードから始まる部分も部分ゲームになっています。さらに，元ゲーム自体も部分ゲームの1つと考えることができます。よって，**図4.3**に示すように価格選択の参入阻止ゲームには計3つの部分ゲームが存在することになります。なお，**図4.2**の値下げ競争の囚人のジレンマでは，店舗2のノードは左右でつながっているため単一のノードではありません。したがって，このゲームでは店舗1から始まる元ゲームが唯一の部分ゲームになります。

　部分ゲーム完全均衡とは，「ゲームを構成するすべての部分ゲームでナッシュ均衡になっている戦略の組み合わせ」のことです。**図4.3**の価格選択の参入阻止ゲームについて部分ゲーム完全均衡を考えてみましょう。まず，元ゲームである部分ゲーム1のナッシュ均衡はすでに求めてあります。次に部分ゲーム2についてですが，この部分ゲームは新規企業が {参入する} ことを所与としているので，独占企業の最適反応だけを求めればよく，それは {高価格} になります。同様に部分ゲーム3では，新規企業が {参入しない} ことを所与としているので，この場合の独占企業の最適反応も {高価格} になります。したがって，以上3つの部分ゲームのすべてでナッシュ均衡となるのは元ゲームの3つのナッシュ均衡のうち，①（{参入する}，{高価格，高価格}）だけということになります。このとき，③の空脅しだけでなく，②の（{参入する}，{高価

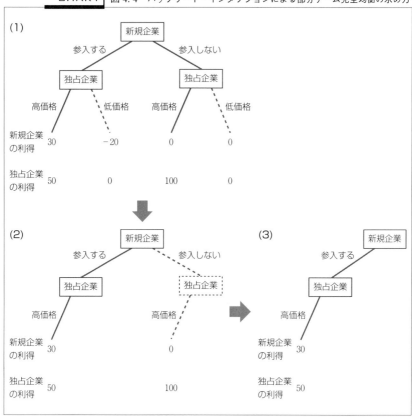

格，低価格}）も部分ゲーム完全均衡ではなく現実的ではないナッシュ均衡で
す。このゲームで合理的な均衡となるのは，独占企業は新企業が参入するかし
ないかに関わらず高価格をつけて，またそうなることを知っている新規企業は
参入するというものです。

バックワード・インダクション

　部分ゲーム完全均衡を求めるのには，以下で述べるバックワード・インダク
ション（backward induction；後ろ向き帰納法）を利用するのが有効です。バック
ワード・インダクションとは展開形ゲームの最後にあるゲームからさかのぼっ
て後方にゲームを解いていく考え方です。図4.4は価格選択の参入阻止ゲーム

をバックワード・インダクションで解く方法を示しています。

　まず，（1）元ゲームの最後のゲームである独占企業についての部分ゲーム2と部分ゲーム3についてそれぞれ最適反応を求めます。どちらの部分ゲームも｛高価格｝が最適反応なので｛低価格｝のパスをゲームから消去します。この時点で，独占企業の最適戦略は｛高価格，高価格｝ということになります。次に，（2）ゲームを逆方向にさかのぼり，新規企業の最適反応を考えます。このとき，すでに独占企業の｛低価格｝という戦略のパスはゲームから消えているので，新規企業は独占企業が次に｛高価格｝を選ぶことを前提として｛参入する｝のか｛参入しない｝のかを選べばよいことになります。もちろん参入した方が新規企業の利得は高くなるので最適反応は｛参入する｝になります。したがって｛参入しない｝方のパスを消去します。結果として，（3）このゲームの部分ゲーム完全均衡（参入する，｛高価格，高価格｝）が得られました。

▌新規参入の阻止は可能か？▐

　ここまで考えてきた参入阻止ゲームでは，独占企業が低価格戦略をとっても空脅しにすぎず，新規参入は防げないという結論になりました。それでは，独占企業はどのような戦略をとっても参入阻止できないのでしょうか？ 実は独占企業が，新規企業が参入の意思決定をする前の段階で，参入を思いとどまらせるような行動をとることで参入を阻止できる可能があります。具体的には独占企業が事前に生産設備や研究開発などに投資し，将来的な生産性を高めておくことで，潜在的な新規企業に参入を断念させるといった可能性です。

　以下では新規企業が参入する前の段階で，独占企業が投資によって自社の生産性を高めることが可能なゲームを考えてみましょう。図4.5は新規企業の参入前に独占企業が｛投資する｝，あるいは｛投資しない｝を選べる3段階のゲームになっています。ここでは独占企業が｛投資する｝を選んだ場合には，商品の品質が向上して独占利潤が2倍（100→200）に拡大するとしましょう。ただし，この投資には90だけ追加コストが必要になるとします。また，独占企業が｛投資する｝場合に，新規企業が市場に｛参入する｝ならば，独占企業と同品質の商品を提供するために追加投資せねばならず，参入コストが90だけ増加するとします（参入コストは20→110）。それ以外の設定はこれまでと同様とすると，このゲームの利得構造は図4.5のようになります。図の右側の独占企

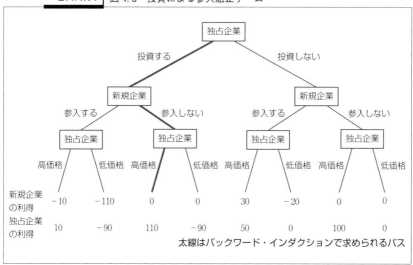

CHART 図4.5 投資による参入阻止ゲーム

独占企業

投資する　　　　　　投資しない

新規企業　　　　　　　　　　　新規企業

参入する　　参入しない　　　　参入する　　参入しない

独占企業　　独占企業　　　　独占企業　　独占企業

高価格　低価格　高価格　低価格　高価格　低価格　高価格　低価格

| 新規企業 の利得 | -10 | -110 | 0 | 0 | 30 | -20 | 0 | 0 |
| 独占企業 の利得 | 10 | -90 | 110 | -90 | 50 | 0 | 100 | 0 |

太線はバックワード・インダクションで求められるパス

業が〔投資しない〕を選んだ場合のゲームは図4.1と同一です。一方，図の左側の独占企業が〔投資する〕を選んだ場合は，各企業の利潤から追加の投資コスト90を引いて利得を計算しています。たとえば，新規企業が〔参入しない〕を選び，独占企業が〔高価格〕をつけたときの独占企業の利得は独占利潤から投資コストを差し引いて $200-90=110$ です。

　このゲームの部分ゲーム完全均衡をバックワード・インダクションで求めると，独占企業は〔投資する，{高価格（新規企業が参入する場合），高価格（参入しない場合）}〕，新規企業は〔参入しない（独占企業が投資する場合），参入する（投資しない場合）〕がそれぞれ最適な意思決定であることがわかります。結果として均衡になるのは図中に太線で描いたパスで，独占企業が投資を行って新規企業は参入せず，そのうえで独占企業は高価格をつけるというものです。つまり，独占企業は前もって投資することで新規参入を阻止できることになります。

　ここで重要なのは，独占企業が〔投資する〕を選んだ場合の利得は，その後に新規企業が〔参入しない〕，を選び，さらに独占企業が〔高価格〕を選んだ場合を除いて，〔投資しない〕場合の利得50（元の価格選択の参入阻止ゲームでの均衡利得）よりも下がってしまうということです。この組み合わせの行動が選ばれたときのみ独占企業の利得は110に増加することになります。これは，新

Column ❹　参入阻止のコミットメント

　本文では品質向上による参入阻止を取り上げましたが，参入阻止のための
コミットメントとして有効なものには他にも「生産キャパシティに過剰投資
する」「過剰広告によって消費者のブランド・ロイヤリティを高める」「顧客
と長期契約を結んだり，数量割引を実施したりしてスイッチング・コスト
（第7章を参照）を引き上げる」ことなどがあげられます。また，「ライバル
企業に攻撃的な態度をとった前例や評判を作っておく」こともコミットメン
トとして機能します。こうした行為は市場への新規参入を検討している企業
に「参入しても儲からない」と思わせる可能性があるため，現実の市場でも
よく行われています。

　具体的な事例として，ここでは原油や液化天然ガス（LNG）の海上輸送を
担う海運事業者が行っている戦略的行為を取り上げます。海運事業では，荷
主はタンカーを保有する少数の海運事業者とチャーター契約を結びますが，
その際の契約期間は10年や20年といった長期契約であるのが一般的です。
海運事業者が長期契約を結ぶ目的は不確実性を排除して顧客（荷主）と安定
的な取引関係を築くことにありますが，一方で顧客を囲い込むことで，新規
企業が簡単には海運事業に参入できないようにコミットメントしている側面
もあります。また，LNGを運ぶタンカーは1隻を造るのに200億円以上がか
かるとされ，その特殊性から他の用途に転用することもできないため，新規
参入には非常に大きなサンクコストが必要になります。近年では天然ガス需
要の増加を上回るペースで既存事業者によるタンカーの造船発注が行われて
おり，過剰な輸送キャパシティであることが報告されています。こうした過
剰投資も新規企業の期待収益を悪化させ，参入を断念させる目的があると考
えられています。こうした，既存企業によるコミットメントは新規参入を阻
害する参入障壁と考えられ，競争政策上の問題となる場合があります。参入
障壁については第7章で再度，検討します。

規企業の立場から見ると，独占企業の投資行動は新規企業が参入しない場合に
しか利得が増えないだけでなく，新規企業が参入してしまうと利得が減少して
しまう投資として映ることになります。そのような投資は独占企業が背水の陣
を敷いていることを意味し，新規企業が参入を思いとどまるのに十分な，「信
頼のおけるシグナル」として機能することになります。このような，相手の意

思決定を自分の都合の良いように仕向ける行為のことを**コミットメント**（commitment）といいます。

　なお，コミットメントが有効に機能するためにはゲームの利得構造が相手企業に十分に理解されていることも重要です。たとえば，投資を行ったときにどれだけ収入が増えると予想されるのか，また投資コストがどれだけかかるのかといったことは企業の個別情報の場合が多いですが，こうした情報が企業間で十分に共有されていなければ，自分のとった行動の意図を相手企業は理解できず合理的な判断が行われない可能性があります。プレイヤーである企業がお互いの生産性や利得構造を知らないなど，ゲームのルールがプレイヤー間で共有されていないゲームのことを**不完備情報ゲーム**（incomplete information game）といいますが，そうした状況ではコミットメントが有効に働かない場合があります。

SUMMARY ●まとめ

- [ ] **1** あるゲームのナッシュ均衡は，すべてのプレイヤーがお互いに最適戦略をとり合っている安定的な状態です。

- [ ] **2** ナッシュ均衡は常にパレート最適な状態であるとは限りません。とくに囚人のジレンマでは，各プレイヤーが自分の利益のみを考えて行動した結果，お互いに協力できずに低い利得しか得られません。

- [ ] **3** 逐次手番ゲームにおいて，部分ゲーム完全均衡を求めるにはゲームの最終段階からさかのぼって最適行動を考えるバックワード・インダクションが有効です。

- [ ] **4** コミットメントが実効性を持つためには，相手がゲーム構造を十分理解していることに加えて，こちらの行動が確実であるという信頼のおけるコミットメントである必要があります。

EXERCISE ● 練習問題

4-1 以下の戦略形ゲームのナッシュ均衡を求めなさい。

プレイヤー2

		L	R
プレイヤー1	U	(2, 2)	(1, 3)
	D	(3, 1)	(0, 0)

4-2 お互いにコミュニケーションがとれない状況にある2人のハンターがいる。各ハンターは明日の予定として｛協力してシカを捕まえる｝か｛1人でウサギを捕まえる｝のどちらかを選ぶことができる。協力すれば確実にシカを捕まえて2人で分けることができ、それぞれ利得5を得られる。一方、1人でウサギを捕まえに行くと、そのハンターの利得は1になる。しかし、1人でシカを捕まえることは不可能であり、単独でシカを捕まえに行くと利得は0になる。(a)この状況を戦略形ゲームとして表しなさい。また、(b)ナッシュ均衡を求めなさい。

4-3 A氏はインターネットで知り合ったB氏から高級バッグを購入する契約をした。A氏はすでにB氏に代金を支払っており、B氏は1カ月後にバッグを発送する予定である。しかし、もし、B氏が契約を履行せず商品をA氏に送らなければ、A氏はB氏に対して訴訟を起こすか、あるいは泣き寝入りするかのどちらかである。なお、A氏とB氏の住んでいる地域での訴訟費用は非常に高く、訴訟に至った場合にはA氏にとっても痛い出費となる。この状況を表した以下の展開形ゲームにおいて部分ゲーム完全均衡を求めなさい。

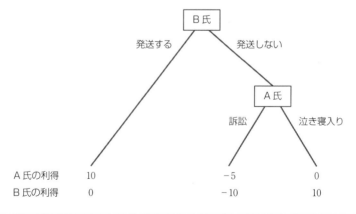

	発送する	訴訟	泣き寝入り
A氏の利得	10	−5	0
B氏の利得	0	−10	10

第 **5** 章

寡占市場

戦略的な反応は企業を動かすか？

競合する各社のコーヒー（写真提供：アフロ）

INTRODUCTION

　本章では，市場に少数の企業が参入している**寡占市場**（oligopolistic market）を取り上げます。寡占市場ではライバル企業との競争があるため，個々の企業は独占市場ほどの市場支配力を持てません。これは企業利潤が自社のとった行動だけでなく，競合他社の行動からも影響を受けるからです。したがって，企業は他社がどのような行動をとるのかを予想して意思決定することになります。前章で学んだゲーム理論を応用して寡占市場での合理的な企業戦略を考えてみましょう。

1 同質財市場における競争

クールノー競争（数量競争）

　まず，寡占市場の一番シンプルなケースとして，2つの企業だけが競合している**複占市場**（duopoly market）を考えることにしましょう。これら企業は同質財を生産しているとして技術的な差はないとします。このような状況で利潤最大化を目的とする企業が供給量を決めるときの戦略を見てみましょう。

　ここでは企業に番号をつけて，第 $i(i=1, 2)$ 番目の企業の供給量を q_i で表すことにします。このとき，市場全体の供給量 Q は2社の供給量の和なので $Q = q_1 + q_2$ です。また，需要曲線はこれまでと同様に以下の線形関数で表されるものとします。

$$p = a - bQ \qquad (a, b は正の定数) \tag{5.1}$$

次に企業 i の費用曲線を $C_i = C(q_i)$ で表すことにします。ここでは説明を簡単にするため，2つの企業の費用構造は完全に同一であり，限界費用 c は定数とします。

$$C(q_i) = cq_i + F \qquad (i = 1, 2; c, F は正の定数) \tag{5.2}$$

ここで F は固定費用です。需要曲線と費用曲線がわかったら，次に企業の利潤最大化問題を考えます。2つの企業が同時に意思決定すると想定して，企業1にとっての合理的な意思決定を考えてみましょう。この際に企業2の供給量 q_2 はいったん所与の定数とみなしておきます。企業2が一定数 q_2 だけ供給するときに，企業1が q_1 だけ供給したときの利潤は式（5.1）と（5.2）を使って次のように表すことができます。

$$
\begin{aligned}
\pi_1(q_1, q_2) &= pq_1 - C(q_1) = (a - bQ)q_1 - cq_1 - F \\
&= \{a - b(q_1 + q_2) - c\}q_1 - F \\
&= -bq_1^2 + b\{(a-c)/b - q_2\}q_1 - F
\end{aligned}
\tag{5.3}
$$

企業2の供給量 q_2 を所与とすれば，企業1は $\pi_1(q_1, q_2)$ が最大となるように供給量 q_1 を決めればよいことになります。

第3章で見たように完全競争市場での市場全体の供給量は $Q^* = (a-c)/b$ と表せたのを思い出しましょう（53ページの**図3.2**）。この供給量を S とおくと（$S = (a-c)/b$），企業1の利潤は以下のように書き換えることができます。

$$\begin{aligned}
\pi_1(q_1, q_2) &= -bq_1^2 + b(S-q_2)q_1 - F \\
&= -b\left(q_1 - \frac{S-q_2}{2}\right)^2 + \frac{b(S-q_2)^2}{4} - F
\end{aligned} \tag{5.4}$$

このように表しておくことで，後で完全競争市場との比較が容易になります。式（5.4）の q_2 を定数とみなすと，企業1の利潤は q_1 に関して上に凸形状の2次関数となっています。これが最大となるのは右辺第1項がゼロのとき，すなわち，

$$\text{（企業1の反応関数）} \qquad q_1 = \frac{S-q_2}{2} \tag{5.5}$$

のときです。式（5.5）は企業2の供給量が q_2 であるときの企業1の最適供給量を与える関係式です。このような相手の戦略変数（ここでは供給量）を所与として最適反応を与える関数のことを**反応関数**（reaction function）と呼びます。

なお，式（5.5）の反応関数は第3章の独占企業の利潤最大化（50ページ）と同じように，企業の限界収入と限界費用と一致させる生産量を求めても導出できます。この場合，企業1の限界収入は，企業1の微小な供給量の変化 Δq_1 に対する収入の変化 $\Delta(pq_1)$ を計算して，$MR_1 = \Delta(pq_1)/(\Delta q_1) = a - 2bq_1 - bq_2$ となります。ただし，この計算は企業2の供給量 q_2 を一定に保ったまま行う必要があるので，数学的には q_1 に関する偏微分と呼ばれます。詳しい計算方法についてはウェブサポートページに載せているので，そちらを参照してください。また，企業1の限界費用は c なので，$MR_1 = MC_1$ より，$a - 2bq_1 - bq_2 = c$ を q_1 について解くと，$q_1 = (a-c)/2b - q_2/2 = (S-q_2)/2$ となり，式（5.5）と同じ反応関数が得られます。

企業2についても同様に反応関数を導出すると，以下のようになります。

$$\text{（企業2の反応関数）} \qquad q_2 = \frac{S-q_1}{2} \tag{5.6}$$

2つの企業の反応関数を導出したら，これらを連立させて均衡となる供給量を

求めることができます。ここでは式 (5.5) に式 (5.6) を代入して，企業1の最適供給量 q_1^c を求めます。

$$q_1^c = \frac{S-(S-q_1^c)/2}{2} \quad \Leftrightarrow \quad q_1^c = \frac{S}{3} \tag{5.7}$$

この q_1^c を式 (5.6) の q_1 に代入すれば，企業2の最適供給量も $q_2^c = S/3$ と求めることができます。したがって，均衡での2つの企業の供給量はそれぞれ $S/3$ になり，市場全体の供給量は完全競争のときの2/3になります。また，均衡価格は $p^c = a - b(q_1^c + q_2^c) = a - 2bS/3 = c + bS/3$ になります（$S=(a-c)/b$ より $a = bS + c$ となることを利用しています）。ここで求めたような，企業がお互いに相手の供給量を所与として供給量を選ぶ競争のことを**クールノー競争**（Cournot competition），もしくは**数量競争**（competition in quantity）と呼びます。

┃ 反応関数と戦略的関係 ┃

ところで，式 (5.5) の企業1の反応関数は企業2の供給量に関して減少関数になっていることがわかります。これは企業2の供給量が増加すると企業1の最適供給量は減少することを意味しています。このとき，企業1と企業2の反応関数は図 5.1 に示したように点 E で交わります。この交点 E はそれぞれの企業の最適供給量を同時に満たす点であり，クールノー競争での均衡戦略に対応しています。

それでは，クールノー競争の反応関数はなぜ，相手が供給量を増やすなら，自分は供給量を下げるべき，という戦略を与えるのでしょうか？ クールノー競争では，それぞれの企業は相手の供給量を所与として供給量を選んでいますが，これは相手が供給すると想定した分だけ自分の需要が減少していることを意味しています。ここで，相手の供給量を所与としたときの自分にとっての需要のことを**残余需要**（residual demand）といいます。図 5.2 の直線 D_1' は，企業2が q_2' だけ供給するときの企業1の残余需要曲線を表しており，これは市場全体の需要曲線 $D : p = a - bQ$ を q_2' だけ左シフトさせたものです。数量競争では企業1はこの残余需要を使って利潤が最大となる供給量を決めていることになります。図では残余需要に対応する限界収入曲線は MR_1' であり，これが限界費用曲線 MC_1 と交わる供給量 $(S-q_2')/2$ が企業1にとっての最適供給量になっています。

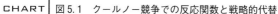

CHART 図5.1 クールノー競争での反応関数と戦略的代替

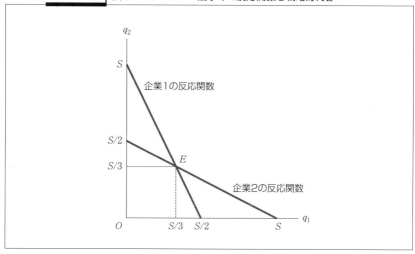

CHART 図5.2 企業1の残余需要曲線

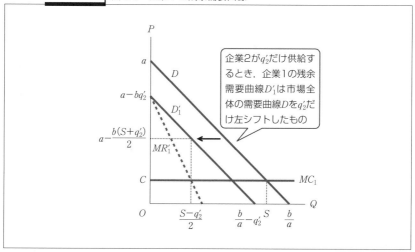

　企業2が供給量を増やすときに，もし企業1が供給量を変化させなければ，市場全体の供給量は増加することになります。このとき，需要と供給が均衡するためには財の市場価格は下がらなければなりません。これは，企業1にとって市場への追加供給から得られる収入（限界収入）が減少することを意味しています。つまり，企業1は市場価格の下落による利潤低下を防ぐためには自身

の供給量を減らす必要があります。クールノー競争では相手の戦略（供給量）と自分のとるべき戦略が逆方向となるのが特徴です。このように相手が戦略を変化させるときに自分はそれとは逆方向に戦略を変化させるのが最適となる関係のことを**戦略的代替**（strategic substitutes）といいます。

┃ ベルトラン競争（価格競争）┃

　市場への供給量ではなく，企業が自身の販売する商品の価格を直接決められる場合にはどうなるでしょうか？　寡占市場において企業の戦略変数が価格である競争のことを**ベルトラン競争**（Bertrand competition），あるいは単に**価格競争**（competition in price）と呼びます。クールノー競争が数量の調整を通じて間接的に市場価格に影響を及ぼすのに対して，ベルトラン競争では価格を直接変化させて需要量を調整することになります。以下では，価格競争は数量競争よりも激しい需要の奪い合いになることを確認します。

　もし，2つの企業の供給する商品が完全に同質でなんら差がないとすれば，相手の企業より少しでも安い価格をつけた企業は市場の需要を独占することができます。逆に相手よりも少しでも高い価格をつけてしまうと，その企業はまったく商品を販売することができません。また，もし2つの企業が同じ価格をつけた場合には，市場全体の需要量が等分されるものとします。これは企業 i の残余需要 $Q_i(p_i)$ が以下で書けることを意味します。

$$Q_i(p_i) = \begin{cases} Q(p_i) & (p_i < p_j) \\ \dfrac{1}{2}Q(p_i) & (p_i = p_j) \\ 0 & (p_i > p_j) \end{cases} \tag{5.8}$$

ここで，$Q(p_i)$ は財の価格が p_i のときの市場全体の需要量で，式（5.1）の需要曲線なら $Q(p_i) = a/b - p_i/b$ になります。

　企業2の価格 p_2 を所与として企業1の反応関数を考えてみましょう。まず，企業1が $p_1 > p_2$ という価格をつけると，需要はすべて企業2に奪われてしまうため利潤最大化になりません。次に $p_1 = p_2$ という価格設定ですが，これも最適戦略にはなりません。なぜなら，企業1はそこからわずかでも価格を下げれば市場全体の需要を奪うことができるからです。したがって，企業1の最適戦略は p_2 よりもわずかに低い価格をつけることになります。ただし，この価

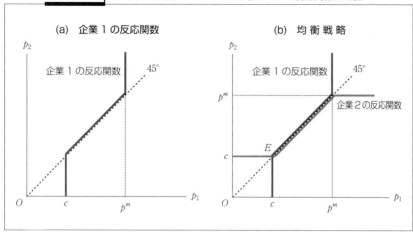

(a) 企業 1 の反応関数

(b) 均衡戦略

格戦略には例外があります。それは企業 2 のつけた価格 p_2 が限界費用 c 以下である場合と，独占市場の価格 p^m よりも高い場合です。$p_2 \leq c$ の場合に $p_1 < p_2$ となる価格をつけると赤字になってしまいます。同様に $p_2 > p^m$ の場合に $p^m < p_1 < p_2$ となる価格をつけても利潤最大化にはなりません。なぜならば，p^m は企業 1 が独占市場でつける価格なので，これよりも高い価格はむしろ利潤を低下させてしまうからです。このようにして企業 1 の反応関数を描いたのが図 5.3 (a) です。反応関数は，価格が c から p^m の範囲で 45° 線のわずかに上側を通る平行線になり，価格が c と p^m のところで垂直線になります。

　ベルトラン競争での反応関数は，価格が c から p^m の範囲にあるときは右上がりの形状になっています。これは相手が価格を上げるなら自分も価格を上げ，相手が価格を下げるなら自分も下げるのがよいことを意味しています。このような，相手が戦略を変化させたときに自分も相手と同じ方向に戦略を変化させるのが最適反応となる関係のことを**戦略的補完**（strategic complements）といいます。

　図 5.3 (b) は，企業 1 と企業 2 の反応関数を重ね合わせた図になります。ここで両者は点 E，つまり $p_1 = p_2 = c$ で交わることになり，これが同質財のベルトラン競争における均衡戦略です。ベルトラン競争ではお互いの企業が相手よりもわずかに安い価格をつけようとするため，結果として均衡点ではどちらの企業も限界費用に等しい価格をつけざるをえず，利潤がまったく出ていない状

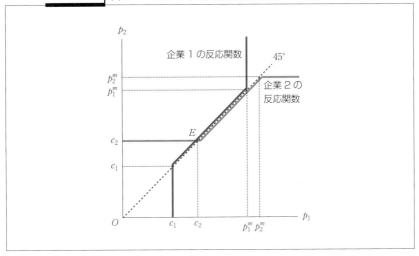

況です。なお，各社の供給量は，同一価格をつけた場合には等分されると仮定しているので，$q_i = Q(c)/2 = (a-c)/2b = S/2$ となり，また市場全体の供給量は完全競争市場での供給量 S と同じになります。

　このように同質財市場でベルトラン競争が行われると，クールノー競争よりも激しい競争が起こり価格は限界費用まで低下します。これは不完全競争市場であっても，状況によっては完全競争市場と同じ市場の効率性が達成されることを示唆しています。

限界費用に差がある場合のベルトラン競争

　2つの企業の限界費用に差があるときの価格競争はどうなるでしょうか？たとえば，企業1は企業2よりも生産性が高く，限界費用が低い場合を考えてみましょう（$c_1 < c_2$）。この場合，企業1と企業2の反応関数は図5.4のようになります。どちらの企業も限界費用までの価格はつけられるので，限界費用の低い企業1の反応関数は企業2の反応関数よりも下側まで45°線に沿って伸びています。このとき，均衡点 E は $p_1 = p_2 = c_2$ となり，市場価格は企業2の限界費用と等しい水準（厳密には c_2 をわずかに下回る水準）になります。これは企業1が市場のすべての需要を取り，企業2はまったく供給できないことを意味しています。また，企業1は供給量1単位当たり $c_2 - c_1$ だけ利潤を得ること

ができます。なお，企業 1 と企業 2 で反応関数の上限価格が p_1^m と p_2^m で異なるのは，それぞれの限界費用が異なるため，独占市場でつける価格が異なるからです。

同質財市場で限界費用に差がある企業がベルトラン競争を行うと，生産性の高い企業だけが市場に供給することができ，もう一方の企業は市場から退出を余儀なくされてしまいます。これは言い換えると，ライバル企業を市場から締め出して需要を独占できるため，各企業には生産性を高めて費用を下げようとするインセンティブが働くことになります。企業が費用を下げるためにとる行動としては設備投資や研究開発などがありますが，こうした企業行動を理解するには市場でどのような競争が行われているのか知ることが重要になってきます。とくに，市場競争が研究開発に与えるインセンティブについては，第 12 章で扱う特許制度による知的財産の保護とも密接に関わっています。

▌企業数が n の場合▐

ここまでは複占市場を考えてきましたが，クールノー競争やベルトラン競争の考え方は市場への参入企業が 3 社以上の場合にも一般化できます。ここでは競合する企業数を $n(\geq 2)$ として同質財のクールノー競争を考えてみましょう。この場合も他の企業の供給量を所与として，各企業の利潤最大化を考えればよいことになります。複占市場（$n=2$）のときの利潤は式（5.4）で表されましたが，$n \geq 3$ のときも同様に考えれば，企業 i（$i=1, \dots, n$）の利潤は以下のように書くことができます。

$$\pi_i(q_i, Q_{-i}) = -b\left(q_i - \frac{S-Q_{-i}}{2}\right)^2 + \frac{b(S-Q_{-i})^2}{4} - F \tag{5.9}$$

ここで，Q_{-i} は企業 i 以外の供給量の和，すなわち市場全体の供給量 Q から企業 i の供給量 q_i を引いた値です（$Q_{-i}=Q-q_i$）。この利潤を q_i に関して最大化すると企業 i の反応関数は，

$$q_i = \frac{S-Q_{-i}}{2} \tag{5.10}$$

になります。式（5.10）の両辺をすべての企業で足し合わせると以下になります。

競争モード	企業数	市場供給量	1社当たりの供給量	市場価格	1社当たりの利潤	生産者余剰	消費者余剰
独占	1	$\dfrac{S}{2}$	$\dfrac{S}{2}$	$c+\dfrac{bS}{2}$	$\dfrac{bS^2}{4}$	$\dfrac{bS^2}{4}$	$\dfrac{bS^2}{8}$
クールノー競争 (複占)	2	$\dfrac{2S}{3}$	$\dfrac{S}{3}$	$c+\dfrac{bS}{3}$	$\dfrac{bS^2}{9}$	$\dfrac{2bS^2}{9}$	$\dfrac{2bS^2}{9}$
クールノー競争 (寡占)	n	$\dfrac{nS}{n+1}$	$\dfrac{S}{n+1}$	$c+\dfrac{bS}{n+1}$	$\dfrac{bS^2}{(n+1)^2}$	$\dfrac{nbS^2}{(n+1)^2}$	$\dfrac{n^2bS^2}{2(n+1)^2}$
ベルトラン競争 (複占)	2	S	$\dfrac{S}{2}$	c	0	0	$\dfrac{bS^2}{2}$
ベルトラン競争 (寡占)	n	S	$\dfrac{S}{n}$	c	0	0	$\dfrac{bS^2}{2}$
完全競争	無数	S	0	c	0	0	$\dfrac{bS^2}{2}$

(注) 需要曲線は $p=a-bQ$, 企業 i の費用曲線は $c_i=cq_i(i=1, \dots, n)$ として固定費用は考えない。完全競争市場での供給量を $S=(a-c)/b$ とする。また, ベルトラン競争における供給量はすべての企業で等分されると仮定している。

$$Q=\sum_{i=1}^{n} q_i = \frac{nS-\sum_{i=1}^{n}(Q-q_i)}{2}=\frac{nS-(n-1)Q}{2} \tag{5.11}$$

ここでΣ_i（シグマ）記号はインデックスiについて足し合わす意味の数学記号で, $\Sigma_{i=1}^{n} q_i=q_1+\cdots+q_n$ です。式 (5.11) を Q について解くと, 均衡における市場全体の供給量は $Q^c=nS/(n+1)$ となることがわかります。また, 均衡価格は $p^c=a-bQ^c=a-bnS/(n+1)=c+bS/(n+1)$ になります。$n \geq 3$ のときは複占市場よりも企業数が増えるため, 市場全体の供給量は増加して価格は下落することがわかります。

なお, ベルトラン競争については, 企業数が3社以上に増えても均衡供給量は S, 均衡価格は c のまま変わりません。これは参入企業のすべてが限界費用に等しい価格をつけるのが均衡戦略になるためです。表5.1に各競争モードでの同質財市場の均衡における供給量, 価格, 企業利潤, および余剰をまとめています。

図5.5　クールノーの極限定理

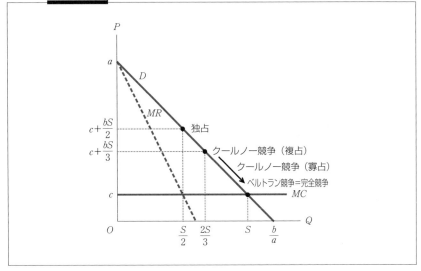

クールノーの極限定理

　クールノー競争では，企業数が n のときに市場全体の供給量は $Q^c = nS/(n+1)$，市場価格は $p^c = c + bS/(n+1)$ になりますが，ここで企業数を $n=1$ とすると，$Q^c = S/2$，$p^c = c + bS/2$ となり，独占市場の供給量と価格に一致します。また，企業数を増やしていき，n を無限までもっていくと，$Q^c = S$，$p^c = c$ となり完全競争市場（もしくはベルトラン競争）の供給量と価格に一致します。この関係を図示したのが図5.5で，クールノー競争での供給量と価格は独占市場と完全競争市場の中間にあることがわかります。また市場に参入している企業が増えるにつれてクールノー競争が完全競争に近づいていく性質のことを**クールノーの極限定理**（Cournot limit theorem）といいます。実際にどれだけの企業が参入するのかは，その市場での収益性や参入障壁の有無に依存します（詳細は第7章を参照）。

　市場から得られる余剰については，まず，消費者余剰は価格が下がるほど大きくなるので，「完全競争＝ベルトラン競争＞クールノー競争＞独占」の順になります。一方，生産者余剰は，「独占＞クールノー競争＞ベルトラン競争＝完全競争」の順に大きくなります。両者を合わせた総余剰の観点では，死荷重

の発生しない完全競争市場（＝ベルトラン競争）の効率性が最も高く，逆に死荷重の大きい独占市場の効率性は最も低くなります。そして，クールノー競争はその中間です。つまり，競争の程度が大きくなるほど市場の効率性は改善することになります。

 ## 差別財市場における競争

▌ 差別財の価格競争 ▌

　現実の市場では，取引される商品がどの企業もまったく同質という状況は非常に限られています。性質や品質が同一に思われるような商品であっても，企業のブランドイメージや宣伝活動，その他の条件が異なれば，完全な同質財とはいえません。たとえば，大手コーヒーチェーンのスターバックスとドトールはどちらもエスプレッソ・コーヒーを主力商品とした事業展開を行っていますが，商品の品質やラインナップ，ブランドイメージはもとより価格帯も異なっています。他にも店舗の利便性，店内の混雑具合などによってどのコーヒーチェーン店を利用するのかを決める消費者もいるでしょう。

　消費者が各企業の販売する商品をそれぞれ別のものと認識している市場のことを**差別財市場**（differentiated products market）と呼びます。差別財市場では消費者の好みによって選ばれる商品が異なるため，ある企業が競合するライバル企業よりも多少高い価格をつけたからといって同質財市場のように需要をすべて奪われてしまうことはありません。差別化の程度にもよりますが，企業は市場支配力を持つため限界費用を超える価格をつけることができます。ある差別財市場に2つの企業が参入している場合の需要曲線として以下を考えてみましょう。

$$q_1 = \alpha - \beta p_1 + \gamma p_2$$
$$q_2 = \alpha - \beta p_2 + \gamma p_1 \qquad (\alpha, \beta, \gamma \text{は正の定数，かつ} \beta > \gamma) \qquad (5.12)$$

上側の式は企業1が供給する商品の需要曲線，下側の式は企業2が供給する商品の需要曲線を表しています。ここでは簡便化のため，需要曲線に含まれるパ

ラメータα, β, γは2つの式で共通にしています。

　この需要曲線では、それぞれの企業の需要は自社の価格だけでなく、ライバル企業の価格にも依存しています。自社にとって、相手の価格が上がれば需要が増加するため需要曲線は右シフトします。逆に相手の価格が下がると需要曲線は左シフトすることになります。商品j（$j=1, 2$）の価格が1%変化したときの商品i（$i \neq j$）の需要量の変化率（$(\Delta q_i / q_i)/(\Delta p_j / p_j)$）のことを、商品$i$の需要の商品$j$に対する**交差価格弾力性**（cross-price elasticity of demand）といいます。式（5.12）の需要曲線では交差価格弾力性は$\gamma p_j / q_i$と表せるため、γの値が小さいほど弾力性は小さくなり、相手の価格変化に対する需要の変化が小さくなります。つまり、γは2つの財の差別化の程度を表すパラメータで、γの値が小さいほど差別化されており代替性が低いことを意味します。もし、$\gamma=0$であれば、2つの財はそれぞれ独立した別の市場に属していることになります。

　企業1の限界費用をcとして差別財市場での反応関数を求めてみましょう。企業1, 2がそれぞれp_1, p_2という価格をつけたとき、企業1の利潤は式（5.12）の需要曲線を使って、

$$\pi_1(p_1, p_2) = (p_1 - c)q_1 - F = (p_1 - c)(\alpha - \beta p_1 + \gamma p_2) - F$$
$$= -\beta\left(p_1 - \frac{\alpha + \beta c + \gamma p_2}{2\beta}\right)^2 + \frac{(\alpha - \beta c + \gamma p_2)^2}{4\beta} - F \qquad (5.13)$$

と表せます。この利潤を最大にする企業1の価格は、右辺第1項がゼロになればよいので、

（企業1の反応関数）　　　　$p_1 = \dfrac{\alpha + \beta c + \gamma p_2}{2\beta}$　　　　　　　　（5.14）

となります。同様に企業2の限界費用がcのときの反応関数は以下となります。

（企業2の反応関数）　　　　$p_2 = \dfrac{\alpha + \beta c + \gamma p_1}{2\beta}$　　　　　　　　（5.15）

図5.6は2つの企業の反応関数を表したものですが、それぞれ右上がりの形状になっていることがわかります。これは差別財市場でのベルトラン競争では、競合企業の関係は戦略的補完にあることを意味しています。

　式（5.14）と式（5.15）を連立して（p_1, p_2）について解けば、差別財市場でのベルトラン競争の均衡価格（p_1^b, p_2^b）を求めることができます。

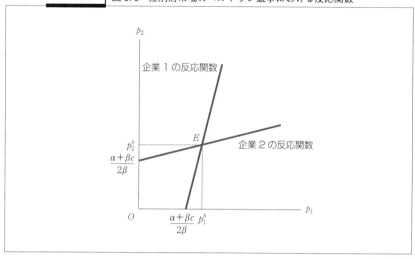

$$p_1 = \frac{\alpha + \beta c + \gamma p_2}{2\beta} = \frac{\alpha + \beta c}{2\beta} + \frac{\gamma}{2\beta}\left(\frac{\alpha + \beta c + \gamma p_1}{2\beta}\right)$$

$$\Rightarrow \quad p_1^b = p_2^b = \frac{\alpha + \beta c}{2\beta - \gamma} \tag{5.16}$$

　ここでは2つの企業が価格競争する場合を考えましたが，市場に参入している企業数が3社以上の場合にも議論を拡張することができます。差別財市場に多くの企業が参入している場合の価格競争のことを**独占的競争**（monopolistic competition）と呼びます。独占的競争では，それぞれの財が差別化されているため，価格競争が行われても市場価格は限界費用までは下がらず，企業は利益を出すことができます。ここでの独占的という言葉には，完全な独占市場ほどではないものの個々の企業がある程度の市場支配力を持っている，という意味が含まれています。このため，第3章で扱った価格差別や抱き合わせは独占的競争市場においても有効な販売方法となります。

その他の価格戦略

　企業がとりえる価格戦略には，短期的な利潤最大化を目的としたベルトラン価格戦略の他にも長期的な視点に立ったものがあります。代表的なのは**浸透価格**（penetration pricing）と**上澄み吸収価格**（cream-skimming pricing）です。

　実際の市場ではどのような競争が行われているのか，具体的な事例として，全国で事業展開している牛丼チェーン店の価格設定を見てみましょう。下図は大手の牛丼チェーンの吉野家，松屋，すき家の牛丼並盛の価格推移を表したものです。

　牛丼は安いときには200円台半ばから，高いときには400円までの範囲で価格変動していますが，3社の価格設定にはかなり相関があることがわかります。どこかのチェーンが価格を下げると，別のチェーンもそれに追従するように下げ，また逆に価格を上げたときには，それを追って価格を上げています。2003年に発生したBSE問題（牛のかかる病気に端を発する食の安全性にかかる社会問題）によって，牛丼市場では一時的に原材料であるアメリカ産牛肉の輸入ができなくなりました。その後，すき家がオーストラリア産牛肉に切り替えて販売再開した際には，値上げを余儀なくされましたが，すぐに松屋もその動きに追従しています。吉野家はアメリカ産牛肉にこだわったため，数量限定での販売しかできず，本格的な販売再開はBSEの影響がなくなった2008年からとなっています。また，この時期に吉野家の価格は他2社と乖離し，その傾向は2012年末まで続くことになります。しかし，2013年になると，また3社はお互いに価格追従を始めていることがわかります。

図　牛丼チェーンの価格競争

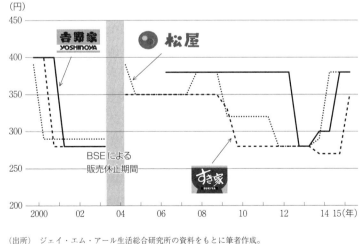

（出所）　ジェイ・エム・アール生活総合研究所の資料をもとに筆者作成。

このように牛丼市場では非常に激しい価格競争が行われていることが見てとれます。まさに3社はベルトラン競争で見たような戦略的補完の関係にあるといってよいでしょう。類似品の多い市場では，相手の価格変動が自社の需要に与える影響は大きくなり，激しい価格競争が行われることになります。他企業との差別化をどう図るのか企業にとっては大きな課題です。実際に牛丼チェーン各社は，BSE問題を契機に牛丼以外のメニューの拡充にも注力するようになりました。これは，多彩なメニューを用意して他社との差別化を図り，価格競争から脱却しようとする試みといえるでしょう。

　浸透価格とは，企業が新商品を投入する際に本来の価格よりも割安で販売することで早期の普及を目指す価格戦略のことです。この戦略は消費者が実際に利用してみないとそのよさがわからない**経験財**（experience product）の価格設定で用いられることがあります。たとえば，化粧品や香水などは利用者が実際に使ってみなければその価値の判断が難しいですが，このような財は消費者に広くよさを知ってもらうために，まずはお試し価格として安価で販売し，ある程度，認知されるようになってから通常価格に切り替えることがあります。

　浸透価格は利用者が増えることでその財の価値が高まるような**ネットワーク外部性**（network externality）がある場合にも用いられます。たとえば，SNSやオンラインゲームなどのサービスでは，同じサービスを利用する人が増えるほどコミュニケーションの取れる範囲が拡大するため，利用者の便益は増加します。このような財では利用者数の増加とともに商品価値が高まるため，企業は顧客数を獲得するために極端に安価な価格設定をすることがあります。これは利用者が多くなるほど供給されるソフトウェアが増える家庭用ゲーム機や，取扱店舗が増えるクレジットカードやQRコード決済などでも同様です。ネットワーク外部性については第10章のプラットフォーム・ビジネスで詳しく説明します。

　さらに浸透価格は費用に関して**規模の経済**（economies of scale）や**学習効果**（learning by doing）が期待できる場合にも用いられます。規模の経済とは生産量が増えるにつれて単位コストが下がることで，固定費用が生産コストの大部分を占める産業や生産規模の拡大によって効率性の改善が見込まれる産業でよ

く見られる現象です。また，学習効果とは生産量の増加とともに企業の経験値が蓄積して単位コストが下がることで，製造業にとどまらずサービス業などでも学習効果の存在が認められています。こうした供給量の増加とともに単位コストの減少が見込まれる市場では，あえて低価格で商品を投入することで大量生産を促して早期のコスト削減を目指します。短期的には損失が出ることがあっても，累積生産量が増えるにつれて費用が下がるため，長期的にはライバル企業よりも優位になる可能性があります。

　上澄み吸収価格とは，新商品を投入する場合に浸透価格とは逆に高い価格をつける戦略です。他に類似品のない新規性の高い商品は短期的には他企業による模倣が困難なため，高価格で販売することで開発にかかった費用の早期回収が期待できます。この場合，高い価格でも買ってくれる支払意思額の高い消費者だけがその商品を購入することになります。初期のパソコンやスマートフォンなど，時代を先取りする新商品の販売で用いられることの多い価格戦略です。

┃ 数量競争 vs. 価格競争 ┃

　数量を戦略変数とするクールノー競争と，価格を戦略変数とするベルトラン競争では，表現される競争モデルが異なり，結果として価格や供給量，企業利潤などの市場成果も大きく変わってきます。それでは，どちらの競争モデルが現実の企業行動をよく表しているといえるのでしょうか？　この判断については，その市場で企業が行っている意思決定において数量と価格のどちらを重視しているのかによります。

　数量競争では，企業は「価格は問わずにあらかじめ決めた数量を供給する」のに対して，価格競争では，「数量は問わずにあらかじめ決めた価格で供給する」というように解釈に違いがあります。これは言い換えると，企業にとって価格と数量のどちらを変更するのがより難しいのか，2つのモデルは異なる状況を表しているといってよいでしょう。

　一般的に数量競争は，企業にとって数量の方が価格よりも変更するのが難しい状況を分析するのに用いられるモデルです。生産設備や流通経路などにキャパシティ制約があり，急な需要の増加に対して短期的に供給量を増やすことが難しいような市場では，企業にとって供給量の選択がより重要になります。たとえば，ホテル客室や航空チケットの市場があげられますが，宿泊者数や搭乗

者数に制約があり，それを超える需要には短期的には対応できません。このような市場ではあらかじめ定まった供給量に追従して価格が調整されるため，数量競争のモデルが妥当と考えられます。

　一方，価格競争は数量よりも価格を短期的に変更するのが難しい状況を表すのに用いられます。生産キャパシティ等の問題がなく，企業が必要な分はいくらでも供給できる市場では企業にとって価格戦略が重要になります。たとえば，通販型のカタログ・ショッピング市場では，企業が商品の価格を変更しようとすると，新しくカタログを作成・印刷・郵送しなければなりませんが，これには多額のコストがかかります。したがって，商品の価格はある程度の期間は据え置きにしておき，その価格で注文のあった分だけ販売するという事業形態になります。このように価格が先に決まり，それに合わせて数量が調整される市場では価格競争のモデルが適当といえます。

企業の意思決定に順序がある場合

シュタッケルベルグ競争

　ここまでに扱ったクールノー競争やベルトラン競争では，企業の行動に順序はなく，お互いが同時に意思決定することを想定していました。しかし，第4章で見た逐次手番ゲームのように企業の意思決定に順序を考えることができます。たとえば，市場に最初に意思決定するリーダー企業（先行者）と，リーダー企業の行動を見てから意思決定するフォロワー企業（追随者）が存在している状況です。ここでは同質財市場での2つの企業の数量競争を想定し，先に企業1が供給量を決定し，それに続いて企業2が供給量を決定する状況を考えてみましょう。

　第4章の展開形ゲームで部分ゲーム完全均衡を求めるのに用いたバックワード・インダクションをここでも利用します。バックワード・インダクションでは，ゲーム・ツリーの最後からさかのぼって企業の戦略を考えていきます。まず，フォロワーである企業2の行動を考えます。企業2は企業1の決めた供給量 q_1 を見てから自身の供給量 q_2 を決めるので，最適戦略はクールノー競争と

同じです。つまり，式（5.6）が企業2の反応関数になります。

（フォロワーの反応関数） $\qquad q_2 = \dfrac{S - q_1}{2}$ $\qquad$ (5.17)

次に，さかのぼってリーダーである企業1の最適戦略を考えます。企業1は自身が選んだ供給量 q_1 を所与として，企業2が式（5.17）に従って供給量を決めることを知っています。したがって，企業1の利潤は企業2の最適反応 q_2 (q_1) をあらかじめ織り込んだものになります。企業1の利潤は式（5.4）の1行目に式（5.17）を代入して次のように書き換えることができます。

$$\pi_1(q_1, q_2(q_1)) = -bq_1^2 + b\left(S - \frac{S - q_1}{2}\right)q_1 - F = -\frac{b}{2}q_1^2 + \frac{bS}{2}q_1 - F$$

$$= -\frac{b}{2}\left(q_1 - \frac{S}{2}\right)^2 + \frac{bS^2}{8} - F$$

(5.18)

企業1はこの利潤を最大化すればよいので最適供給量は，

（リーダーの反応関数） $\qquad q_1 = \dfrac{S}{2}$ $\qquad$ (5.19)

になります。これは企業1が市場を独占した場合の供給量と等しくなっています。また，企業2の供給量は式（5.19）を式（5.17）に代入して，$q_2 = (S - q_1)/2 = (S - S/2)/2 = S/4$ になります。つまり，リーダーである企業1の供給量はクールノー競争での供給量 $S/3$ よりも大きくなり，逆にフォロワーである企業2の供給量は小さくなります。このときの市場全体の供給量は $Q = 3S/4$ であり，クールノー競争のときの供給量 $2S/3$ よりも大きくなります。また，市場価格は $p = a - bQ = a - 3bS/4 = c + bS/4$ になります。

　ここで考えたような企業の意思決定に順序がある競争のことを**シュタッケルベルグ競争**（Stackelberg competition）といいます。シュタッケルベルグ競争ではリーダーの企業1がとるべき戦略は，フォロワーである企業2の行動を事前予測したものになっています。企業間の関係が戦略的代替となる数量競争では，企業1は，自分がクールノー競争の均衡供給量よりも多く供給すると，それを知った企業2は供給量を減らす，ことを予期していることになります。これは図5.7で表すように，企業1は企業2の反応関数上で利潤最大化となる供給量を選んでいることに他なりません。結果として，リーダーの供給量はフォロワーよりも多くなり，利潤に関してもクールノー競争のときよりも大きくなりま

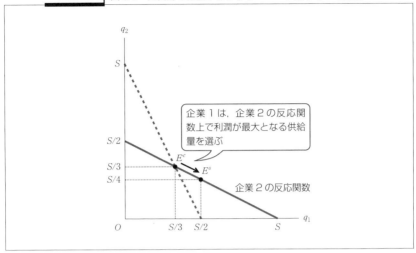

す。このように，数量競争は先に意思決定した方が有利な**先行者優位**（first-mover advantage）の競争といえます。また，シュタッケルベルグ競争が数量に関して行われると通常のクールノー競争に比べて市場全体への供給量は多くなり，市場価格は低くなります。

差別財の価格競争の場合

　差別財市場で価格競争が行われる場合についても，企業の意思決定に順序を考えることができます。需要曲線が式（5.12）で与えられているときの，価格に関するシュタッケルベルグ競争を考えてみましょう。企業1がリーダーとして先に価格を決めて，その後で企業2がフォロワーとして価格を決めるものとします。このとき，後から意思決定する企業2の反応関数は式（5.15）のまま変わりません。また，先に意思決定をする企業1は，企業2の反応関数を前提として利潤最大化を考えます。したがって，企業1が最大化する利潤は式（5.13）のp_2に，式（5.15）の企業2の反応関数p_2 (p_1)を代入したものとなります。ここでは省略しますが，数量競争のときと同じように企業1の利潤最大化問題を解いて，最適反応を求めることができます。こちらの導出に興味のある人はウェブサポートページを参照してください。

　図5.8は，企業2の反応関数上で，リーダーである企業1が利潤最大化とな

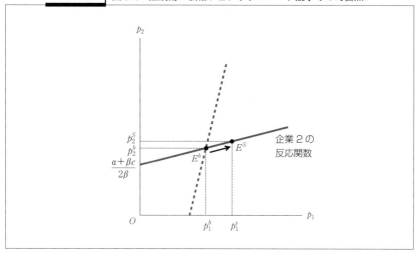

る価格を選んでいる状況を表したものです。ここで，企業1がつける価格 p_1^s はベルトラン競争でつける価格 p_1^b よりも高くなります。また，フォロワーである企業2の価格 p_2^s はベルトラン競争のときの価格 p_2^b よりは高くなるものの，企業1の価格 p_1^s よりは低くなります。これは，企業2が企業1の価格を見てから価格をつけるので，需要を奪うために安い価格を提示するようになるからです。

　このように，差別財市場で企業が順番に価格を決めると，通常のベルトラン競争に比べて企業1，2の価格は高くなることがわかります。そして，両者の利潤はベルトラン競争よりも増加します（$\pi_i(p_1^s, p_2^s) > \pi_i(p_1^b, p_2^b)$, $i=1, 2$）。ただし，企業1よりも企業2の方が利潤は大きくなります（$\pi_1(p_1^s, p_2^s) < \pi_2(p_1^s, p_2^s)$）。これは先に価格を決めるリーダーよりも後から価格を決めるフォロワーの方が有利な**追随者優位**（second-mover advantage）の状況です。

　一般的に差別財市場での価格競争は，企業の限界費用に大きな差がある場合を除いてフォロワーの方が有利な立場になることが知られています。これは，相手に先立って価格を決めてしまうよりも，相手の出方を見てから安い価格をつけた方がよいことを意味しており，前項の数量競争での先行者優位とは逆の関係です。意思決定の順序についてリーダーとフォロワーのどちらが有利になるのかは，競合企業間の戦略的関係に依存しており，戦略的代替である数量競

争の場合には先行者優位，戦略的補完である価格競争の場合には追随者優位になります。

何がリーダーとフォロワーを決めるのか？

　企業の生産能力に制約がある市場の競争モデルとしては数量競争が妥当といえますが，このような市場ではリーダーになって先行者利益を得ることが，市場取引を有利に進めるうえで重要です。それでは何が市場でのリーダーやフォロワーを決めるのでしょうか？　市場での企業の力関係を決める要因にはさまざまなものが考えられますが，たとえば，市場への参入時期，生産キャパシティ，技術力，過去の取引実績などがあげられます。参入時期の早い企業は，他企業が参入する前に大規模な投資を行うことで，市場の需要すべてをカバーするだけの生産キャパシティを確保することが可能です。このような行為はフォロワーである新規企業にとって，後から市場に参入しても利益が出ないと信じるに足りるコミットメントとして映ることになります（先行投資による参入阻止については第7章を参照）。また，技術力が高く実績のある企業は業界内での情報発信力も高くなるため，他の企業はおのずとそうした中心的な企業の動向を見つつ供給量を決めるのが最適になります。こうした行動は，フォロワー企業としての最適反応であるといえるでしょう。

SUMMARY ●まとめ

□ **1** 同質財市場でクールノー競争が行われる場合には，各企業の反応関数は右下がりとなり，お互いの最適反応は戦略的代替になります。一方，企業がベルトラン競争をする場合には，反応関数は右上がりとなり，戦略的補完の関係になります。

□ **2** 同質財市場でベルトラン競争が行われる場合には，企業間で生産コストに差がないかぎり，どの企業も利潤を上げることができません。一方，差別財市場でベルトラン競争が行われる場合には，独占市場ほどではないものの各企業は市場支配力を持ちます。

□ **3** 意思決定に順序がある場合に先行者と追随者のどちらが有利になるかは，その市場での企業間の戦略的な関係性に依存します。関係性が戦略的代替の場合には先行者優位，戦略的補完の場合には追随者優位になります。

5-1 本文を読んで以下の空欄①〜⑯に適切な語句を入れて文章を完成させなさい。

1. クールノー競争では，市場に参入している企業数が増えるにつれて財の供給量が増加し，価格は下がり，しだいに ① に近づいていく。これを ② という。また，同質財市場でベルトラン競争が行われると財の価格は ③ に一致する。

2. 同質財市場での競争が，それぞれ完全競争，独占，クールノー競争，およびベルトラン競争のときの余剰を比較すると，生産者余剰は， ④ ＞ ⑤ ＞ ⑥ ＝ ⑦ となる。一方，消費者余剰は， ⑧ ＝ ⑨ ＞ ⑩ ＞ ⑪ となる。

3. 企業の行う価格戦略のうち， ⑫ とは短期的な利潤最大化を目的とする価格よりも安価な価格設定で新商品を投入し，早期普及を目指すものである。この価格戦略が用いられるのは，実際に消費者がその商品を利用することで本来の価値がわかるような ⑬ や，利用者が増えることで商品価値の高まる ⑭ のある財などである。また，生産量の増加とともに単位コストが下がる， ⑮ が働く市場や，企業が経験を積むことで生産効率が改善する ⑯ の市場で用いられることもある。

5-2 第3章の練習問題3-2において，あなたが開業したカレー屋であるが，近隣にライバル企業が進出してきた。このエリアの1日当たりの需要曲線はこれまでと変化はなく，$p = 1000 - 2Q$ である。このとき，2つのカレー屋がクールノー競争をすると，カレー1皿の価格はいくらになるか？ ただし，ライバル企業のカレーの味や品質，店舗の利便性などはあなたの店舗とまったく同じであり，限界費用は1皿につき400円であるとする。また，固定費が1万円であるときのあなたの店舗の1日当たりの利潤を求めなさい。

第 **6** 章

企業の共謀と協調

カルテルはなぜ起こるのか？

官製談合の疑いで日本道路公団本社から押収物を入れた段ボール箱
を運び出す検察当局の係官たち （2005 年，写真提供：朝日新聞社）

INTRODUCTION

　前章のクールノー競争では参入企業が増えるにつれて，市場価格や供給
量は完全競争市場に近づいていくことを確認しました。しかし，このよう
な市場メカニズムが機能するには企業同士がお互いに競争することが必要
不可欠です。この章では，もし寡占市場で企業が競争せずに共謀したらど
うなるのかを議論します。独占禁止法では企業が共謀して競争を制限する
行為を禁止していますが，現実には毎年多くの企業が共謀行為を行ったと
して公正取引委員会から行政処分を受けています。なぜ企業は共謀するの
か，その経済的なインセンティブを理解したうえで，共謀行為に対する抑
止力としての競争政策について考えてみましょう。

1 カルテルとは

カルテルの分類

市場に参入している企業が，事前に同業他社と協定を結んで商品の価格や取引量などを決めることを**カルテル**（cartel）といいます。企業がカルテルを行う目的は，市場で取引される量を抑制して価格をつり上げ，カルテルを結んだ企業の利潤を高めることにあります。カルテルでは価格や取引量に関して協定を結ぶことの他にも，供給する財・サービスの品質や販売地域，さらに設備投資に関して制限を設けることもあります。**表 6.1** にカルテルに該当する主な行為をまとめています。

企業間でカルテルが結ばれると実質的に市場競争が制限されるため，消費者は高い価格で商品を購入しなければならなくなります。このとき，価格高騰により購入をあきらめる消費者が発生するため経済的な損失が発生します。このため，日本を含めた先進諸国ではカルテルは市場の効率性を失わせる悪質な反競争的行為として法律で禁止されています。日本では独占禁止法の第1条で**不当な取引制限**としてカルテルは禁止されおり，もし公正取引委員会によってカ

CHART 表 6.1　カルテルの分類

カルテルの種類	内容
価格カルテル	商品の販売価格に関する取り決めをする。
生産数量カルテル	各企業の生産量・販売量に関する取り決めをする。
シェアカルテル	価格カルテルに付随して，各企業のマーケットシェアの固定を取り決める。
投資カルテル	各企業の生産設備への投資水準を取り決める。
市場分割カルテル	各企業の供給エリアや扱える顧客，製品を取り決める。
入札談合	公共工事等への入札について，事前に落札する企業と落札価格を取り決める。

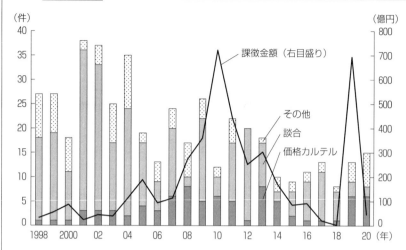

（注）　談合は入札談合（官公需）と受注調整（民需）の合計。その他には私的独占，不公正な取引方法，事
　　　業者団体などが含まれる。
（出所）　公正取引委員会の資料より筆者作成。

ルテル行為が摘発・認定されると，カルテルに関わった企業には多額の課徴金
がペナルティとして科されることになります（当然違法の原則）。なお，同業企
業が行う共同行為のうち競争を制限しないもの，たとえば生産効率を高めるた
めの共同研究開発や，製品・サービスの規格を統一するための合意などはカル
テルとはみなされません。

　近年，カルテル行為に関わったとして摘発される企業が少なくありません。
図6.1は公正取引委員会による法的措置件数と課徴金額の推移を表しています。
この図を見ると年間十件から数十件に及ぶカルテルが摘発されていることがわ
かります。また，日本ではとくに談合（入札談合および受注調整）の割合が多い
ことも見てとれます。

┃ カルテルの非効率性 ┃

　カルテルがなぜ市場の非効率性をもたらすのか，同質財の寡占市場で数量カ
ルテルが行われた場合で考えてみましょう。カルテルに参加した企業は，カル
テルのメンバー全体の得られる利潤が最大になるように市場への供給量を決め

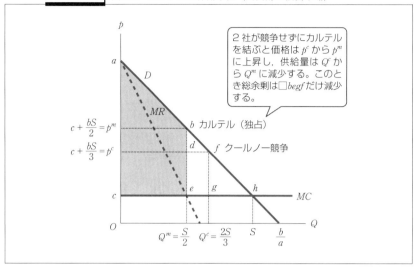

CHART | 図6.2 カルテルの非効率性(同質財の複占市場)

2社が競争せずにカルテルを結ぶと価格は p^c から p^m に上昇し,供給量は Q^c から Q^m に減少する。このとき総余剰は□$begf$だけ減少する。

ます。もし,市場に参入している企業すべてがカルテルを結ぶのであれば,これら企業があたかも1つの企業であるかのように振る舞うため,市場で取引される商品の価格や供給量は独占市場と同じになると考えられます。また,独占利潤をどのように分配するのかは,市場全体の供給量を各企業で等分することもあれば,以前のマーケットシェアなどに基づいて決めることもあります。

図6.2は,需要曲線が $p=a-bQ$ で与えられる複占市場において,参入企業2社(限界費用はいずれも c)がそれぞれ数量カルテルを結んだ場合とクールノー競争した場合の価格と供給量を表しています。カルテルの場合は独占市場と同じになるため,第5章の表5.1(102ページ)から,価格は $p^m=c+bS/2$,供給量は $Q^m=S/2$ になります。一方,クールノー競争の場合には価格は $p^c=c+bS/3$,供給量は $Q^c=2S/3$ です。カルテルによって競争が失われてしまうと市場価格は p^c から p^m に上昇するため,消費者余剰は図の□$p^m p^c fb$ の面積だけ減少します。このとき,企業2社の総利潤(生産者余剰)は□$p^c cgf$ から□$p^m ceb$ に変わり,その差分□$p^m p^c db$ − □$degf$ だけ増加することになります。生産者余剰の増加分よりも消費者余剰の減少分の方が大きいため,市場全体では総余剰が□$begf$ だけ減少して,死荷重が増加することになります。このように企業カルテルが行われると市場価格が上昇して供給量が減少することで市

場の効率性は低下してしまいます。

カルテルに参加するメリットはあるのか？

　それでは，企業にとってカルテルに参加するメリットはどれだけあるのでしょうか？　同質財市場に n 社の企業が参入しており，そのうちの $k(k \leq n)$ 社がカルテルを結んで利潤を等分する場合で考えてみましょう。

　第5章の表5.1から需要曲線が $p = a - bQ$，企業の限界費用が c で与えられるときに企業が得る利潤は，独占市場では $bS^2/4$，クールノー競争では1社当たり $bS^2/(n+1)^2$ であることがわかります。ここで，$S = (a-c)/b$ は完全競争市場における供給量です。この関係式を使ってカルテルに参加する場合と参加しない場合で1社当たりの利潤を比較します。ここでは k 社がカルテルを結ぶときに，このカルテルに参加した場合の利潤を $\pi^{in}(k)$，カルテルに参加しない場合の利潤を $\pi^{out}(k)$ で表します。また，比較を簡単にするため需要曲線は $p = 70 - Q$，各企業の限界費用は $c = 10$ としておきます（$a = 70, b = 1, c = 10, S = 60$）。

　まず企業数が $n = 2$ のときですが，$k = 1$ の場合は2社がカルテルを結ばずにクールノー競争することになるので1社当たり利潤は $\pi^{out}(1) = bS^2/(2+1)^2 = 400$ です。一方，$k = 2$ の場合は2社でカルテルを結ぶことになるので1社当たりの利潤は独占利潤の半分になり，$\pi^{in}(2) = bS^2/(4 \cdot 2) = 450$ になります。したがって，$\pi^{in}(2) > \pi^{out}(1)$ となり，競争しないでカルテルを結んだ方が2社とも利潤は大きくなります。よって，市場への参入企業が2社のときはカルテルを結ぶメリットがあります。

　次に $n = 3$ のときを考えてみましょう。まず，$k = 1$ としてすべての企業がクールノー競争するときの利潤を求めると，$\pi^{out}(1) = bS^2/(3+1)^2 = 225$ になります。また，$k = 3$ のときは3社すべてがカルテルに参加するので独占利潤を3等分して $\pi^{in}(3) = bS^2/(4 \cdot 3) = 300$ になります。したがって，$\pi^{in}(3) > \pi^{out}(1)$ となり，このときも各企業が単独行動するより3社でカルテルを結んだ方が利潤は大きくなります。

　しかし，問題は $k = 2$，つまり3社のうち2社だけがカルテルを結んだ場合です。この場合は，カルテルに参加したグループとカルテルに参加しなかった1社がクールノー競争することになります。カルテルに参加した企業の利潤は，クールノー競争で得られた利潤を等分することになるので $\pi^{in}(2) = bS^2/\{(2 +$

$1)^2(2)\} = 200$ になります。一方，カルテルに参加しなかった企業の利潤はクールノー競争で得られる利潤そのままなので，$\pi^{out}(2) = bS^2/(2+1)^2 = 400$ です。これより，カルテルに参加した企業よりも参加しなかった企業の方が利潤は大きくなることがわかります。さらに先ほど求めた3社でカルテルを結んだときの利潤 $\pi^{in}(3) = 300$ よりも，1社だけカルテルから抜けて単独行動したときの利潤 $\pi^{out}(2) = 400$ の方が大きいこともわかります（$\pi^{out}(2) > \pi^{in}(3) > \pi^{in}(2)$）。なぜこのようなことが起こるかというと，カルテルによる価格上昇の恩恵を，カルテルに参加しなかった企業も享受できるためです。よって，3社にはそれぞれ自分だけカルテルに加わらずに単独行動しようとするインセンティブが働くことになります。

以上の説明は，市場に参入している企業数が $n = 4$ 社以上の場合にも成り立つことが示せます。また，需要曲線のパラメータ a, b と限界費用のパラメータ c が任意の値をとるときにも一般的に成り立ちます。この証明に関心のある人はウェブサポートページを参照してください。

カルテルは不安定

前項の説明から，カルテルに参加することが企業にとって必ずしもメリットになるとは限らないことがわかりました。とくに市場に参入している企業が3社以上の場合には，他の企業がカルテルを結ぶなら，自分は参加せずにフリーライド（ただ乗り）した方がよいことになります。さらに市場に参入している企業が2社の場合であっても，実はカルテルは安定的な状態ではありません。先ほどの説明では，あらかじめ決まった数の企業がカルテルに参加することを前提としてカルテルに参加するメリットを考えました。しかし，いったんはカルテルへの参加を表明した企業が実際には約束を守らずに裏切る可能性があります。これはカルテルが違法行為であるため企業間での協定はあくまで口約束にすぎないからです。カルテルを結ぶ際には証拠となる文面や通話記録などは残せないと思ってよいでしょう。したがって，現実的にはカルテルを結んだ相手企業が裏切る可能性も考慮してカルテルを守るか，それとも破った方がよいのかお互いが考えることになります。以下では，企業2社によるカルテルが囚人のジレンマの状況にあることを確認しましょう。

表6.2は企業1，2がお互いに「カルテルを守る」，あるいは「カルテルを破

企業1＼企業2	カルテルを守る ($q_2 = 15$)	カルテルを破る ($q_2 = 20$)
カルテルを守る ($q_1 = 15$)	(450, 450)	(375, 500)
カルテルを破る ($q_1 = 20$)	(500, 375)	(400, 400) ナッシュ均衡

る」のいずれかを同時に選択する戦略形ゲームを表しています。表中の利得は需要曲線を $p = 70 - Q$，限界費用を $c = 10$ として各社の利潤を計算したものです。この場合，企業が「カルテルを守る」場合には独占供給量の半分（$q = 15$）を供給し，逆に「カルテルを破る」場合にはクールノー競争の供給量（$q = 20$）を供給することになります。第4章で学んだように，このゲームのナッシュ均衡を求めると，お互いに「カルテルを破る」ことが均衡です。つまり，カルテルは成立せずにお互いに競争するのが安定的な状態となります。このように相手が裏切る可能性も考慮すると，たとえ市場の参入企業が2社だけであってもカルテルを結ぶのは容易ではないことがわかります。両社にカルテルを破ろうとするインセンティブが働くため，口約束によるカルテルは不安定な状態といえます。

2　繰り返しの意思決定と暗黙の共謀

繰り返しの意思決定

　現実には毎年多くの企業がカルテル行為に関わったことで公正取引委員会に摘発されています。理論的には困難と思われるカルテルですが，どうして成立するのでしょうか？　合理的な企業がカルテルを形成する理由の1つとして考えられるのが，意思決定が繰り返し行われる状況です。先ほど取り上げた囚人のジレンマでは，企業はある時点で一度だけ意思決定することを想定していました。しかし，長期的な競争環境の中で企業は幾度となく意思決定を繰り返し

ています。企業の目的がある時点の意思決定で得られる利潤の最大化でなく，繰り返し行われる意思決定の中での利潤最大化にある場合には，カルテルを結ぶことが合理的となる可能性があります。ここでは表6.2のカルテル・ゲームを何度も繰り返す状況を考えてみましょう。

有限回の繰り返しの場合

繰り返しゲームにおける戦略とは各回のゲームで選ぶ行動の組み合わせのことです。もし，ゲームを繰り返す回数があらかじめ有限回と定まっているならば，1回だけゲームを行うときの最適行動を毎回繰り返すのが企業にとって最適戦略になります。この場合，表6.2のゲームを何度繰り返しても「カルテルを守る」のは合理的な選択にはなりません。

たとえば，企業1，2がそれぞれ毎期の供給量を決める際に表6.2の「カルテルを守る」のか，あるいは「カルテルを破る」のかを選ぶとして，それを3期間繰り返すとします。この繰り返しゲームでは，毎期，「カルテルを破る」のがお互いの企業にとっての最適戦略になります。これはなぜかというと，ゲームの最後の時点からバックワード・インダクションで考えれば，毎回「カルテルを破る」のが合理的になるからです。ゲームの最後の時点，つまり3期目の意思決定の時点では，次回のゲームがないのでゲームを1回だけ行う場合と同じ状況です。つまり「カルテルを破る」のが企業にとって最適な行動です。次にこの時点から1期さかのぼって2期目の意思決定ですが，翌期はお互いに「カルテルを破る」のがわかっているので，やはり「カルテルを破る」方が利得は大きくなります。さらにさかのぼって1期目の意思決定も同様に「カルテルを破る」のが最適になります。このように，ゲームの最後から順にさかのぼっていけば，すべての時点で「カルテルを破る」のが最適戦略になります。

無限回の繰り返しの場合

一方，ゲームを何度も繰り返すことはわかっているものの，あらかじめ回数が決まっていない場合はどうなるでしょうか？ これは企業1，2がお互いにいつ終わるかわからないゲームを繰り返すという意味で，ゲームが無限回繰り返される状況と考えることができます。実はこの場合も有限回の繰り返しゲームのときの均衡，すなわち，お互いにカルテル破りを繰り返すことは部分ゲーム

完全均衡になります。無限回のゲームであっても，もし相手がカルテル破りを繰り返すのであれば，自分もカルテル破りを繰り返すのが合理的になります。しかし，このゲームではこれ以外にも複数の均衡が存在することが知られています。ここでは，お互いに協調しあうことが合理的となるような戦略を1つ紹介します。

　無限回のゲームでは明示的に最後の時点がないのでバックワード・インダクションで最適戦略を求めることができません。そこでまず，この繰り返しゲームで得られる総利潤について考えてみましょう。経済学では，長期間にわたる利潤フローを考える際に**割引現在価値**（discounted present value）という概念を用います。これは毎期得られる利潤を割り引いてから合算することで，将来得られる価値を現時点の価値に換算したものです。第 t 期の利潤を $G_t(t=0, 1, …, T)$ とすると割引現在価値 PV は次の計算式で表されます。

$$PV = G_0 + \frac{G_1}{1+r} + \frac{G_2}{(1+r)^2} + \cdots + \frac{G_T}{(1+r)^T} = \sum_{t=0}^{T} \frac{G_t}{(1+r)^t} \tag{6.1}$$

ここで $r\,(\geq 0)$ は1期間当たりの割引率で，1期後に得られる利潤を現在の利潤に対してどれだけ割り引くかを表しています。たとえば，$r=0.05$ であれば，1期後にもらえる105万円は現在の価値では100万円になります。また，$r=0$ であれば現在と将来の利潤はすべて等価値とみなすことになります。したがって，利潤フロー G_t が同じであっても，r が大きいほど将来の利潤を割り引くことになるので割引現在価値は小さくなります。

　次に表6.2のゲームを繰り返すにあたって，前期に相手のとった行動を見てから次期の自分の行動を決める以下の戦略を考えてみましょう。

(1)　第0期は「カルテルを守る」を選ぶ。
(2)　第 t $(t\geq 1)$ 期は第 $t-1$ 期に相手がとった行動を見て意思決定する。もし，相手が「カルテルを守る」を選んだなら自分も「カルテルを守る」を選ぶが，相手が「カルテルを破る」を選んだなら，以降は常に「カルテルを破る」を選ぶ。

この戦略は，相手が裏切らないかぎりは自分も協調するが，相手が一度でも裏切ったなら報復として以降は協調しないという戦略です。このような報復戦略のことを拳銃のトリガーを引く意味で**トリガー戦略**（trigger strategy）と呼びます。

それでは相手がトリガー戦略をとっているときに自分はどのような戦略をとるべきでしょうか？　自分もトリガー戦略をとるのと，最初からカルテル破りを繰り返すのではどちらがよい戦略なのか考えてみましょう。まず，相手に合わせてトリガー戦略をとった場合の利潤を考えてみます。この場合は，双方とも相手が裏切らないかぎりは自分も裏切らないので，結果的に毎期「カルテルを守る」ことになります。このとき，企業はそれぞれ毎期 450 の利潤を得るので，割引現在価値で見た企業 1 の利潤は以下のように計算できます。

(トリガー戦略)
$$PV_1 = 450 + \frac{450}{1+r} + \frac{450}{(1+r)^2} + \cdots$$
$$= 450\left(\frac{1+r}{r}\right)$$
(6.2)

ここで，無限級数の計算には「等比数列の和の公式」を用いています。等比数列の和の公式についてはウェブサポートページを参照してください。

　一方，相手を裏切って第 0 期に「カルテルを破る」を選んだ場合はどうなるでしょうか？　この場合，次の期から相手は常に「カルテルを破る」ので，自分も以降は「カルテルを破る」を繰り返すことになります。したがって，最初だけカルテル破りで高い利潤（500）が得られるものの，以降はお互いに協調せずに低い利潤（400）しか得ることができません。

(カルテル破り)
$$PV_1 = 500 + \frac{400}{1+r} + \frac{400}{(1+r)^2} + \cdots$$
$$= 500 + \frac{400}{r}$$
(6.3)

式 (6.2) と (6.3) を比較すると，トリガー戦略をとった方が最初から相手を裏切るよりも利潤が大きくなるのは以下の条件が満たされるときです。

$$450\left(\frac{1+r}{r}\right) > 500 + \frac{400}{r} \Leftrightarrow r < 1$$
(6.4)

つまり割引率 r が 1 よりも小さければ，最初に相手を裏切るよりトリガー戦略をとった方がよいことを意味しています。r は将来の利益に対する割引率なので，それが（1 より）小さいということは，将来の利益をある程度重視していることを意味します。式 (6.4) は，第 0 期に相手を裏切ることで得られる追加の利潤よりも，相手の報復行為によって失われる将来の利潤の割引現在価値

Column ❻　価格対抗保証による暗黙の共謀

　暗黙の共謀の具体例として，家電量販店などでしばしば見かける以下の図のような広告があげられます。この広告には，自社で販売する商品の価格が競合店よりも少しでも高ければ値下げすることが書かれています。これは他店よりも販売価格が上回らないことを保証する**価格対抗保証**（price matching guarantee）と呼ばれるものです。一見，消費者に向けた値引きアピールの広告に見えますが，実は同時に競合店に対する警告になっているとも考えられます。というのも，もしライバルが値下げすれば報復措置として自社も値下げすることを大々的に宣伝しているからです。実際にこの広告を見た競合店は値下げして顧客を奪おうとするでしょうか？　もし，値下げによって一時的に顧客を奪ったとしても，その事実が相手に伝われば，すぐに価格対抗によって奪い返されてしまうでしょう。そのことを知っている競合店は，お互いが損をするような値下げはしないのが合理的です。つまり，この広告の意図は，競合店に無駄な競争はやめましょうと共謀を呼び掛けているといえます。

　なお，この広告によって暗黙の共謀が成立したとしても，競合店同士がお互いを拘束し，値上げを共同遂行したという証拠がなければ，ただちに違法と判断されることはありません。

図　家電量販店広告などで見られる価格対抗保証の例

の方が大きくなる条件と言い換えることもできます。つまり，企業が将来得られる利潤に対して十分な価値を見出すのであれば，お互いにトリガー戦略をとって協調するのは安定的な部分ゲーム完全均衡になります。

　以上の結果から，企業がお互いにいつ終わるともわからないゲームを繰り返す場合には協調するのが合理的となる可能性が考えられます。また，そのときに得られる利潤はお互いがカルテル破りを繰り返す均衡よりも大きくなっています。これは**フォークの定理**（folk theorem）と呼ばれるもので，企業がお互い

に長期的な利害関係を重視して行動するならば，カルテルが成立しうることを示唆しています。

なお，明示的な協定や契約を結ばなくとも自然に協調関係が生まれることを**暗黙の共謀**（tacit collusion）といいます。これは協調的な行動から逸脱したときに相手から受ける報復が，お互いに十分脅威として認識されていれば，暗黙のうちに協調関係が成立する状況を指しています。**Column ❻**では，広告を使った暗黙の共謀の事例を紹介しています。

③ カルテル規制とリーニエンシー制度

▌カルテルの生まれやすい土壌▐

実際にカルテルが形成・維持できるかどうかは企業関係の継続性だけでなく，企業を取り巻く環境が関係していると考えられています。ここではどのような市場環境でカルテルが実現しやすいのか見てみましょう。

まず，カルテルが実現しやすい環境としてあげられるのは，①参入企業が少なく市場集中度の高い市場です。市場への参入企業が少ないほど企業間で意思疎通がとりやすく合意形成は容易となります。逆に不特定多数の企業が競合している市場では多数の企業で共通の合意形成を図るのは困難といえます。実際に 1963 年から 72 年にかけてアメリカ司法省によって摘発された価格カルテル64 件を分析した G. A. ヘイと D. ケリーの研究（Hay and Kelly, 1974）によると，それらのうち 79％ は参加企業が 10 社以下のカルテルでした。

また，企業数に関連して，②市場への参入が難しいほどカルテル形成は容易になると考えられます。参入が難しい市場の例としては多額の設備投資が必要な市場があげられますが，こうした市場では 1 社当たりの事業規模が大きくなる一方で参入企業数が限られます。また，政府による参入規制のある市場でも，常に決まった企業だけが取引をするため協調関係を築きやすくなります。日本では公共事業での入札談合が多いですが，これは一般競争入札であっても入札資格として事業者の規模や過去の実績が指定されることや，事業者の本社や営業所の所在地域が限定されることで，特定の事業者だけが入札する機会が多く

なることが理由としてあげられています。

　次に，③企業がお互いの行動を観測しやすいこともカルテルを維持するのに重要です。カルテルを結んだ相手がいくらで売っているのか，どれだけ供給しているのかわからなければ，カルテルが実際に守られているのかどうかを判断できません。その意味で相手の行動を把握できる市場の透明性が必要です。同業者が組織する企業組合や事業者団体が設立されている産業では企業活動に関する情報交換が活発で，カルテルが維持される傾向にあります。前述のヘイとケリーの研究においても全体の 29% のカルテルで事業者団体が設立されていました。

　また，④取引される商品が同質的であることや，⑤需要の変動が小さいこともカルテルを形成しやすくすると考えられています。これはこうした市場ではカルテル破りによる市場価格や供給量への影響が大きいため，特定企業の行ったカルテル破りを他社が把握しやすいからです。逆に商品が差別化されており，需要変動の大きい市場ではカルテルはあまり起こりません。

▌カルテルに対する行政処分と課徴金▐

　公正取引委員会が市場でのカルテル行為を認定すると，カルテルに関与した企業に**排除措置命令**を出して当該行為は取り除かれることになります。この際に企業にはペナルティとして**課徴金**が科されます。課徴金の算定基準は，カルテルの対象となった商品・サービスの売上額，および密接関連業務の対価に対して，大手企業であれば 10%，中小企業であれば 4% が採用されています。また，談合金や手数料など企業間で金銭授受がある場合には，その利益も課徴金に追加されます。さらに違反行為を繰り返した場合や違反行為の主導的役割を果たした場合には課徴金を割増することも規定に盛り込まれています。

　なお，行われたカルテル行為がとくに悪質とされる場合には刑事告発されることもあります。独占禁止法では法人に対しては 5 億円以下の罰金，個人に対しては 3 年以下の懲役または 500 万円以下の罰金を科すことが規定されています。法人に対して 5 億円を超える罰金を求める刑事罰は金融商品取引法違反を除くと存在せず，法人の行う犯罪行為の中でもカルテル行為はとくに悪質なものに位置づけられています。

官製談合防止法

　図6.1の法的措置件数で見たように，日本ではカルテル全体に占める談合の割合が多いという特徴があります。とくに国や地方公共団体が発注する公共事業の競争入札では，発注元の官公庁や特定法人の職員自らが事業者との調整を図って，入札予定額や落札予定者をあらかじめ決め，入札談合を主導するケースがあります。このような談合のことを**官製談合**と呼び，多くの場合，企業側から天下り先や金品の提供などの贈収賄や便宜供与が伴います。

　1990年代以降，公共入札における官製談合の摘発が相次いだことを受けて，2002年に**官製談合防止法**が成立しました。この法律によって官製談合の存在を認定した場合に公正取引委員会は公共事業の発注元の行政機関に対して改善措置を請求できるようになりました。また，発注元には事実の調査を行い，談合に関与した職員に対する懲戒処分や損害賠償請求を行うことが求められます。

　官製談合の事例では，1990年代に北海道岩見沢市の公共工事で行われていた談合が有名です。岩見沢市では毎年，同市の発注する土木建築工事や電気工事で60億円から90億円が使われていましたが，この入札をめぐって同市の土木・建築会社による入札談合が長年行われていました。また，当時の市長の指示による組織的な官製談合であったことも明らかになっています。入札に際して同市建築協会を通じて予定入札価格や落札予定者が事業者側に通達されていたほか，談合に反対する事業者は入札指名リストから除外するなどの措置もとられていました。2002年5月に公正取引委員会の立ち入り検査によって事実が明るみになり，翌年には入札談合に関与した入札参加事業者126社に排除勧告が出されました。この事件では市長および同市職員が談合に関わったとして官製談合防止法の適用第1号になっています。

　官製談合の摘発は官製談合防止法の運用後も毎年のように続いており，官製談合は日本社会の抱える大きな問題の1つといえるでしょう。

リーニエンシー制度

　課徴金や刑事告発などの懲罰がカルテルの抑止力として機能するためには，公正取引委員会がカルテルを正しく検知できることが重要です。もしカルテルを行ってもそれが公に発覚しないのであれば，いくら厳しい罰則規定があって

もカルテルを防ぐのは困難です。そのため，公正取引委員会はカルテルに関与した企業の情報を迅速に入手する必要があります。

2006年の独占禁止法改正ではカルテルに関する情報収集を効率的に行うために**リーニエンシー制度（課徴金減免制度）**が導入されました。これは公正取引委員会による立入検査に前後して企業が自らカルテルを行ったことを申告し，情報提供を行った場合には課徴金を減免するという制度です。リーニエンシー制度の開始当初は立入検査前の申告のみ最大3社が減免対象でしたが，2009年には立入検査後の申告も合わせて最大5社，そして2020年からは上限なしへと減免対象が拡大されています。減免額は申告順位や調査への協力度合いによって異なり，立入検査前の最初の申告者は全額免除，2番目の申告者は最大60％，3〜5番目は最大50％，6番目以降は最大45％が免除となります。また立入検査後の申告者については3社までが最大30％，以降は最大25％が免除になります。なお，この制度では申告者は告発の対象にならないことも規定されています。

カルテルを行っている企業にとっては，もしカルテルが摘発されれば多額の課徴金を支払わなければならないほか，入札資格の停止や刑事告発による社会的信用の低下など企業業績に大きなダメージを負うことが予想されます。また，経営者にとっても刑事罰や株主代表訴訟による損害請求のリスクも小さくありません。こうしたカルテルが発覚した場合の罰則を減免することで，企業に自白するインセンティブを与えて情報提供を促すのがリーニエンシー制度の目的です。図6.3はリーニエンシー制度の活用状況を表したものですが，2006年1月の導入以降，申告件数は年々増加し2011年には140件を超える申告がありました。東日本大震災後の時期にいったん申告件数は減少しましたが，2013年以降はまた増加に転じています。このことからリーニエンシー制度はカルテルの摘発に一定の成果をあげているといえるでしょう。

国際カルテル──ビタミン・カルテルの事例

近年，経済のグローバル化とともに**国際カルテル**の存在が大きな問題となっています。欧米を中心に自動車用部品，電力ケーブル，液晶モニタ，半導体部品などさまざまな分野で国際カルテルの摘発が相次ぎ，日本企業を含む多くの国際企業が各国の規制当局から多額の課徴金を科される事例が増えています。

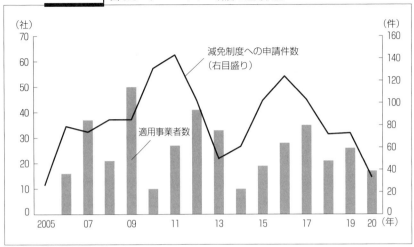

CHART 図6.3　リーニエンシー制度の適用状況

ここでは，国際カルテルの中でも最大規模の課徴金が科されたビタミン市場の
事例を取り上げます。

　ビタミンはさまざまな食品の添加物として用いられるほか，医薬品，化粧品，
家畜用飼料などの原料としても利用されている，非常に多くの消費者を抱える
商品です。1999 年時点でビタミン市場は全世界で 32 億ユーロの市場規模を持
ち，ヨーロッパ圏だけでも年間 8 億ユーロもの売上がありました。ビタミン市
場の特徴としては市場集中度の高い寡占市場であることがあげられます。スイ
ス製薬企業ホフマン・ロシュが 40〜50％，ドイツ化学メーカー BASF が 20〜
30％，フランス製薬企業アベンティスが 5〜15％ のマーケットシェアを持つな
ど上位 3 社合わせて 65〜95％ のマーケットシェアを支配していました。また，
ビタミン市場はビタミンの種類や用途ごと品質が規格化された同質財市場とみ
なすことができる一方で，設備投資に多額の費用がかかることから参入コスト
の大きい市場でもあります。

　2001 年 11 月に欧州委員会は，ヨーロッパ企業 5 社と日本企業 7 社の計 13
社が国際的な価格カルテルおよびシェアカルテルに関与したとして，うち 8 社
に課徴金としては過去最大となる総額 8 億 5500 万ユーロを科しました。これ
は 1999 年 5 月のアメリカ司法省によるホフマン・ロシュと BASF の有罪判決
（アメリカ国内でカルテルを行ったとして，それぞれ制裁金 5 億ドル，2 億 2500 万ドル

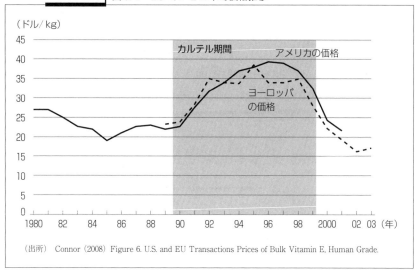

CHART 図6.4　ビタミンEの平均価格推移

（ドル／kg）

カルテル期間

アメリカの価格

ヨーロッパ
の価格

```
45
40
35
30
25
20
15
10
 5
 0
   1980  82    84    86    88    90    92    94    96    98   2000   02  03 （年）
```

（出所）　Connor（2008）Figure 6. U.S. and EU Transactions Prices of Bulk Vitamin E, Human Grade.

を支払っています）に続いたものですが，国際カルテルに対する課徴金が莫大に
なることを世に知らしめた事件です。カルテルの主導的な役割を担ったホフマ
ン・ロシュには4億6200万ユーロ，BASFは2億9600万ユーロが科されたほ
か，日本の武田薬品工業，第一製薬，エーザイにも課徴金が科されています。
この際にアベンティスはビタミンAとEのカルテルについて決定的な証拠を
提供したことで課徴金が100％減免されました。これはヨーロッパにおけるリ
ーニエンシー制度で全額免除となった初めてのケースです。ただし，同社はビ
タミンDのカルテルについては情報を提供しなかったため，同ビタミンにつ
いては課徴金を科されています。

　欧州委員会の調査では1989年から99年にかけてビタミンの種類ごとに8つ
の異なるカルテルが存在したことが報告されています。カルテルを結んだ企業
は四半期ごとに地域および国際市場での取引価格や売上高の情報を交換し，全
体の受注調整を行っていました。また，毎年1回役員ミーティングを開催する
ことで，その年と翌年の各種ビタミンの全世界の販売目標を取り決めていまし
た。さらに，この販売目標を分け合う形で各社のマーケットシェアを固定する
ほか，価格の引き上げが必要な際には，その時期やどの企業から価格を引き上
げるのかまで定めていました。

図 6.4 はビタミン E 市場の価格推移を表したものです。ビタミン E に関しては 1989 年 6 月から 99 年 2 月までカルテルが行われたことが明らかとなっていますが，89 年にはアメリカの価格で 1 kg 当たり 22 ドルであったのが，ピークの 1996 年にはその 1.8 倍にあたる 39 ドルまで上昇しています。また，カルテルが終焉したアメリカ司法省の摘発以降は価格が急落し，2000 年には 24 ドルと 1998 年の水準から約 35％ も下落しました。

SUMMARY ●まとめ

- □ 1　企業間でカルテルが行われると実質的に競争が制限されるため，市場価格が上昇し，供給量が減少する。このとき，社会的厚生が低下する。
- □ 2　企業がお互いにカルテルを守るよりも，カルテル破りをした方が利潤は高くなるため，カルテルは不安定である。ただし，競争関係が長期間にわたって繰り返される状況ではカルテルが成立する可能性がある。
- □ 3　公正取引委員会はカルテルに関与した企業に排除措置命令を出し，当該行為を排除するとともに，ペナルティとして課徴金を科している。また，とくに悪質なカルテル行為に対しては刑事告発する場合がある。

EXERCISE ● 練習問題

6-1　本文を読んで以下の空欄①〜⑭に適切な語句を入れて文章を完成させなさい。

1. 独占禁止法第 1 条ではカルテルを ① として禁止している。カルテルにあたる行為には，同業他社が事前に商品の販売価格を取り決める ② ，各企業の生産量や販売量を決める ③ ，② に付随して各企業のマーケットシェアを固定する ④ ，各企業の設備投資水準を決める ⑤ ，各企業の供給エリアや扱える顧客，製品を決める ⑥ などがある。また，政府の発注する公共事業の入札に関して，事前に落札事業者や価格を決める ⑦ もカルテル行為にあたる。

2. カルテルは企業間で意思疎通がとりやすく，合意形成の図りやすい市場環境のもとで実現しやすい。このため，実際のカルテルの多くは，⑧ が少ない市場や ⑨ の難しい市場で行われている。また，カルテルの維持には企業がお互いを監視できる市場の透明性も必要である。同業者

による企業組合や ⑩ が設立されている産業では，企業間での情報交換が活発であり，カルテルが維持される傾向にある。カルテルが実現しやすい市場環境としては他にも，取引される商品が ⑪ であることや， ⑫ が小さいことがあげられる。

3. ⑬ 制度は公正取引委員会の立入検査前後に，カルテルを行ったことを自ら申告し，情報提供した企業に対して課徴金を減免する制度である。申告による減免額は，立入検査前の最初の申告者は ⑭ となるが，2番目以降は申告順位と調査への協力度合いによって決まる。

第 **7** 章

市場への参入と戦略的な参入阻止行動

既存企業は新規参入を阻止できるのか？

iPhone の新モデルを披露するアップルのスティーブ・ジョブズ最高経営責任者（2008 年，写真提供：AFP＝時事）

INTRODUCTION

　新たな企業の参入はしばしば市場に大きな影響をもたらします。2001 年にソフトバンクがインターネット接続事業に参入した際は，インターネット接続料金が劇的に下がった一方で，多くのサービス・プロバイダが退出を余儀なくされました。また，2008 年のアップル社のiPhone による携帯端末市場への参入は，市場価格のみならず携帯端末の機能・役割まで一変させました。市場に与えるインパクトに差はあるにせよ，こうした新規参入はさまざまな市場で観察される経済現象です。この章では新規参入が起こる条件と，それによる社会的厚生への影響について解説します。また，既存企業が新規参入を阻止するために行う戦略的行動と，それに対する競争政策のあり方についても議論します。

1 参入の経済効果

新規参入の条件と参入企業数

どのような財やサービスを扱っているにせよ営利目的の企業であれば利潤を追求しないわけにはいきません。したがって，新たな企業が市場に新規参入するには，参入によって正の利潤を得られる見込みがあることが必要です。多くの場合，企業が市場に新規参入する際には設備投資や研究開発といった初期費用（サンクコスト）がかかります。この初期費用を I で表すと，新規企業が参入するための条件は，参入した場合の利潤 π_i が I を上回ること，つまり次式で表すことができます。

$$\pi_i = pq_i - C(q_i) > I \tag{7.1}$$

ここで，p はこの財の市場価格，q_i は新規企業の供給量，$C(q_i)$ は q_i だけ供給するのにかかる費用です。もし，すでに市場に参入している企業が正の利潤を得ているのであれば，市場価格と限界費用の間に差があるので新規企業にも参入する余地があります。ここでは同質財のクールノー競争を想定して新規参入について考えてみましょう。第5章で見たように，n 社の企業がクールノー競争する場合の1社当たりの利潤 π_i は以下で与えられていました（102ページの表5.1を参照）。

$$\pi_i = \frac{bS^2}{(n+1)^2} \tag{7.2}$$

ここで S は完全競争市場での供給量，b は需要曲線の傾きを表しています。この場合，新たに $n+1$ 社目の企業が市場に参入するための条件は，$n+1$ 社が競争したときの1社当たりの利潤が参入コストを超えることなので，$bS^2/(n+2)^2 - I > 0$ になります。ここでは同質財を想定しているので新規参入によって需要はなんら拡大しませんが，その場合，新規企業が市場から得る利潤は，既存企業から顧客を奪うことによる利潤になります。この利潤のことを**顧客奪取効果**（business stealing effect）による利潤と呼び，企業が新規参入する際の主な

インセンティブになります。

　次にこの市場にどれだけの企業が参入できるのか考えてみましょう。ここでは市場に参入する企業はすべてサンクコストとして参入コスト I を支払う必要があるとします。式 (7.2) から，企業 1 社当たりの利潤は企業数 n の増加とともに減少しますが，この利潤が I を超えているかぎりは新たな企業が市場に参入しようとします。つまり，$bS^2/(n+1)^2 > I$ という条件が満たされるかぎりは新規参入が続きます。したがって，市場に参入できる最大の企業数は，この条件がちょうど釣り合う，$bS^2/(n+1)^2 = I$ となる水準で決まります。この式を n について解くと，

$$n_{max} = S\sqrt{b/I} - 1 \tag{7.3}$$

になります。実際には n_{max} は小数点以下の値を持ちうるので，n_{max} を超えない最大の自然数がその市場に参入できる企業の最大数になります。

　なお，n_{max} は参入コスト I が大きくなるほど小さな値になります。極端な状況として，市場の需要規模に対して参入コストが非常に大きければ，参入できる企業がたった 1 社だけということも考えられます。これは市場に 1 社目が参入した時点では利潤が正であっても，2 社目が参入してしまうと 2 社とも赤字となり共倒れになってしまう状況です。2 社目の企業が合理的であれば新規参入は起こらず独占が続くことになります。このような状態のことを自然独占と呼び，現実の市場でもしばしば見受けられます（詳しくは第 8 章を参照）。

▎過剰参入による社会的厚生の低下 ▎

　次に新規参入が社会的厚生に与える影響について考えてみましょう。先ほどのクールノー競争の例では，参入企業の増加とともに財の供給量が増加し，市場価格が下がることで消費者余剰が増加します。一方で，この価格下落によって企業が得られる利潤は低下して生産者余剰は減少します（第 5 章の表 5.1 で生産者余剰が企業数 n の減少関数であることを確認しましょう）。ただし，消費者余剰の増加分が生産者余剰の減少分を上回るため，総余剰は増加します。これは参入企業数が増えるほど完全競争市場に近づき市場の効率性が高まることと同義です。

　それでは新規参入は常に社会的に望ましいといえるのでしょうか？　実はこ

こまでに考えてきた総余剰の概念では，企業が新規参入する際の初期費用をいっさい考慮していませんでした。市場に多くの企業が参入すると，その分，サンクコストも余計にかかるので社会全体ではその費用負担も増えることになります。実際に総余剰に参入コストを加味して社会的厚生を考え直すと，市場に任せて決まる参入企業数は最適水準よりも過剰になる可能性があります（なお，完全競争市場では参入・退出に制約がない，つまりサンクコストがないことを前提にしていました）。ここでは，既存企業1社の独占市場に2社目が参入してしまうと過剰になる例を説明します。

表 5.1 を用いると，独占市場に2社目が参入したときの総余剰の変化は以下のように計算できます。

$$\underbrace{\left(\frac{2bS^2}{9} + \frac{2bS^2}{9}\right)}_{\text{複占市場の総余剰}} - \underbrace{\left(\frac{bS^2}{4} + \frac{bS^2}{8}\right)}_{\text{独占市場の総余剰}} = \frac{5bS^2}{72} \tag{7.4}$$

もし，2社目の参入コストがこの総余剰の増分よりも大きければ，新規参入によって社会的厚生は低下することになります。一方で市場に2社が参入した場合の1社当たりの利潤は式 (7.2) から $bS^2/9$ なので，この利潤よりも参入コスト I が小さければ2社目の参入が起こります。つまり，参入コスト I が，

$$\frac{bS^2}{9} > I > \frac{5bS^2}{72} \tag{7.5}$$

という条件を満たすと，2社目が参入することで社会的厚生が低下します。ここでたとえば，参入コストが $I = 7bS^2/72$ であるとすると式 (7.5) の条件が満たされるため，2社目の参入は過剰参入になります。この場合，参入コストを含めた社会的厚生は独占市場の方が複占市場よりも高くなります。

　このように参入コストが，参入を妨げない程度に小さく，かつ総余剰の増分よりも大きい場合には社会的に望ましい水準に比べて過剰参入が起こります。したがって，社会的に過剰参入が想定されるケースでは，政府による参入規制を実施することが社会的に望ましい可能性があります。たとえば，日本ではタクシー業界は政府による参入規制が行われている業種の1つですが，交通渋滞や大気汚染といった外部性の存在だけでなく，こうした過剰参入の側面からも規制が正当化される可能性があります。

コンテスタブル市場と参入障壁

┃ コンテスタブル市場による効率性の改善 ┃

　前節では市場への参入コスト I はサンクコストであると想定しましたが，もしこの費用がサンクコストでなければ，新規参入の可能性があるだけで，実際に参入がなくても効率的な市場が達成される可能性があることが知られています。これはボーモル（W. J. Baumol）によって提唱された**コンテスタブル市場**（contestable market）という概念で，以下の3つの条件を満たす市場です。

　①　既存企業は潜在的な参入企業に対して，なんら優位性を持たない。

　②　新規の参入企業が既存企業よりも低い価格を提示した場合には，消費者はすべて新規企業の顧客となる。

　③　参入・退出が自由で参入コストはサンクコストでない。

　①は既存企業と新規企業との間に費用など競争上の優位性に違いはないことを仮定しています。つまり，既存企業と参入企業は同じ費用で財を供給できることを意味します。②は同質財市場においてベルトラン競争が行われることを想定しています。そして，③の仮定は参入にかかった費用は市場から退出する際に完全に回収できることを意味しています。

　以上の3つの条件のもとでは，既存企業が市場支配力を行使しようと限界費用より高い価格をつけると，すぐさま新規企業が市場へ参入してきます。そして，既存企業よりも少しだけ低い価格をつけることで需要を完全に奪うことができます。これは参入コストがサンクコストでなく退出時に全額回収できるので，新規企業はわずかでも利潤機会があれば市場に参入できるからです。結果として，既存企業は新規企業に顧客を奪われないように低い価格をつけざるをえず，市場価格は限界費用に等しくなります。

　コンテスタブル市場では新規参入の脅威があるかぎり，既存企業は市場支配力を行使できません。このことは，たとえ市場が独占状態であったとしても，潜在的な参入企業の存在が独占企業の市場支配力を制限し，効率的な市場が達成されることを意味します。現実的には完全なコンテスタブル市場は考えにく

いですが，サンクコストがなく参入退出が自由であれば，理論的には完全競争市場と同じ効率性が達成できる点は重要です。サンクコストとなる要因を取り除き，政府による参入規制を緩和することで効率的な市場を達成できる可能性があるからです。このため競争政策では，既存企業が不公正な取引方法によって新規参入を阻害するのを取り締まることが必要です。

さまざまな参入障壁

　参入コストがサンクコストかどうかは企業が新規参入を決める際の大きな判断材料になることは，ここまで述べたとおりです。しかし，直接的な金銭的費用以外にも参入の障害となる要因は多々あります。新規企業が市場に参入する際に直面するさまざまな障害のことを**参入障壁**（barrier to entry）と呼びます。参入障壁の高い市場ほど参入は困難といえますが，ここでは参入障壁になりうる代表的な要因を取り上げます。

　参入障壁はそれが起因する理由によって，①コスト差による参入障壁，②商品の差別化による参入障壁，③法制度による参入障壁の3つに分類することができます。

　まず，①コスト差による参入障壁とは，市場に参入するのに必要な参入コスト（サンクコスト）が高いため，それらをすでに支払ってしまっている既存企業がコスト面で有利になるという参入障壁です。例をあげると，設備投資の費用，知的財産や人的資本を獲得するのにかかる費用，広告宣伝にかかる費用などは大きな参入障壁になります。ここで知的財産には特許や商標などが含まれますが，これらを自身で生み出すのに必要な研究開発費の他に，他社からライセンスを受ける費用も含まれます。

　また，参入障壁となる費用にはこうした直接的な負担となるもの以外にも，市場構造や既存企業がとっている戦略を通じて間接的に生み出されるものがあります。市場構造によるものの例としては規模の経済の存在があげられます。規模の経済が働く市場では，大量生産している既存企業ほどコスト面で有利になるので，新規企業にとっては参入障壁として機能します。企業戦略によるものの例としては，既存企業の抱き合わせ販売（第3章を参照）による取引方法も，従たる財（組み合わされる財のうち付随する財）市場での新規企業の参入コストを引き上げるため間接的な参入障壁と考えることができます。さらに既存企業が

取引相手の行為を制限する，排他的取引やテリトリー制といった取引方法も新規企業の取引機会を減らすことで，機会費用を上昇させる効果があることが知られています。これら企業戦略による参入障壁については第10章で解説します。

　次に②商品の差別化による参入障壁とは，市場で取引される財が差別化されていることに起因する参入障壁です。これは消費者が既存企業と新規企業の商品を別物と考えていることで乗り換えが難しくなることを意味し，具体的にはブランド・ロイヤリティやスイッチング・コスト，ネットワーク外部性の存在などが参入障壁にあげられます。まず，ブランド・ロイヤリティとは消費者が特定のブランドに対して高い支払意思を持っていることを指します。たとえば，高級時計や高級車などの市場ではメーカーの信頼性やステータスが重視されますが，新規企業が既存企業から顧客を奪うには高品質な商品を投入するだけでなく，実績を積み重ね，広告宣伝などでブランド・イメージを高めていく必要があります。つまり，差別化された財市場での参入障壁は同質的な財市場に比べて高くなります。

　スイッチング・コスト（switching cost）は消費者が既存商品から新しい商品に乗り換えるのに，新しい技術を習得したり追加費用を支払ったりする必要があることを指します。例をあげると，パソコン市場において Windows PC のユーザーが Mac に乗り換えるには，パソコン本体だけでなくアプリケーション・ソフトも買い換える必要があります。また，新しく Mac の使い方を覚えなくてはなりません。スイッチング・コストには金銭的な負担だけでなく学習に必要な時間や心理的な苦痛なども含まれるため，新規企業は消費者のスイッチング・コストに見合うだけの魅力的な商品を提供したり，価格を安くしたりする必要があります。同様の理由で，利用しているユーザー数が増えるほど商品の魅力が高まるネットワーク外部性（第5章を参照）が働く市場についても，新規企業の参入障壁が高くなります。スイッチング・コストやネットワーク外部性は，とくにパソコン用 OS や家庭用ゲーム機，ソーシャル・ネットワーキング・サービス（SNS）といったプラットフォーム・ビジネスで大きな参入障壁となることが知られています。こうしたプラットフォーム・ビジネスについては第10章で扱います。

　最後に③法制度による参入障壁ですが，これは政府による参入規制のことを指します。直接的に政府が市場に参入できる企業を認可する場合もあれば，取

Column ❼　JASRAC の抱き合わせによる参入阻止

　独占企業による抱き合わせ販売が新規参入を阻害していると判断された事例として，日本音楽著作権協会（JASRAC）の契約方法に対する違法判決を取り上げます。JASRAC はテレビ局やカラオケ店，ネット配信などで利用される楽曲の著作権管理を業務とする企業であり，2013 年時点でマーケットシェアの 98％ を占有していました。2009 年 3 月に公正取引委員会は，JASRAC が放送事業者と結んでいる契約方法が同業他社の参入を阻害しているとして，独占禁止法違反（私的独占）で排除措置命令を出しました。ここで JASRAC が放送事業者と結んでいたのは包括的利用許諾契約というもので，放送事業者は事業収入の一定率（1.5％ など）を支払うことで JASRAC の管理する全楽曲を自由に利用できるというものです。

　排除措置命令を受けて，すぐさま JASRAC は放送局が包括契約を理由に他事業者の楽曲を使わない証拠はないとして審判請求を出しました。その結果，2012 年 6 月に公正取引委員会は JASRAC の主張を認めて，排除措置命令を取り消す審決を出しています。しかし，この審決に対して新規事業者である著作権管理会社イーライセンス（現ネクストーン）が審決取消を求めて東京高裁に提訴したため，以降は法廷で独占禁止法違反にあたるか審議されることになりました。2013 年 11 月に東京高裁は審決を取り消す判決を出し，さらに2015 年 4 月に最高裁が高裁判断を支持する判決を出したため審決取消が確定しました。そして，公正取引委員会の再審理が決定しましたが，2016 年 9 月に JASRAC が審判請求を取り下げたため，排除措置命令が確定しました。

　包括的利用許諾契約では，放送事業者は一定額を支払うことで JASRAC の管理楽曲のすべてを利用できる一方で，利用したい楽曲を個別に購入できないため純粋抱き合わせにあたります。たとえ放送事業者が新規事業者の管理する別の楽曲を利用したくても，すでに多額の費用を JASRAC に支払っているため，新規契約は純粋なコスト増となり敬遠される傾向にあります。判決ではこうした包括契約による費用引き上げ行為が，新規事業者の参入を阻害していると判断されたことになります。なお，排除措置命令を受けて，JAS-RAC，イーライセンス，および放送事業者は放送事業収入の 1.5％ の金額を利用実績に応じて著作権管理会社に分配する新たな徴収方式を導入することで合意しています。

（参考資料：『日本経済新聞』2016 年 9 月 15 日付朝刊）

引される財・サービスの品質に規制を設けて参入を制限する場合もあります。政府による参入規制は非常に強力な参入障壁で，実際に電気通信，エネルギー，鉄道，航空，金融，医療，教育，保育といった分野で参入規制が行われています。このうち，競争政策で参入規制の必要性が議論されるのは，参入する際のサンクコストが大きく，また規模の経済が働きやすい電気通信，エネルギー，鉄道，航空などの社会インフラ産業です。これらの産業での参入規制については第8章で議論します。

　なお，特許制度は優れた発明を行った企業に一定期間独占権を付与するという意味で政府による参入規制の一種と考えることができます。ただし，その目的は，優れた企業に独占権を付与することでイノベーションを促すためであり，競争を阻害する参入障壁としての側面は本来の目的ではありません。競争政策上の特許制度の役割については第12章で解説します。

企業戦略と参入阻止行動

　参入障壁がなければ，既存企業は常にライバル企業の新規参入を警戒していなければなりません。既存企業はこの状況を回避できないのでしょうか？　たとえば，潜在的なライバル企業が市場に新規参入するそぶりを見せたら，相手の利潤が出なくなる水準まで価格を引き下げれば新規企業を排除できるかもしれません。このような新規企業の参入を阻害するための価格引き下げのことを**参入阻止価格**（limit pricing）といいます。もし，この価格引き下げによって新規企業が参入を思いとどまるのであれば，参入阻止価格はうまく機能したことになります。

　しかし，価格引き下げによる参入阻止は仮に成功したとしても，既存企業の利潤を減少させるため長期間続けるのは困難です。そして，価格を元に戻してしまえば，再び新規参入の脅威にさらされることになります。また，第4章の価格選択の参入阻止ゲームで見たように，既存企業と新規企業の生産性に差がなければ，既存企業の価格引き下げは空脅しとなり新規参入を阻止できない可

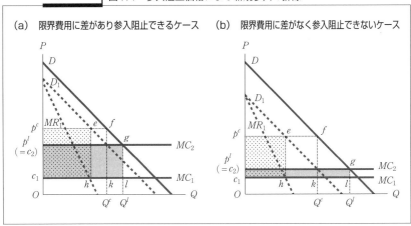

(a) 限界費用に差があり参入阻止できるケース　(b) 限界費用に差がなく参入阻止できないケース

能性もあります。参入阻止価格が空脅しになってしまうケースについて，もう少し具体的に見てみましょう。

　ここでは同質財市場を独占している既存企業1と，そこに参入しようとしている新規企業2があるとします。また，両社の限界費用の関係は$MC_1 < MC_2$として，既存企業は新規企業に対して生産性で優位にあると仮定します。そして当初，既存企業は独占価格をつけていますが，新規企業が参入しようとした場合に，価格を下げて参入を阻止するのか，あるいは受け入れるのかを選択します。もし参入阻止するのであれば，新規企業が参入できない価格，つまり新規企業の限界費用（＝平均費用）に等しい価格$p^l = MC_2$を参入阻止価格としてつけることにします。これは2社の間でベルトラン競争が行われることを意味しています。一方，既存企業が参入阻止せずに（あるいは参入阻止に失敗して）新規企業が参入した場合には2社の間でクールノー競争が行われることにします。なお，ここでは簡便化のために新規企業の参入コストは考えない，つまり参入障壁となるサンクコストはないとします。この状況で既存企業が参入阻止価格をつけることで新規企業の参入を阻止できるかどうかを考えてみます。

　図7.1の (a) (b) はそれぞれ，参入阻止ができ・る・ケースとでき・な・い・ケースを表しています。まず，図7.1 (a) ですが，既存企業の限界費用MC_1は新規企業の限界費用MC_2に比べて十分に低くなっています。この場合，既存企業が参入阻止せずに，参入が起こりクールノー競争となったときの既存企業の利潤は

□ $p^c c_1 he$ になります。ここで，D_1 はクールノー均衡において既存企業が直面する残余需要であり，それから導出される限界収入 MR_1 と限界費用 MC_1 が一致した点 h での供給量が既存企業の供給量です。これと市場への全供給量 Q^c との差分は新規企業による供給量となります。一方，既存企業が参入阻止したときの利潤は □ $p^l c_1 lg$ の面積になります。これは新規企業の限界費用に等しい価格 $p^l (= c_2)$ をつけることで市場の需要量 Q^l のすべてを既存企業が供給するためです。ここで既存企業の利潤は □ $p^c c_1 he <$ □ $p^l c_1 lg$ であり，新規企業の参入を阻止した方が，参入を受け入れてクールノー競争するよりも大きくなっています。

一方，図 7.2 (b) は既存企業と新規企業の限界費用にあまり差がないケースです。先ほどと同様に既存企業の利潤を求めると，このケースでは □ $p^c c_1 he >$ □ $p^l c_1 lg$ となり，既存企業は新規企業の参入を阻止するよりも，新規企業とクールノー競争した方が利潤は大きくなります。この状況では新規企業による参入阻止価格は実行力を持たない空脅しにしかなりません。なぜならば，実際に新規企業が参入したときの既存企業の最適行動は参入阻止価格をつけることではなく，クールノー競争することだからです。新規企業がそれを知っていれば，実際に参入が起こって 2 社の間で競争が行われることになります。

以上のように，参入阻止価格は，単一の市場だけを見るかぎりにおいては，既存企業と新規企業の間にある程度の生産性の差がないとうまく機能しないことがわかります。それでは，参入阻止価格以外の方法で新規企業の参入を阻止することはできないのでしょうか？ 実は，既存企業が新規企業に対して，事前に信頼のおけるコミットメントを行うことで参入阻止できる可能性があります。ここで信頼のおけるコミットメントとは，実際に新規参入が起こった場合には，既存企業にとって競争的な行動をとることが最適行動となるように，事前に自分自身の選択肢を縛り，さらにそれを相手に知らしめておくことを指します。たとえば，既存企業があらかじめ大規模な設備投資を行うなどして後には引けない状況になっていると，潜在的な新規企業は今後，既存企業が生産拡大するものと予期して，その市場には参入する余地が残されていないと理解します（図 7.1 では，これは既存企業が設備投資によって Q^l だけ生産することをあらかじめコミットしたことに対応します）。これはいうなれば，背水の陣を敷いて相手に本気であることを信用させることに他なりません。なお，信頼のおけるコミ

ットメントとしては設備投資の他にも，過去に参入阻止をした経歴をつくるなどライバルに対して攻撃的な評判形成しておくことも有効です。

設備投資による参入阻止（発展）

　信頼のおけるコミットメントの例として，既存企業が設備投資によって新規参入を防げる可能があることを示したディキシット（A. K. Dixit）の2期間モデルを紹介します。このモデルでは，既存企業があらかじめ設備投資によって高い生産キャパシティを築いておくことで潜在的な新規企業に参入を思いとどまらせるというものです。このモデルは以下の状況を想定します。

- 財の生産が設備資本と労働のみによって行われる同質財市場であり，需要曲線は $p = a - bQ$ で与えられる。
- 企業の生産キャパシティ（効率的に生産可能な最大生産量）K は設備投資によって決まり，生産キャパシティを1単位増加させるのに r のサンクコストが必要となる。
- 企業は生産キャパシティの範囲内（$q \leq K$）であれば労働のみで生産が可能である。その際の限界費用 c は賃金 w である（$c = w$）。
- 企業が生産キャパシティを超えて生産を行う場合（$q > K$）には，追加の設備投資が必要となり，超過生産に対する限界費用は投資費用と賃金の合計となる（$c = r + w$）。

以上の条件のもとで，すでに市場に参入している既存企業と潜在的な新規企業が2期間で競争する次のモデルを考えます。

【第1期】　第1期は既存企業のみが市場に存在し，設備投資によって生産キャパシティ K_1 を決める。ここで生産キャパシティ1単位につきサンクコスト r が発生するが，第2期に生産キャパシティの範囲内（$q_1 \leq K_1$）では限界費用 $c_1 = w$ で生産可能となる。ただし，第2期に生産キャパシティを超えて生産する場合（$q_1 > K_1$）には追加投資が必要となり，超えた分の限界費用は $c_1 = r + w$ となる。

【第2期】　第2期には，新規企業が参入するかどうか意思決定する。参入する場合にはサンクコスト $CE_2 (\geq 0)$ を支払う。もし，新規企業が参入した場合は，既存企業との間でクールノー競争が行われる。このときの新規企業の限界費用

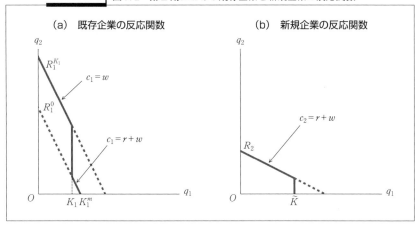

上段左: （a）既存企業の反応関数

上段右: （b）新規企業の反応関数

は設備投資費用と賃金を合わせて，$c_2 = r + w$ である。一方，新規企業が参入しない場合には既存企業が市場を独占する。

　上記の2期間ゲームで，既存企業が第1期の投資行動によって新規企業の参入を阻止できるのかどうか考えてみましょう。既存企業の最適行動を考えるにはバックワード・インダクションの考え方でゲームの最後の状態，つまり両社が第2期に直面する反応関数を知っておく必要があります。まず，既存企業ですが，第1期に設備投資をまったく行わなかった場合の第2期における反応関数は，図7.2 (a) の直線 R_1^0 で表されます。これは第5章の式 (5.5) のクールノー競争の反応関数に $S = (a - c_1)/b$ を代入したもので，$q_1 = (a - c_1 - bq_2)/2b$ という直線です。ここで第2期の生産には設備投資と労働の両方が必要になるので限界費用は $c_1 = r + w$ です。一方，既存企業が第1期に生産キャパシティ K_1 まで設備投資を行って限界費用を $c_1 = w$ へと下げると，反応関数は $R_1^{K_1}$ へと上方シフトします。ただし，反応関数がシフトするのは生産量が生産キャパシティ K_1 に達するまでの部分で，それ以上の生産量では R_1^0 のままです。なぜならば，K_1 を超えて生産するには，その分の追加投資が1単位につき r だけ第2期においても必要になるからです。したがって，既存企業の反応関数は生産量が K_1 の位置で屈折した形状（図7.2 (a) に太線で描いたもの）になります。

　次に新規企業の反応関数ですが，こちらは図7.2 (b) の R_2 で表されます。この反応関数は既存企業の生産量 q_1 に関して右下がりの直線ですが，$q_1 = \widetilde{K}$

の位置で垂直になり，それ以降の生産量ではゼロになります。ここで $q_1 = \widetilde{K}$ の位置は新規企業にとっての市場参入点を表しており，既存企業が $\widetilde{K}$ 以上を生産するのであれば新規企業は市場に参入しないことを意味しています。これはなぜかというと，新規企業は参入時に CE_2 だけサンクコストを支払う必要があるため，これを回収できなければ参入しないからです。つまり，$\widetilde{K}$ は新規企業が参入コストをぎりぎり回収できるような既存企業の供給量ということになります。ここで CE_2 が大きくなるほど $\widetilde{K}$ は小さくなり，新規企業の反応関数が垂直になる位置は左側にスライドします（$\widetilde{K}$ は CE_2 の減少関数として表せます）。

以下ではこれら反応関数を使って，既存企業が第1期にどれだけ設備投資するのが最適か（K_1 を決めるのか）を考えますが，新規企業の参入点 $\widetilde{K}$ がどのような値をとるのかによって3つのケースが考えられます。

まず，参入コスト CE_2 が大きく，図7.3 (a) に示したように既存企業が市場を独占したときの生産量 K_1^m よりも参入点 $\widetilde{K}$ が小さいケースです。このケースでは既存企業は第1期に K_1^m だけ設備投資することで市場を独占することができます（これを参入封鎖といいます）。なぜならば，既存企業が K_1^m だけ生産してしまうと，新規企業は高額のサンクコストを回収できず参入しないからです（ここで既存企業が設備投資をまったくしなかった場合の反応関数 R_1^0 上で $q_2 = 0$ となる生産量，すなわち $q_1 = K_1^m$ が独占供給量となることに注意しましょう）。既存企業はそれを知っているので，第1期に設備投資を行わずに参入を受け入れるようなことはしません。つまり，このケースでは既存企業は第1期に K_1^m だけ設備投資することで新規企業の参入を心配することなく市場を独占できます（より正確には第1期に $\widetilde{K} < K_1 \le K_1^m$ となる K_1 だけ投資し，第2期にはこれと K_1^m との差分を追加投資すればよいことになります）。図7.3 (a) の太線はこのときの既存企業と新規企業の反応関数を表しており，均衡点 E^m は独占市場の均衡と同じになります。

次のケースは，逆に参入コスト CE_2 が非常に小さいケースです。図7.3 (b) に示した K_1^v は，既存企業が第1期に最大限の設備投資（第2期の限界費用が追加投資なしで常に $c_1 = w$ となるような設備投資）を行った場合の反応関数と，新規企業の反応関数の交点における生産量を表しています。もし，参入コストが十分に小さく，新規企業の参入点 $\widetilde{K}$ が K_1^v よりも大きければ新規参入が起こり

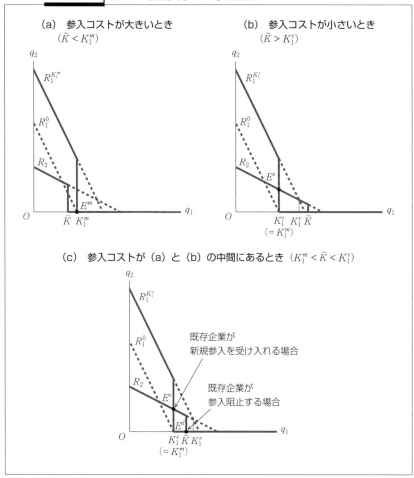

(a) 参入コストが大きいとき
$(\tilde{K} < K_1^m)$

(b) 参入コストが小さいとき
$(\tilde{K} > K_1^v)$

(c) 参入コストが (a) と (b) の中間にあるとき $(K_1^m < \tilde{K} < K_1^v)$

既存企業が
新規参入を受け入れる場合

既存企業が
参入阻止する場合

ます。この場合，既存企業は第1期にどのような設備投資を行っても新規参入を防ぐことはできません。なぜならば，実際に新規参入が起こって第2期にクールノー競争が行われたときに，既存企業が生産量 K_1^v を超えて生産することには合理性がなく，それを知っている新規企業は参入することでサンクコストを超える利潤を得られるからです。したがって，第1期に既存企業が K_1^v を超えて設備投資する行為は空脅しにしかなりません。

　よって，このケースでは既存企業は新規企業の参入を受け入れたうえで利潤

最大化を考えるのが合理的です。それでは既存企業にとって第1期にどれだけ設備投資するのがよいのでしょうか？ 実は，この状況は第5章で扱ったシュタッケルベルグ競争のリーダーの意思決定とまったく同じです。シュタッケルベルグ競争では先に行動するリーダーは相手の反応関数上で最も自身の利潤が高くなるように生産量を決めることができました。つまり，既存企業は第2期の生産量がシュタッケルベルグ競争の均衡に等しくなるように第1期に設備投資するのが最適になります。図7.3 (b) の点 E^s がこのときの均衡点を表しており，既存企業は生産キャパシティ K_1^s まで設備投資することになります。なお，ここで想定した線形の需要曲線のもとでは，K_1^s は既存企業が市場を独占したときの生産量 K_1^m に等しくなります（第5章の式 (5.19) を参照）。

　最後のケースは，上記の2つケースの中間，つまり，参入コスト CE_2 が中程度で，$\widetilde{K}$ が K_1^m と K_1^v の間にある場合です。このケースでは，既存企業が第1期に行った設備投資の水準によって新規企業の参入の可否が変わります。既存企業が参入を受け入れるのであれば，先ほどのシュタッケルベルグ競争と同じ設備投資をするのが最適で，これは図7.3 (c) の点 E^s に対応します。一方，既存企業が参入阻止するのであれば，新規企業の参入点 $\widetilde{K}$ まで設備投資することになりますが，これは図7.3 (c) の点 E^d に対応しています。既存企業が参入を受け入れるのか，あるいは阻止するのかは，点 E^s と点 E^d のどちらの利潤が大きいのかによって決まります。両者の利潤は $\widetilde{K}$ の値に依存しますが，$\widetilde{K}$ が参入コスト CE_2 によって決まることから，CE_2 が大きく $\widetilde{K}$ が K_1^m に近いほど参入阻止しやすくなり，逆に参入コスト CE_2 が小さく $\widetilde{K}$ が K_1^v に近いほど参入を受け入れやすくなります。ここで，既存企業が参入を阻止したときと受け入れたときの利潤がちょうど等しくなるような $\widetilde{K}$ の値を $\overline{K}$ とおくと，ある条件のもとでは $K_1^m < \overline{K} < K^v$ となることが知られています。このとき，$\widetilde{K}$ が $\overline{K}$ よりも小さければ（$K_1^m < \widetilde{K} < \overline{K}$），既存企業は参入阻止し，逆に $\widetilde{K}$ が $\overline{K}$ よりも大きければ（$\overline{K} \leq \widetilde{K} < K^v$），既存企業は参入を受け入れることになります。以上の結果をまとめたのが表7.1 です。

┃ 参入阻止と消費者余剰（発展）┃

　ディキシット・モデルからは，新規参入の脅威が，既存企業に事前に設備投資しようとするインセンティブを与えることがわかりました。このとき，実際

新規企業		既存企業		第2期の生産量
参入コスト (CE_2)	参入点 $(\widetilde{K})$	第1期の設備投資	参入阻止するか?	
大	$\widetilde{K} < K_1^m$	K_1^m	参入封鎖	$q_1 = K_1^m = \dfrac{a-r-w}{2b}$ $q_2 = 0$
中	(i) $K_1^m \leq \widetilde{K} < \overline{K}$	$\widetilde{K}$	参入阻止	$q_1 = \widetilde{K}$ $q_2 = 0$
	(ii) $\overline{K} \leq \widetilde{K} \leq K_1^v$	$K_1^s(=K_1^m)$	参入許容	$q_1 = K_1^s = K_1^m = \dfrac{a-r-w}{2b}$ $q_2 = \dfrac{a-r-w}{4b}$
小	$\widetilde{K} > K_1^v$	$K_1^s(=K_1^m)$	参入許容	$q_1 = K_1^s = K_1^m = \dfrac{a-r-w}{2b}$ $q_2 = \dfrac{a-r-w}{4b}$

（注）　表中の K^m は独占市場の生産量, K_1^s はシュタッケルベルグ競争での生産量を表します。また, $\overline{K}$ は $K_1^m < \overline{K} < K_1^v$ を満たす値です。

に参入を阻止するか受け入れるかに関わらず, 独占市場よりも市場全体の生産量が増えるので, 価格が下がり消費者余剰は改善します。それでは, 既存企業が参入を阻止する場合と受け入れる場合でどちらの方が消費者余剰は大きいのでしょうか? 既存企業が参入阻止を行った場合には, 市場全体の生産量は既存企業による $\widetilde{K}$ だけになります。一方, 参入を受け入れた場合にはシュタッケルベルグ競争での2社の生産量の合計 $K_1^s + q_2$ が市場全体の生産量です。消費者余剰を比較するには, これらのどちらが大きいのかということになりますが, 参入コストや限界費用の程度に依存して単純化が難しいため, 既存企業にとって参入阻止が最適となる場合（表7.1で新規企業の参入コスト CE_2 が中程度で参入点が $K_1^m \leq \widetilde{K} < \overline{K}$ の場合）についてのみ概略を説明します。

　もし, サンクコスト CE_2 が大きすぎなければ, 参入阻止に必要な既存企業の生産キャパシティの拡大が大きいため（$\widetilde{K} > K_1^s + q_2$）, 参入阻止したときの方が参入を受け入れたときよりも消費者余剰は大きくなります。逆にサンクコスト CE_2 が大きく, 参入阻止に必要な生産キャパシティの拡大が小さい場合（$\widetilde{K} < K_1^s + q_2$）には, 参入を受け入れたときの方が参入阻止したときよりも消費者

余剰は大きくなります。また，生産者余剰を加えた社会的厚生を考えても，同様の結果が成り立つことが知られています。よって，参入コストが非常に大きい状況を除くと，設備投資による参入阻止は必ずしも社会的厚生を減少させる反競争的な行為とはいえないことになります。

4 独占禁止法における参入阻止の扱い

┃ 略奪価格の合理性 ┃

前節の「参入阻止価格」の項では，既存企業がライバル企業の参入を阻止するために限界費用に等しい価格をつけることを想定しました。それでは，既存企業が価格をさらに下げて限界費用を下回るような価格設定をすることはあるのでしょうか？ 限界費用を下回る価格ということは，製造業であれば製造原価を回収できずに赤字が出ることを意味します。もし，企業がこのような原価割れした価格をつけるとしたらなんらかの動機があるはずです。そのような理由としてまず考えられるのは，第5章で説明した規模の経済や学習効果によって長期的には生産コストが下がる場合です。大量生産によって将来的に生産コストが大きく下がるのであれば，販売初期には原価割れしていたとしても長期的には費用を回収できる見込みがあります。また，繰り返し使われることで需要が高まる経験財や，利用者が増えることで需要が高まるネットワーク効果が働く財についても，将来的な需要増を見越して短期的には原価割れとなる浸透価格をつけることが考えられます。

一方で，既存企業がライバル企業を市場から撤退させることを目的に原価を下回るような価格で廉売することがあります。このような価格戦略のことを**略奪価格**（predatory pricing）といいます。ただし，将来的に費用が下がる見込みがなく，また，ライバル企業の退出による顧客奪取効果以上の需要増加もなければ，略奪価格は自社としても大きな損失を被ることになります。ライバル企業が市場から撤退した後にその損失を上回るだけの利潤が得られなければ合理的な行為とはいえません。したがって，略奪価格が戦略として成立するためには2つの条件が必要になります。まず1つ目は短期的に限界費用を下回る価格

で販売したときに自社は耐えられるが，ライバル企業は耐えられないこと，そして2つ目はライバル企業が市場から撤退した後に独占的な価格設定ができることです。

　まず，1つ目の条件ですが，もし略奪価格を行おうとしている企業が大企業，もう一方は中小企業であれば，経営体力のある大企業は一時的な赤字に耐えられることが考えられます。また，金融機関からの融資において，大企業は中小企業よりも有利な条件，たとえば低金利で資金調達できるなど資金繰りに余裕があるかもしれません。2つ目の条件については，略奪価格によって一度撤退した企業が，価格を引き上げた後に再度，参入してくることはないことが必要です。もし市場がコンテスタブルで再参入が容易であれば，独占のメリットを受けられないため略奪価格をつける意味がありません。したがって，略奪価格が機能するには再参入する際の参入障壁が高いこと，たとえばサンクコストが大きいことが必要になるでしょう。

多角経営による略奪価格

　略奪価格が成立するための条件の1つ，自社は原価割れした価格に耐えられるが他社は耐えられないという状況について，多角経営を行っている企業が別の事業（あるいは別の販売地域）からの利益を当該事業（当該地域）につけ替えることで赤字に耐えるということがあります。これは企業内部で当該事業を補助（内部補助）して損失を埋め合わせることで，単独事業しか行っていないライバル企業を市場から撤退させるというものです。このような企業内での利益移転はなにも事業レベルでの大きな話に限ったことでなく，幅広い品目を扱う小売業などでもよく見受けられます。たとえば，あるスーパーマーケットが普段100円で販売している豆腐1丁を特売セールの目玉商品として採算を度外視した10円で販売したとします。これによって，この店舗では豆腐単体では赤字が出ますが，別の商品からの利益でその損失を埋め合わせることは可能です。また，この特売によって普段以上の来客が見込めるのであれば，むしろこの店舗の利益は増加するかもしれません。

　一方で，このような内部補助が継続的に行われると，単独商品しか販売していない事業者は排除されることになります。先ほどの例では，スーパーマーケットの近くにある豆腐屋は経営が立ち行かなくなり市場から撤退せざるをえま

せん。もちろん，豆腐屋が豆腐以外の商品も販売すれば，こうした値下げに耐えられるかもしれませんが，豆腐単品での商売はもはや不可能といえるでしょう。実際に，こうした小売業で略奪価格が疑われる事例は多く，毎年，公正取引委員会に寄せられる独占禁止法違反が疑われる事実についての情報提供の多くが小売業での廉売に関するものです。

不当廉売

略奪価格によって商品が低価格で販売されると，一時的には消費者は安売りによる恩恵を受けることができます。しかし，市場から撤退する企業が相次ぎ，また参入障壁が大きく再参入が困難であるならば，長期的には市場が独占化に進むことで社会的厚生が失われる可能性があります。このような事態を避けるため，独占禁止法第2条では，事業者が正当な理由がないのに，商品または役務をその供給に要する費用を著しく下回る対価で継続的に供給することを禁じています。そして，こうした他の事業者の活動を困難にさせるおそれのある価格設定のことを**不当廉売**（unjustly low-priced sales）といい，不公正な取引方法の1つにあげています。

ここで，不当廉売の判断基準となる「供給に要する費用」が何を意味するのかについてはいくらか解釈の余地があります。供給に要する費用という言葉で，まず思いつくのは不当廉売によって増加した生産量を供給する際の限界費用です。十分な競争環境下において，合理的な企業は限界収入と限界費用が一致するように供給量ないしは価格を設定するとの考えから，限界費用を供給に要する単位コストとみなすことができます。一方で不当廉売によって生産量を増加させる際に新たな設備投資が必要になるようなケースであれば，供給に要する費用には，供給量の増加に伴う可変費用に加えて，この投資に伴う固定費用を含めることが考えられます。この場合，追加生産分に対する総費用（＝可変費用＋固定費用）を追加量で割った平均増分費用（＝追加総費用÷追加供給量）を単位コストとみなすことも可能でしょう。もちろん，両者は一般的には一致せず，どちらが供給に要する費用として妥当なのかは一概には決められません。

公正取引委員会が公表している不当廉売ガイドラインでは，供給に要する費用として**平均回避可能費用**（average avoidable cost）という概念を用いています。平均回避可能費用とは，「廉売対象商品を供給しなければ発生しない費用」で

Column ❽　コストコとバロン・パークによるガソリンの不当廉売

　2015年12月24日に公正取引委員会は，愛知県常滑市においてガソリンスタンド（GS）を運営するコストコホールセールジャパン株式会社とバロン・パーク株式会社に対して，両社が販売するレギュラーガソリンについて不当廉売が行われた疑いがあるとして警告を出しました。コストコは全国展開の会員制量販チェーンですが，2015年11月18日に同市に新規オープンした店舗内GSにてレギュラーガソリンを地域最安値となる1リットル当たり115円で売り出しました。この安売りを受けて，近隣で石油販売会社バロン・パークが運営するGSが対抗値下げに踏み切りました。翌日には両GSの価格が100円を切ると，またたく間に値下げ競争が過熱し，10日間のうちにコストコが87円，バロン・パークは85円台まで値下げするに至りました。同時期の県内のレギュラーガソリンの平均小売価格が120円台であることを考えるとこの価格がいかに安いかわかるでしょう。また，県内の卸売価格は107.8円（ガソリン税および石油税含む）であったことから，両社は仕入れ値を20円も下回る価格で販売していたことになります。

　コストコはガソリン以外の商品も販売していることから，それらの利益でガソリン販売の損失を埋め合わせることができます。また，コストコの利用者は年会費（4000円）を支払っているため，ガソリン代金の一部を先払いしているともみなせます。一方で近隣のGSは通常の経営努力では太刀打ちできずに事業の存続が危ぶまれる状況へと陥りました。そのため，両社が不当廉売しているとして公正取引委員会に調査依頼を申し出ました。結果として，公正取引委員会は，両社がレギュラーガソリンについて，その供給に要する費用を著しく下回る対価で継続して供給し，周辺地域の他の販売業者の事業活動を困難にするおそれを生じさせたと判断し，両社に対して今後，このような行為を続けないよう警告しました。

（参考資料：『朝日新聞』2015年12月25日付朝刊）

あり，「可変的性質を持つ費用」と定義されています。これがどのような費用なのか具体例で考えてみましょう。ある企業が不当廉売によって供給量を100から110へと10単位増やしたとして，そのときの総費用の増加5000円（可変費用3000円，固定費用2000円）だったとします。このとき追加供給に対する平均増分費用は500円（＝5000円÷10）です。それでは，ここでこの企業が不当

廉売をやめて生産量が元の100へと戻ったとしたら総費用は1単位につきいくら減るでしょうか？　これが平均回避可能費用です。この平均回避可能費用は，上で計算した平均増分費用と同じになると思うかもしれませんが，果たして本当にそうなるでしょうか？　もし，追加費用の中に設備投資などに伴う固定費用がサンクコストとして含まれていたとすると，このサンクコストは供給量が減ったとしても回収できません。この場合，平均回避可能費用には固定費用のうち回収可能な部分だけを含めます。もし，供給量が110から100に減るときに回収可能な固定費用が1000円であったとすると，総費用の減少は4000円（可変費用3000円，固定費用1000円）となり，平均回避可能費用は400円（＝4000÷10）になります。つまり，平均回避可能費用は概念的には平均増分費用に近いものですが，追加で発生した固定費用のうちサンクコスト分は除くという点で異なっています。したがって，この例では1単位当たり400円を下回る価格で販売すると不当廉売にあたります。

　なお，不当廉売のガイドラインにある正当な理由とは，たとえば生鮮食品や季節商品の売れ残りを見切り販売する場合や，キズ物・半端物などの瑕疵商品を安売りする場合などがあげられます。こういった場合には，たとえ平均回避可能費用を下回る価格で販売したとしても正当な理由があるとみなされ不当廉売には該当しません。

┃ 競争政策における不当廉売の扱い

　不当廉売が継続的に行われると，公正な競争が阻害され，長期的には社会的厚生が低下するおそれがあります。しかし，不当廉売を過度に取り締まることは企業の価格を自由に設定する権利を規制することにもなりえるため注意が必要です。とくに規模の経済や学習効果が働く財市場，あるいは経験財やネットワーク効果が働く財市場においては，一時的に原価割れするような価格設定であっても，長期的にはコスト低下が進んだり，需要が増加したりすることで十分に採算の取れる可能性があります。そうした効果があるのであれば，低価格販売はむしろ市場の効率性を改善する行為とみなせます。低価格であるからといってただちに不当廉売を適用することは望ましくなく，それが浸透価格なのか，あるいは不当廉売であるのか十分に見極めることが競争政策を運用する際には重要です。

□ 1 市場への参入企業が増えるほど社会的厚生は高まりますが，参入時のサンクコストが大きい市場で過剰参入が起こると社会的厚生はむしろ低下します。

□ 2 サンクコストになる要因がなく，参入退出が自由なコンテスタブル市場では，たとえ市場が独占状態であっても効率的な資源配分が達成されます。

□ 3 既存企業が事前に生産キャパシティを高めることで，新規企業の参入を阻止するかどうかは市場への参入コストに依存します。参入コストが小さい場合には既存企業は参入阻止するよりも参入を受け入れた方がメリットは大きく，逆に参入コストが大きい場合には参入阻止のメリットが大きくなります。

□ 4 独占禁止法では，安売りによってライバル企業が排除され，長期的に市場が独占に向かうことを避けるため，事業者が正当な理由がないのに商品の供給にかかる費用を著しく下回る価格で継続販売することを禁止しています。

7-1 本文を読んで以下の空欄①〜⑦に適切な語句を入れて文章を完成させなさい。

1. 既存企業と新規企業のコスト差による参入障壁は，市場に参入する際の ① が大きい市場や，生産量の増加によって単位コストが大きく下がる ② が働くような市場で高くなる傾向にある。また，商品が差別化されることで生じる参入障壁は，消費者が既存企業の商品と新規企業の商品を別物と考えている市場や，別の商品に切り替える際の ③ が大きい市場で高くなる。また，利用するユーザー数が多くなるほど商品の価値が高まる， ④ が働く市場では，後発の新規企業が顧客を獲得するのが困難となるため参入障壁は高くなる。

2. 正当な理由がないのに，商品をその供給に必要な費用を著しく下回る対価で継続的に販売することを ⑤ といい，独占禁止法では ⑥ の1つにあげている。ある商品が ⑤ かどうかの判断基準として，公正取引委員会のガイドラインでは ⑦ という概念を用いている。これは該当商品を供給しなければ発生しない費用かつ，可変的性質を持つ費用と定義される。

7-2 大学の生協ではパソコンソフトが安価なアカデミック・パッケージで販売されていることがある。ソフトウェア・メーカーはなぜこうした商品を用意するのか参入障壁の観点から理由を考えてみなさい。

第**8**章

規制産業における競争政策と市場画定

参入規制の必要な市場とは？

経済産業省が電力小売自由化を控えて各地で説明会を開く
（2016 年，写真提供：Natsuki Sakai/アフロ）

INTRODUCTION

　ここまで考えてきた企業間競争では，市場への参入・退出は自由であることを前提にしていました。しかし，現実的には社会インフラ産業を中心に政府が参入を制限している市場が数多く存在しています。たとえば，電力や都市ガスの小売市場は，近年まで新規事業者が参入するのに政府の認可が必要で，また価格を自由に決めることもできませんでした。なぜ，これらの産業には規制が必要なのでしょうか？　この章では規制産業の特徴と政府の市場介入の必要性について議論します。また，規制当局が市場を監視する際に用いている，企業の市場支配力の計測方法と，影響力の及ぶ範囲の決め方についても解説します。

1 自然独占と規制産業

費用逓減産業

　電力，都市ガス，電気通信，鉄道などの社会インフラ産業の大きな特徴の1つにサービスを開始する前の段階で多大な設備投資が必要になることがあげられます。たとえば，電力産業では発電所の建設や送配電網の敷設といった大規模なネットワークの構築が必要です。こうしたネットワークの構築には莫大な設備投資の費用がかかる一方で，一度構築してしまえばその後のサービス運用には比較的費用がかからないという特徴があります。初期投資は生産量に関係なくかかる固定費用です。したがって，社会インフラ産業では固定費用が可変費用に比べて相対的に大きく，生産量が増えるにつれて単位コスト（＝平均費用）が下がる規模の経済が強く働きます。このような特徴を持つ産業のことを**費用逓減産業**（decreasing-cost industry）といいます。

　費用逓減産業での需給を考えるうえで問題となるのは，生産量が増加するほど単位コストが大きく下がるため，1社が独占的に財を供給した方が効率的になることです。図 8.1 (a) は費用逓減産業での費用曲線と需要曲線の関係を表したものですが，想定される需要量の範囲内では平均費用曲線が常に右下がりになっており，この部分で平均費用曲線と需要曲線が交わっています。これに対して費用逓減でない通常の市場では，図 8.1 (b) のように，平均費用曲線が右上がりの区間で需要曲線と交わっていました。費用逓減産業では，市場全体で同じ供給量を達成するのに必要な総費用は，別々の企業が供給するよりも1社が全量を独占供給した方が低く抑えることができます。つまり，費用逓減産業とは，総費用に関して以下の関係式が成り立つ産業と言い換えることができるでしょう。

$$TC(q_1 + q_2) < TC(q_1) + TC(q_2) \tag{8.1}$$

ここで，左辺は1社が供給量 $q_1 + q_2$ を供給したときの総費用，右辺は2つの企業がそれぞれ個別に q_1 と q_2 だけ供給したときの総費用の合計を表していま

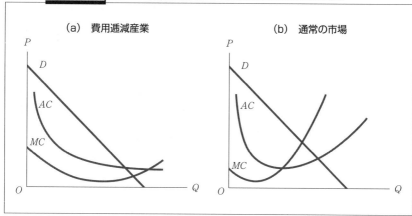

(a) 費用逓減産業　　　　　　　(b) 通常の市場

す。

　費用逓減産業に複数の企業が参入して，それぞれが財・サービスを供給すると市場全体では無駄な費用が発生することになります。また，企業はなるべく供給量を増やすことで効率性が高めようとしますが，そのような状態で競争が起こると最終的には最も効率性の高い1社のみが生き残り，残りの企業は市場から退出することになります。これは，企業倒産による退出もあれば，同業他社による買収（合併）による退出であることもあります。結果として，費用逓減産業では倒産や合併を繰り返すことで，しだいに参入企業が1社に集約する傾向があることが知られています。実際に戦前の日本の電力産業では，参入・退出が自由であったため，全国に850社もあった電力会社が合併を繰り返すことで地域別の数社に集約していった経緯があります。このような現象のことを**自然独占**（natural monopoly）といいます。なお，合併による費用逓減効果については第9章で詳しく扱います。

　費用逓減産業では競争によって企業数が集約する一方で，生き残った1社が市場支配力を行使して独占価格をつけてしまうと死荷重が生まれ，むしろ効率的な市場成果が達成されないというジレンマがあります。このジレンマを解消するために，政府の規制が必要となる場合があります。

参入規制が必要な場合とは

　費用逓減産業では政府による参入規制が必要な場合とそうでない場合があり

ます。それを決める大きな要因が，新規参入時にかかる初期投資がサンクコストかどうかです。サンクコストがまったくないのであれば，それは前章で説明したコンテスタブル市場となります。たとえ参入が1社のみで市場独占している場合でも，常に新しい企業が市場に参入してくる可能性があるため，独占企業は市場支配力を行使できず，結果として市場の効率性は達成されます。また，複数の企業が参入し，競争の結果として市場から退出する場合でも，初期投資がサンクコストではないため，その費用は転売可能であり社会的に無駄とはなりません。よって，政府が参入規制を行う必要はありません。

　一方で，初期投資に占めるサンクコストの割合が大きい場合には状況が異なります。もしすでに市場に1企業が先行して参入していたら，2社目からはサンクコストを回収できる見込みがなければ参入しないので自然独占になります。この場合，独占企業が市場支配力を行使して独占価格となるため，市場の効率性を損なってしまう可能性があります。また，複数企業が同時に参入するような場合には，競争によって価格は低下しますが，巨額の初期投資を回収できずに撤退や合併を繰り返すことで，最終的には1社しか残らない自然独占になる可能性があります。前述したように，日本においても戦前の電力供給では自由な参入が認められていたので多数の企業が参入しましたが，国家管理となる戦争直前には，倒産や合併を経て全国に8社しか残っていませんでした。自然独占による寡占が問題となるのは，複数の企業が電線網やガス管・水道管，鉄道網などのネットワーク構築のために要した投資の大部分がサンクコストであるため再使用されず，社会的に無駄な投資となってしまうことです。

　したがって，初期投資が巨額でかつサンクコストになるような市場では，政府による参入規制の実施が望ましいといえます。しかし，唯一参入を認められた独占企業が市場支配力を行使してしまうと，市場の効率性が損なわれてしまいます。そこで政府は参入規制をしつつ，独占企業が市場支配力を行使しないように価格や品質について追加の規制を行う必要があります。次にこの規制について考えてみましょう。

2 価格規制

限界費用価格規制と平均費用価格規制

　政府の参入規制によって参入を許された独占企業が市場支配力を行使し，独占価格をつけてしまうと死荷重が発生します。図8.2はその状態を説明したもので，独占企業が利潤最大化のため限界収入 MR と限界費用 MC が一致するように生産量 q^M を決めると，市場価格は独占価格 p^M になります。この場合の死荷重は図の影付きの部分の面積になりますが，費用逓減産業では限界費用曲線が右下がりの部分があるため非常に大きな値になります。この弊害を回避するために，政府が独占企業に対して価格規制を行うケースを考えます。

　まず考えられるのが，完全競争市場のように限界費用曲線 MC が需要曲線 D と交わる点 E_1 になるように価格を p_1 に規制する方法です。このような規制を**限界費用価格規制**（marginal cost pricing rule）といいます。しかし，この方法には問題があります。まず，限界費用と需要曲線が交わる E_1 では，平均費

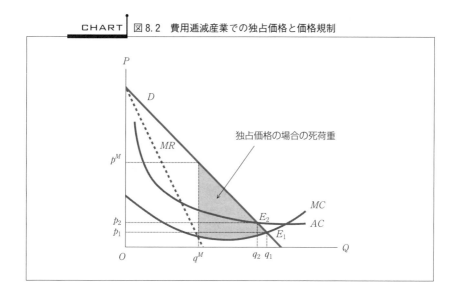

CHART 図8.2　費用逓減産業での独占価格と価格規制

用曲線 AC が限界費用曲線 MC の上側にあり，得られる収入よりも総費用の方が大きいため，独占企業が赤字になってしまうことです（供給量1単位につき，収入 p_1 ＜費用 $AC(q_1)$ です）。この場合，図 8.2 の死荷重がなくなり総余剰は最大になるものの，長期的には供給を続けることができません。したがって，独占企業が赤字にならないように，政府が収入と総費用の差額（$(AC(q_1)-p_1) \times q_1$）を補助金として支給する必要があります。また，別の問題として，限界費用は直接観測するのが困難ということがあります。これは，限界費用は供給量を1単位増やすときの追加費用であることに加えて，機会費用を含んでいることから，概念的に計測するのが難しいためです。

それでは，価格を p_2 にして平均費用曲線 AC が需要曲線 D と交わる点 E_2 で価格規制した場合はどうでしょうか。このような規制を**平均費用価格規制**（average cost pricing rule）といいます。この場合には，市場から得られる収入と総費用が釣り合うので企業は赤字になりません（供給量1単位につき，収入 p_2 ＝費用 $AC(q_2)$ です）。そのため，補助金がなくても企業は長期的に供給を続けることができます。また，平均費用は総費用を供給量で割った値なので，限界費用に比べて算出しやすいというメリットもあります。したがって，現実の価格規制では平均費用価格規制の考え方に基づいた運用が行われています。以下では，具体的な価格規制の内容についてもう少し詳しく見てみましょう。

公正報酬率規制

平均費用価格規制を行うには，政府が独占企業の平均費用やその市場の需要曲線を知っている必要があります。しかし，企業の費用構造や需要曲線の形状などを正確に知ることは難しく，平均費用をそのまま価格にするのは現実的ではありません。そこで，実際には平均費用価格規制を簡便化した**公正報酬率規制**（rate of return regulation）が用いられています。

公正報酬率規制とは，効率的な経営を前提とした原価に適正報酬を上乗せした**総括原価**から価格を決める価格規制のことを指します。ここで総括原価とは，独占企業が投入した事業資産に公正報酬率をかけて求めた公正報酬に営業費を加えた金額で，以下の式で表されます。

$$総括原価＝事業資産 \times 公正報酬率＋営業費 \qquad (8.2)$$

この総括原価を供給量で割った金額を独占企業に対する規制価格にします。式(8.2) にある営業費には人件費, 燃料費, 減価償却費などが含まれています。また, 事業資産に公正報酬率を掛け合わせた部分については, 借入金の利払いや適正な配当金の原資となる費用で, 資本調達コストにあたります。したがって, これらの和を供給量で割った金額は, その事業運営にかかったおおよその平均費用であるとみなせます。このような総括原価による価格規制は, 現在はJR などの鉄道料金や乗合バスの運賃で用いられていますが, 以前は電力やガス料金でも用いられていました。公正報酬率規制は総括原価から価格を決めるため, 総括原価方式の価格規制とも呼ばれます。

　公正報酬率規制は, 独占企業が市場支配力を行使することを防ぐとともに, 安定的かつ実務的に価格を決められるというメリットがあります。一方で, 企業が事業運営に要した費用をもとにして規制価格が設定されるために, 企業側に費用を削減するインセンティブが働かないというデメリットもあります。たとえば, 世界的な原油価格の高騰により, 製造コストが上がった場合でも, その費用はすべて営業費用の上昇＝規制価格の上昇という形で反映されるので, 独占企業の懐は痛みません。したがって, 独占企業は代替エネルギーの利用可能性を探るようなことや, 積極的な経費削減に励むような企業努力はしないでしょう。こうした企業内部の要因によって費用削減が進まず, 資源配分の観点から最適生産が達成されない状況のことを **X 非効率性** (X-inefficiency) と呼びます。

　さらに別の問題もあります。それは, 公正報酬が事業資産に公正報酬率をかけて求められるため, 独占企業には事業資産をいたずらに大きくしようとするインセンティブが働くことです。このようなインセンティブのことを, 発見した 2 人の名前をとって **アバーチ＝ジョンソン効果** (Averch-Johnson effect) といいます。ただし, アバーチ＝ジョンソン効果は悪いことばかりではありません。開発途上国など, 社会全体でのインフラ整備が十分ではない国・地域では, 事業資産を増加させるインセンティブは社会全体のニーズにマッチするからです。しかし, 現在の日本のようにインフラが整った国では必要以上の無駄な事業投資は望ましくありません。

┃ インセンティブ規制 ┃

　独占企業に費用削減のインセンティブを与える代表的な規制として，**プライスキャップ規制**（price-cap regulation）と**ヤードスティック規制**（yardstick regulation）があります。

　まず，プライスキャップ規制ですが，これは企業の達成した経営効率に応じて価格に上限を定める価格規制です。具体的には，今期に独占企業がつけられる上限価格を以下の式で決定します。

$$今期の価格＝前期の価格×（1＋物価上昇率－効率性指標＋その他調整） \quad (8.3)$$

ここで効率性指標とは，政府が求める効率性の達成状況によって決まる割引率のことで，基準値をちょうど達成できれば±0，基準値を超えて達成できればマイナス，達成できなければプラスの値になります。また，その他調整には，設備投資金額や原材料費の変動などが含まれます。したがって，プライスキャップ規制では，前期からの物価変動を考慮したうえで，政府が要求する効率性の改善をどれだけ達成できたかで今期の価格を調整します。独占企業は効率性を改善するほど利潤を増やせるため，費用削減へのインセンティブが働きます。この方式は簡便に価格を設定できること，またアバーチ＝ジョンソン効果の軽減を期待できるメリットもあります。ただし，その他調整費用に含まれる設備投資にかかる費用などを料金にうまく上乗せできない場合には，過少投資を招くという問題点もあります。

　ヤードスティック規制は地域別に存在している複数の独占企業のうち，最も効率的に運営している企業の費用構造を基準にして価格規制を行うというものです。類似の事業を営む企業が異なる地域でそれぞれ独占市場を形成している場合に有効な規制です。ヤードスティック規制では，他社と比較して非効率な企業ほど利潤が小さくなるので，それを克服するための経営努力を企業にさせることが期待できます。このような規制は現在，鉄道事業の料金規制の一部に導入されています。しかし，この規制では比較対象となる効率的な企業の存在が不可欠ですが，たとえ類似の地域独占企業が存在していたとしても，費用構造が異なる場合には，適切な規制でなくなる可能性があります。また，同業者間での共謀がないことも前提になります。企業が共謀して費用を引き上げた場

Column ❾ 電力市場の自由化

　日本の電力産業は規制によって 10 大電力会社による地域独占が続いてきました。この背景には，電力産業が初期費用のかかる費用逓減産業であると同時に，私たちの生活や経済活動を支える基盤産業であるため，政府管理のもと安定的なエネルギー供給を目指してきたことがあります。戦後の経済成長期ではこの方針はうまく機能し，電力消費の増大とともに市場規模は拡大してきました。しかし，1990 年代に入ると地域独占による弊害が顕著に表れるようになりました。総括原価方式による価格決定では，電力会社に費用を削減するインセンティブが働かず，また競争原理も働かないため電力価格が高止まりしました。国際比較においても，アメリカやイギリス，フランス，韓国等に比べて産業用，家庭用ともに 2〜3 倍の価格差がある状況でした。このため，参入規制を緩和して競争原理を導入しようという議論が活発化しました。

　電力産業は，大きく分けると①発電，②送配電，③売電という 3 つの事業部門から成り立っています。ここで発電部門は火力，水力，原子力，太陽光といった 1 次エネルギーから発電所で電力を生み出すこと，送配電部門は生み出された電力を送電ネットワークで全国各地の需要地に運ぶこと，そして売電部門は需要者に電力を小売することを指します。10 大電力会社はこれらすべてを持つ垂直統合企業です。これらのうち，初期費用がかかり競争原理が馴染まないのは送配電部門です。これは送配電ネットワークの構築にかかるサンクコストが大きく，また規模の経済によるスケールメリットが働くためです。このため，電力産業では送配電を独立した事業部門として切り離す（アンバンドリング）とともに，それ以外の発電部門と売電部門で規制緩和が進められてきました。

　まず発電部門ですが，1995 年には電力卸売が自由化され，新規事業者が 10 大電力会社に対して電力を卸売できるようになりました。また 2003 年には卸電力取引所が設立され，事業者が季節ごと・時間ごとの需要変動に合わせて電力売買することが可能になっています。売電部門については，2000 年から大規模工場やオフィスビル等の超高圧需要者に対する小売が自由化され，売電事業者が供給先と価格を自由に決められるようになりました。以降は高圧から低圧へと段階的に自由化範囲が拡大されています。そして，2016 年 4 月には家庭用を含めたすべての小売市場が自由化され，私たちも契約する電力会社を自由に選べるようになっています。

　一方で，送配電部門については中立化を保つため，10 大電力会社の持って

いる送配電ネットワークを新規参入者に等しく開放することが求められています。2003 年に導入された託送制度によって，電力小売を希望する事業者は10 大電力会社から送配電ネットワークを借りることができるようになりました。この際の接続料金は総括原価で決められた認可価格です。そして，2020年 4 月には送配電ネットワークの独立性をさらに高めるため，電力会社から送配電部門が法的分離されています。

合にはヤードスティック規制はうまく機能しません。

▌政府による規制の限界▐

政府が価格規制を行う場合，独占企業の費用構造や需要に関する情報を収集・分析して監視する必要があります。しかし，政府によるモニタリングは人手や時間のかかる作業であり，また，手間をかけたからといって十分な知識を得られるとは限りません。この理由の 1 つは，規制を受ける側の企業が規制強化につながるような不利な情報を隠蔽（いんぺい）する可能性があるからです。また，規制する側の政府の関係省庁は，本来独占企業に対して厳しく当たる必要があるにもかかわらず，しばしば企業を擁護するような行動をとることも知られています。この原因として，規制側が規制対象に対する専門的な知識を十分に有していないために，企業の説明を政府が信用してしまうことが考えられます。これを**とりこの理論**（capture theory）といいます。

こうした政府の情報収集能力の問題の他に，企業自身が規制内容を自身に有利になるように政府に働きかけることで起こる規制の限界もあります。たとえば，企業が価格算定の方法や基準などが自社に有利になるように政治家や官僚にロビー活動することが考えられます。このような活動のことを**レント・シーキング**（rent seeking）といいます。

とりこの理論やレント・シーキングによって政府のモニタリングがうまく機能せず，また規制が正しく運用されなければ市場の効率性は改善するどころか損なわれてしまいます。こうした政府の失敗を防ぐために，規制がうまく機能しているのかどうかの定期的な検証が欠かせません。

3 規制当局による市場支配力の計測

市場支配力とプライス・コスト・マージン

　費用逓減産業では競争による市場メカニズムがうまく機能しない可能性があるため，政府による参入規制や価格規制が必要となることがわかりました。もちろん，費用逓減産業以外の市場であっても，前章までに見てきたように少数の企業がカルテルや抱き合わせを行えば市場の失敗が起こる可能性はあります。したがって，企業が過度な市場支配力を行使しないように規制当局は市場を監視する必要があります。この役割は日本では主に公正取引委員会が担っています。ところで市場を監視する際に，企業が行使している市場支配力はどのようにして計測したらよいのでしょうか？

　市場支配力とは，企業が限界費用を超えて価格を設定できる能力のことでした（第3章を参照）。つまり，市場支配力とは市場価格と限界費用の差のことですが，そのままでは市場価格の大小によって金額が大きく変動してしまうため，市場支配力の程度を測るのに適していません。そのため，以下で表される**プライス・コスト・マージン**（price cost margin：PCM）を用いて市場支配力を定義するのが一般的です。

$$PCM = \frac{P-MC}{P} \tag{8.4}$$

PCM は価格 P と限界費用 MC の差（マージン）を価格 P で割った値であり，価格のうちの何％ をマージンとして企業が得ているのかを表す指標です。市場が完全競争であれば価格＝限界費用なので PCM はゼロとなり，逆に市場が独占であれば正の値かつ最大になります。PCM が大きいほど市場支配力が大きいとみなせるので，発案した経済学者ラーナー（A. P. Lerner）にちなんで，**ラーナーの独占度**（Lerner index）とも呼ばれています。

　一方で PCM を計算するには，規制当局が市場に参入している企業の限界費用を知っている必要があり，これは前述したように非常に困難といえます。このため，現実的に市場支配力を計測するためには別の指標を考える必要があり

ます。

企業数，マーケットシェア，市場集中度

　世の中には無数の財・サービス市場があることを考えると，PCM ほど厳密ではないものの，簡便な指標を用いて市場支配力を計測することは有効です。市場支配力＝市場の競争状態を測るという観点から，最もシンプルに市場支配力を測る指標として用いられているのは，市場に参入している「企業数」です。これは単純に参入企業が多い市場ほど，個々の企業の市場支配力は小さく，競争的な状態にあると考えられるからです。ただし，市場にたくさんの企業が存在していても，そのうちの小数企業が市場のほとんどを占有しているというケースも考えられます。そのため，企業数のみで市場支配力を測るには限界があります。

　そこで，今日まで幅広く利用されているのがマーケットシェアや市場集中度という指標です。まず，各企業の**マーケットシェア**（market share）は，

$$企業 i のマーケットシェア = \frac{企業 i の供給量}{市場全体の供給量} \times 100（\%） \qquad (8.5)$$

で定義されます。マーケットシェアは 0〜100% の値をとり，100% に近い企業ほど市場支配力を持つと考えられます。マーケットシェアは 1 社についての指標ですが，これを上位の数社に拡張したのが**市場集中度**（market concentration）です。m 社集中度はマーケットシェア上位 m 社（通常は $m＝3$〜4 社）のマーケットシェアを合計した指標であり，その市場全体の市場支配力を測るのに用いられています。市場集中度が高い市場ほどが寡占状態にあることを意味し，市場支配力が高いと考えられています。

　ここで注意する必要があるのは，寡占市場であっても必ずしも企業の市場支配力が大きいとは限らないことです。たとえば，同質的な財市場で企業がベルトラン競争をしている場合（第 5 章を参照）や，コンテスタブル市場の場合（第 7 章を参照）では，寡占市場であっても市場支配力があるとはいえません。逆にクールノー競争の場合には，寡占企業は市場支配力を持つと考えられます。このように市場集中度は直接的な市場支配力を測っているわけではないので，あくまで目安としての指標です。実際に公正取引委員会では，どの市場により注目し，より詳細な調査を行う必要があるのかの判断材料として市場集中度を

		市場 A	市場 B
マーケット シェア	企業 1	30%	70%
	企業 2	30%	10%
	企業 3	30%	10%
	企業 4	10%	10%
3 社集中度		90%	90%
HHI		2800	5200

利用しています。

　市場集中度は直感的にわかりやすく，簡便に計算できるというメリットがある一方で問題点もあります。それは，市場集中度が同じであっても，ごく少数の企業がマーケットシェアを占有している場合と，比較的多くの企業にマーケットシェアが分散している場合では，各企業の市場支配力は異なると考えられることです。

　表 8.1 に示した例は，市場集中度が市場の競争状態をうまく反映できないケースです。まず，市場 A では参入企業 4 社のうち上位 3 社が各 30%，残り 1 社が 10% のマーケットシェアを持っています。次に市場 B では同様に参入企業 4 社のうち，トップの 1 社が 70%，残り 3 社が 10% ずつマーケットシェアを持っています。この場合，市場 A，B ともに 3 社集中度は 90% になります。しかし，市場 B ではトップ 1 社がシェアのほとんどを占有しているのに対して，市場 A は同率シェアの 3 社が存在しているので，直感的には市場 A の方が市場 B に比べて競争的といえそうです。このように 3 社集中度は企業間のシェア配分を考慮していないので，競争状態の違いをうまく反映していない可能性があります。

ハーフィンダール＝ハーシュマン指数

　こうした市場集中度の問題を解決したのが，ハーフィンダール＝ハーシュマン指数（Herfindahl-Hirschman Index：HHI）です。ハーフィンダール＝ハーシュマン指数（以下，HHI と略す）は，各企業のマーケットシェアを 2 乗して合計した値であり，市場に n 社が存在する場合には以下で定義されます。

品目	3 社集中度	HHI	品目	3 社集中度	HHI
エチレン	44%	1145	飲料用自動販売機	90%	2938
スマートフォンゲーム	53%	1323	カレールウ	92%	4116
茶飲料	66%	1802	複写機	93%	3290
遊園地・テーマパーク	67%	2217	換気扇	94%	3562
インターネットサービスプロバイダー	67%	1525	ハンバーガー店	95%	5579
灯油	68%	1957	洗濯用合成洗剤	96%	3370
食パン	74%	2274	スチール缶	97%	4092
エレベータ	74%	2202	医療事務代行	99%	5380
軽乗用車	77%	2226	大型バス	100%	4834
ビール	79%	2879	パソコン基本ソフト(OS)	100%	7825
即席カップめん	80%	2783	音楽著作権管理	100%	9664
コンビニエンスストア	85%	2477	郵便	100%	10000

(注)　表中の数値は各品目の国内生産額で見た集中度であり輸入品は含まない。

(出所)　公正取引委員会「生産・出荷集中度調査」(平成 25・26 年) より累積生産集中度を引用。

$$HHI = \sum_{i=1}^{n} \left(\text{企業 } i \text{ のマーケットシェア}\right)^2 \tag{8.6}$$

この指標は 0〜10000 の間の値をとり，最大値 10000 のときは市場に 1 社しか存在しない独占状態を示します。つまり，HHI の値が大きい市場ほど寡占的であり，逆に値が小さい市場ほど競争的であるとみなします。HHI の計算ではマーケットシェアを 2 乗することで，大きなマーケットシェアを持つ企業の影響を高めに評価しています。このため，m 社集中度よりも市場全体の寡占状態を正確に反映できると考えられています。表 8.1 の例で HHI を計算すると，市場 A は 2800，市場 B は 5200 となり，B 市場の HHI がかなり大きい値になります。したがって，3 社集中度では同じ値でしたが，HHI を用いると市場 B の方が市場 A よりも寡占的であることになります。

　具体的ないくつかの財・サービス市場での 3 社集中度と HHI を計算したのが表 8.2 です。データの出典は公正取引委員会が調査・公表している「生産・出荷集中度調査」です。これを見ると，財・サービスによってそれぞれの指標に大きな違いがあることがわかります。注目してほしいのは 3 社集中度が高い場合でも HHI が同じように高くなるとは限らないところです。たとえば，3 社集中度が 100% の品目には「大型バス」「パソコン基本ソフト」「音楽著作権管理」「郵便」の 4 つがありますが，HHI は 4834〜10000 の範囲で大きく異な

っています。また，3社集中度が100%の「大型バス」よりも，95%の「ハンバーガー店」の方がHHIは高いといったこともわかります。

　現在では理論および実証分野での研究が進み，HHIが高い寡占市場であっても，それがただちに企業の市場支配力を示すわけではないことがわかってきています。一方で，公正取引委員会が市場介入や合併審査（第9章を参照）をする際の目安としてHHIは利用されています。

4 市場画定

┃市場画定とは┃

　ここまで，とくに注意することなく「ある財の市場」という言葉を使ってきましたが，具体的にその市場に入る財の範囲はどこまでを指すのでしょうか？ 完全競争市場では完全に同質的な財であることを前提としていたので，同質的な財は単一市場を構成すると考えられます。しかし，現実では似たような財であっても多少なりに差別化されており，完全に同質な財を見つけるのは困難です。むしろ，多少差別化されていても密接に関連する財であれば同じ市場に属しているとみなす方が現実的でしょう。規制当局が市場支配力を計測する際には，企業が市場支配力を持ちうる市場の範囲をどのように区切ればよいのかが問題になります。規制当局が単一の市場に含まれる財の範囲を決めることを市場画定といいます。

　市場画定を適正に行うことは，規制当局が市場支配力を計測し，市場を監視する際に欠かせません。ある財・サービスの市場範囲を狭く設定しすぎると，企業1社当たりのマーケットシェア，ないしは市場支配力が大きく計測されるので，規制当局による介入が起こりやすくなります。逆に，範囲を広く設定しすぎると，その市場は競争的な状態にあると判断され，市場介入は起こりにくくなります。また，市場画定では財の性質による市場範囲だけでなく，企業が競合している地理的な市場範囲を決めることも重要になります。

表 8.3　標準産業分類の例（製造業）

分類	SIC コード	業種（主な品目）
大分類	E	製造業
中分類	09	食料品製造業
小分類	094	調味料製造業
細分類	0941	味噌製造業（主に味噌を製造する醸造業など）
	0942	しょう油・食用アミノ酸製造業（主にしょう油を製造する醸造業など）
	0943	ソース製造業（トマトソース，トマトケチャップ，ウスターソース，マヨネーズ製造業など）
	0944	食酢製造業（主に食酢を製造する醸造業など）
	0945	その他の調味料製造業（カレー粉，固形カレー，わさび粉，うま味調味料，七味とうがらし製造業など）
中分類	10	飲料・たばこ・飼料製造業
小分類	103	茶・コーヒー製造業
細分類	1031	製茶業（緑茶，紅茶製造業など）
	1032	コーヒー製造業（焙煎，荒ひきコーヒー，インスタントコーヒー製造業など）

（出所）　総務省「日本標準産業分類」。

標準産業分類

　個々の財・サービスの市場範囲を特定する場合，政府統計の産業分類を用いる方法が考えられます。代表的な分類として**日本標準産業分類**（Standard Industrial Classification：SIC）があります。日本標準産業分類では，供給される財の性質に基づいて産業を大分類，中分類（2桁産業），小分類（3桁産業），細分類（4桁産業）というカテゴリに分けています。このうち細分類で表される産業の範囲を1つの市場範囲とみなすことができそうです。**表8.3**は製造業の一部について産業分類を抜粋したものです。表中の細分類（1031）の「製茶業」を見ると，緑茶と紅茶は同じ市場に属する競合商品ということになりますが，これはお互いの代替関係を考えると多くの人が妥当と考えるでしょう。しかし，明らかに代替関係として違和感があるものもあります。たとえば，細分類（0943）の「ソース製造業」にはトマトケチャップとマヨネーズの両方が入っています。どちらもソースとしての調味料ですが，代替関係を考えると両者が直接的に競合しているとは思わないのではないでしょうか。

経済学では，密接に代替関係にある財をもって1つの市場を構成すると考えるので，このような産業分類に基づいた市場画定は，必ずしも経済学的な市場の概念と一致するとは限りません。ここでいう代替関係は，需要・供給の代替関係の両方を指します。需要の代替関係は，ある財の価格が上昇したときに，多くの消費者がその財から別の財に消費をシフトする関係を指します。先ほどの例でいうと，緑茶が高いので代わりに紅茶を買うという消費者行動が見られる場合には，両者は密接な代替性があるといえます。逆に，トマトケチャップの価格が高いからといってマヨネーズを買う消費者が少なければ，両者に代替関係がないことになります。また，供給の代替関係については，ある財の価格が上昇したときに，別の財の生産者がその財の供給を開始する場合に代替関係があるといいます。

このような財・サービスの代替関係によって市場を画定する経済学の考え方によると，財の物質的な性質が似ているからといって，必ずしも同じ市場に属するとは限らないことを意味します。たとえば，オレンジジュースとミネラルウォーターはどちらも清涼飲料水ですが，需要・供給ともに代替関係にないので同じ市場に属するとは通常みなしません。逆に財・サービスの性質が似ていなくとも常に市場が異なるともいえません。鉄道輸送とバス輸送は異なる乗り物ですが，目的地が共通の場合にはお互いに代替関係にあり，同じ市場を構成するサービスといってよいでしょう。

需要と供給の交差価格弾力性

財・サービスの代替関係を計測する概念として，**需要の交差価格弾力性**（cross-price elasticity of demand）と**供給の交差価格弾力性**（cross-price elasticity of supply）があります。まず，需要の交差価格弾力性とは，2つの財について一方の価格が1% 変化したときに，もう一方の財の需要量が何% 変化するかを表すもので，以下の式で定義されます。

$$\eta_{ij} = \frac{\Delta q_j / q_j}{\Delta p_i / p_i} \tag{8.7}$$

ここで p_i は財 i の価格，q_j は財 j の需要量を表します。η_{ij} は財 i の価格変化1%（$= \Delta p_i / p_i$）に対する財 j の需要量の変化率（$\Delta q_j / q_j$）を意味しています。財 i の価格が上がった場合に財 j の需要が大きく増加するのであれば，財 j の需要

の財 i に対する交差価格弾力性は大きくなります。つまり，交差価格弾力性が大きい財同士は密接な需要の代替関係があるといえるでしょう。逆に，2つの財の交差価格弾力性が低ければ，それらは代替関係にないと考えられます。

　同様にして，供給の交差価格弾力性は，財 i の価格が1% 変化するときの財 j の供給量の変化率として定義されます。供給の交差価格弾力性が高い財同士は，一方の商品の価格が上昇したときに，生産者がそちらに供給を切り替えやすいという意味で，供給に関して密接な代替関係にあるといえます。

　交差価格弾力性を市場画定に利用する場合にはいくつか問題があります。まず，交差価格弾力性がどの程度の値であれば同一市場と扱ってよいのか，客観的な水準が存在しないことです。また，財 i から財 j への交差価格弾力性が高いからといって，逆に財 j から財 i への交差価格弾力性が高いとは限らないという代替の非対称性の問題もあります。つまり，2つの財の代替関係が一方向のみという場合も考えられるのです。さらに，類似した財・サービスが多数存在する場合には，ある財の価格上昇の影響は多数の財に及ぶため，個別の財の間の交差価格弾力性は非常に低く算出されてしまうという問題もあります。

　その他の問題として，実際に企業が行使している市場支配力が，交差価格弾力性の計算に影響を与えてしまうという問題があります。このことを確認するために，式（8.7）を以下のように変形します。

$$\eta_{ij} = \frac{\Delta q_j/q_j}{\Delta p_i/p_i} = \frac{\Delta q_i/q_i}{\Delta p_i/p_i} \times \frac{\Delta q_j/q_j}{\Delta q_i/q_i} = -\varepsilon_i \cdot \frac{\Delta q_j/q_j}{\Delta q_i/q_i} \tag{8.8}$$

これより，需要の交差価格弾力性 η_{ij} は，財 i の需要の自己価格弾力性 $\varepsilon_i = -(\Delta q_i/q_i)/(\Delta p_i/p_i)$ に，財 i と財 j の代替関係 $(\Delta q_j/q_j)/(\Delta q_i/q_i)$ をかけたものであることがわかります。ここで後者は財 i の需要量が1% 変化したときの財 j の需要量の変化率を表しています。この式から，財 i と財 j の代替関係 $(\Delta q_j/q_j)/(\Delta q_i/q_i)$ がそれほど大きくなくても，自己価格弾力性 ε_i が大きければ交差弾力性 η_{ij} は大きな値になることがあります。

　いま，財 i を供給している企業が大きな市場支配力を行使しているとしましょう。これは需要曲線の左上の位置で財 i の市場価格が決まっている状態ですが，第2章の価格弾力性の説明（23ページ）で見たように，財 i の自己価格弾力性 ε_i は高くなります。つまり，企業が市場支配力を行使した結果として，実際には代替性の低い他の財 j との交差価格弾力性が高くなってしまうことがあ

ります。このとき，交差価格弾力性を用いて市場画定を行うと，本来であれば財iとは異なる市場に属している財jを同一市場に含めてしまうことになります。そして，市場範囲が広くなることで財iを供給している企業のマーケットシェアが小さく計算され，結果的に規制当局がこの企業の市場支配力を実際よりも小さく見積もる可能性があります。企業側の立場では，なるべく広い範囲で市場画定された方が，自身の市場支配力を低めに見積もられるため，規制当局の目を逃れられるメリットにもなります。

　企業が大きな市場支配力を発揮していることで，交差価格弾力性による市場画定が誤った判断を招いてしまった「セロファンの誤謬」といわれる有名な事例があります。これは，1956年にセロファンの取引の独占化を理由に，アメリカの規制当局が大手供給元のデュポン社をシャーマン法第2条違反で訴えたものです。規制当局は，「セロファン」が1つの市場であると主張し，デュポン社の市場占有率が75%であることを独占の根拠の1つとしてあげました。一方，デュポン社はセロファンを含む「柔軟性包装材」が1つの市場を構成しているとして，市場占有率は20%以下であると主張しました。アメリカ連邦最高裁判所は，「セロファン」と他の「柔軟性包装材」との交差価格弾力性が高いと認定し，セロファンを含む「柔軟性包装材」を1つの市場とみなし，デュポン社の主張を受け入れる判決を下しました。しかし，セロファンとその他の柔軟性包装材の需要の交差弾力性が高かったのは，デュポン社がセロファン価格を独占価格に引き上げていたことで自己価格弾力性が高かったためであり，現在ではこの判決は誤りであったと考えられています。

▌仮想的独占者テスト▐

　現在，公正取引委員会が市場画定に用いている方法が**仮想的独占者テスト**（hypothetical monopolist test）です。仮想的独占者テストとは，仮想的な独占企業が存在しているとして，その企業が小さいが有意かつ一時的でない値上げ（a Small but Significant Non-transitory Increase in Price：SSNIP：スニップ）を行ったときに，利潤を増やせるような最小の代替財の範囲，あるいは最小の地理的な範囲はどこまでかを確認するというものです。これは，独占企業がある範囲内のすべての財の価格を引き上げた場合に，消費者が範囲外の市場に移ることなく利潤を増やせるのであれば，それら財が密接な代替財となっていることを

意味するので，その範囲を1つの市場とみなそうというものです。一方，財の価格を上げた場合に，消費者が範囲外の財に乗り換えてしまい，独占企業が利潤を増やせないのであれば，想定した範囲外にも代替財が存在することを意味するので，その範囲は市場としては狭すぎるということになります。このような考え方で決められた代替財の範囲や地理的な範囲のことを**関連市場**（relevant market）といいます。なお，仮想的独占者テストはSSNIPテストとも呼ばれます。

　ここでは酒類業を事例に仮想的独占者テストの手順を考えてみましょう。まず，財の最小の単位として，ある財，ここでは「ビールA」が1つの市場を構成していると仮定します。ここでビールAは実際に市販されている商品を念頭に置きます。もし，ビールAを製造販売している企業が，小さいが有意かつ一時的でない値上げ（通常は現在の価格から5〜10%）をした場合に，もし消費者の多くがビールAの購入をやめて別のビールに乗り換えてしまうようであれば，ビールAという単位では市場としては狭すぎることになります。その場合，他のビールを加えて市場を再定義します。ここでは，「ビール全体」を1つの市場と再定義することにします。今度は，実際に市販されているすべてのビールが独占販売されていると仮定し，先ほどと同様に値上げを考えます。もし，ビール全体が値上げされたら，消費者はビール以外の財，たとえば，「発泡酒」や「第3のビール」に乗り換えてしまうのであれば，やはり「ビール全体」でも1つの市場範囲としては狭いことになります。この場合，さらに「発泡酒」や「第3のビール」を加えて市場を再定義します。そして，「ビール，発泡酒，第3のビール」を1つの市場にすると，その範囲内のすべての財を値上げしても消費者は範囲外の財には移動しない，たとえば，「ワイン」や「日本酒」に移る人が少ないのであれば，そこで市場範囲が画定します。このように，どこまでの財を1つの市場に含めると消費者の代替がその範囲の中で完結するのかをもって市場画定します。

　こうした仮想的なテストは，実際には市場データから推計した財の価格弾力性や，企業へのヒアリング調査に基づいて実施されています。また，ここでは財の需要の代替性について市場画定の手順を説明しましたが，地理的な市場画定についても同様です。狭い範囲の地域に独占企業がいることを想定して，そこで値上げをした場合にその地域に住んでいる消費者が，別の地域での購入に

切り替えるかどうかを，地理的な範囲を広げながら考えていけばよいことになります。たとえば，東京都内のある町に住んでいる消費者がその町内で「ビール，発泡酒，第3のビール」が値上がりした場合に，隣町までなら買いに行くが，県をまたいで神奈川県までは買いに行かないのであれば，東京都と神奈川県は地理的には別の市場ということになります。また，供給に関する市場画定については，消費者を供給者に変えて考えることになります。独占企業が値上げした場合に，市場の範囲外から別の企業が参入してくるかどうかで市場画定します。

▌仮想的独占者テストの限界 ▌

なお，仮想的独占者テストによる市場画定にも限界があります。まず，テストを実施する時点ですでに独占企業が存在しており，市場支配力を行使している場合には，仮想的独占者テストは誤った市場範囲を導き出してしまう可能性があります。これは，現在の市場価格が独占企業の利潤を最大化する独占価格であれば，さらなる5%の値上げは必ず利潤の減少をもたらすからです。この場合，仮想的独占者テストでは，市場範囲を本来よりも狭くする方向に画定してしまうことになります。また，近年の多元的な機能を持った財・サービスでは，そもそも関連市場を画定することが困難ということもあります。たとえば，携帯ゲーム機やスマートフォン，タブレットPCは多くの共通する機能を持っていますが，それらをすべて関連市場に含めると市場の範囲が広すぎることになります。地理的範囲でもAmazonや楽天のようなインターネットを通じたオンライン販売を想定すると，適切に市場範囲を画定するのは困難といえるでしょう。

SUMMARY ●まとめ

☐ 1 費用逓減産業において，参入コストが巨額かつサンクコストの割合が大きい場合に，自然独占による弊害を防ぐために政府が参入規制を行うことがあります。

☐ 2 政府が価格規制を行う場合は，事業者がその財・サービスを供給するのにか

かった平均費用と価格が一致するように、価格を決める方法がとられています。また、価格規制には事業者にコスト削減するインセンティブが働くような制度設計が必要です。

□**3** 個々の企業のプライス・コスト・マージンを計測するのは困難であるため、規制当局は市場集中度やハーフィンダール＝ハーシュマン指数を使って市場競争の程度を測っています。

□**4** 財・サービスの関連市場は商品間の代替性に基づいて画定されますが、近年は多機能製品の登場によって適切な範囲を決めるのが困難になっています。また、インターネットでのオンライン通販の普及によって地理的な市場画定も難しくなっています。

EXERCISE ● 練習問題

8-1 本文を読んで以下の空欄①〜⑮に適切な語句を入れて文章を完成させなさい。

1. 平均費用価格規制で用いられている公正報酬率規制とは、その市場で供給される財・サービスの価格を ① に基づいて決める方式である。 ① とは ② に公正報酬率をかけた金額に、事業運営に必要となった ③ を加えたものである。公正報酬率価格規制は安定的かつ実務的に価格を決められるメリットがある一方で、事業者が積極的にコスト削減に取り組もうとせず、最適生産が行われない ④ が発生するデメリットがある。また、事業者には不必要に事業資産を増やそうとするインセンティブが働く。これを ⑤ 効果と呼ぶ。こうしたデメリットを抑えるため、事業者の効率性基準の達成状況に応じて上限価格を設定する ⑥ 規制や、効率的な同業他社とのコスト比較において価格を調整する ⑦ 規制が併用される。

2. 企業4社が参入している市場1において、各社のマーケットシェアがそれぞれ30％、30％、20％、20％であるとき、この市場の3社集中度は ⑧ と計算される。また、HHIは ⑨ である。一方、企業3社が参入している市場2において、各社のマーケットシェアがそれぞれ60％、20％、20％であるとき、3社集中度は ⑩ 、HHIは ⑪ となる。この場合、市場1は市場2に比べて寡占度は ⑫ と判断される。

3. 市場画定で用いられている仮想的独占者テストとは、ある財・サービスの範囲において仮想的な独占企業を想定して、その企業が ⑬ 値上げを行ったときに、利潤を増やせるかどうかで ⑭ の範囲を決める方法

である。この値上げによって範囲外の商品への代替が起こり，独占企業が利潤を増やせないようであれば，その範囲は ⑭ としては ⑮ と判断される。

第**9**章

企業結合と競争政策

企業はなぜ合併するのか？

共同出資して新会社を設立するソフトバンクとトヨタ（写真提供：EPA＝時事）

INTRODUCTION

　企業を取り巻く市場環境や経済状況は日々変化しています。近年は少子高齢化によって内需が減少する一方で，原材料費や人件費など生産コストが上昇しています。また，グローバル化に伴う国際的な競争圧力も高まっています。こうした変化の中で合併や買収を通じた経営統合を行う企業が少なくありません。テレビや新聞記事などで有名企業の合併のニュースを見たことがある人も多いのではないでしょうか？　この章ではなぜ合併や買収が起こるのか，その目的は何なのか，企業側にとっての経済的なインセンティブを明らかにします。また，企業結合が市場での取引価格や供給量に与える影響を分析し，社会的厚生の観点から望ましくない企業結合を制限するための競争政策を取り上げます。

1 企業結合と合併

合併とは

　2社以上の企業が1つに統合することを**合併**（merger）といいます。狭義の意味での合併は企業同士が契約を結んで統合することを指しますが，法的には合併企業のうちの1社が存続会社として残り，それ以外の企業は消滅する吸収合併と，全企業がいったん解散して新たな企業を設立する新設合併に分けることができます。また，近年では緩い形での経営統合を目的に，新たに持株会社を設立して既存企業をその傘下に入れることで合併するケースもあります。

　合併以外に企業が統合する方法として，ある企業が他の企業の株式を**買収**（acquisition）することがあります。企業買収では買収側の企業が，被買収企業の株式の過半数を手にすることで議決権を押さえることになります。法的には買収企業と被買収企業は別会社として残ることになりますが，一方が他方の支配下に入るという意味では意思決定の主体は単一企業とみなせます。合併と買収は両者の英語の頭文字をつなげて**M&A**と称されます。企業結合は他にも，企業の保有する資産や従業員を別企業に譲渡する**事業譲渡**（business transfer）によって行われる場合もあります。この章では狭義の合併，買収，および事業譲渡による事業統合を合わせて合併と呼ぶことにします。なお，企業間の関係性を強めるために他企業の株式を取得・保有する**資本参加**（capital participation）や，企業がお互いに株式を持ち合う**資本提携**（capital alliance）が行われることがありますが，これらは広義の意味の合併に含めることがあります。

合併急増の背景

　図9.1は国内の合併件数の推移を表したものです。1990年中頃まで年間500件前後で推移していた合併件数ですが，それ以降に急増していることがわかります。とくに2000年代に入ると毎年1000件を超える合併が行われており，世界的な金融危機のあった2007年から数年間はいったん落ち込んだものの，近年は再び増加傾向にあります。また，狭義の合併が合併全体に占める割合はわ

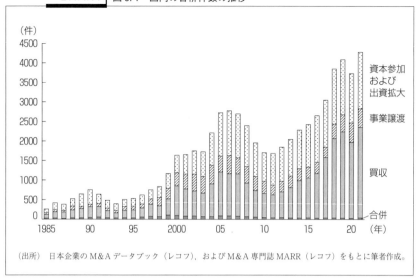

CHART 図9.1 国内の合併件数の推移

（件）

資本参加
および
出資拡大

事業譲渡

買収

合併

1985　90　95　2000　05　10　15　20（年）

（出所）日本企業のM&Aデータブック（レコフ），およびM&A専門誌MARR（レコフ）をもとに筆者作成。

ずかで，大半は買収や事業譲渡による合併となっています。

　このように合併件数が大幅に増加した背景には，企業を取り巻く市場環境や経済状況が変化したことの他に，独占禁止法や商法などの法改正の影響が大きいと考えられます。1997年に行われた独占禁止法の改正では，それまで禁止されていた**純粋持株会社**（pure holding company）の設立による合併が解禁されました。純粋持株会社とは，自身は製造や営業などの事業を行わず，他企業の株式を保有してその事業活動を支配することを目的とする企業です。近年，○○ホールディングス（HD）という名称の企業を目にする機会が多いですが，これらは傘下のグループ企業を統括する持株会社です。また商法についても1997年の改正で合併に必要な手続が簡素化されたほか，99年には株式交換制度が導入されました。株式交換制度とは企業同士がお互いの株式を交換して合併する制度のことで，以前のように買収企業が被買収企業の株式購入に多額の資金を用意する必要がなくなったため，合併の資金面でのハードルが格段に低くなりました。さらに2007年の会社法改正では三角合併が解禁され，存続する側の企業の親会社と消滅する側の企業が株式交換することで合併が可能となりました。これは主に外国企業Aが国内の子会社aを存続会社として残し，別の企業Bを買収する際に用いられる合併方法です。こうした制度改革が進

んだことで合併を通じた企業の事業再編が活発になったといえるでしょう。

合併の分類

　合併はその形態によって，大まかに①**水平型合併**（horizontal merger），②**垂直型合併**（vertical merger），③**コングロマリット型合併**（conglomerate merger）の３種類に分類することができます。

①　水平型合併

　まず，水平型合併ですが，これは同一の市場で直接競合している企業同士が合併するケースです。同一の市場とは企業の提供する財やサービスが似通っているというだけでなく，販売地域が競合していることも意味します。したがって，たとえば全国展開しているコンビニ・チェーン２社が合併する場合には水平型合併といいますが，四国地方を販売エリアにしているドラッグストアが九州地方を販売エリアにしているドラッグストアと合併するような場合には水平型合併とはいいません。表9.1に2000年代以降の国内企業が関わった主な水平型合併をあげています。航空，電機・半導体，情報・通信，医薬品，百貨店・鉄道，金融，保険，コンビニエンス・ストア，鉄鋼，エネルギーなどさまざまな産業分野で大企業が合併していることがわかります。

②　垂直型合併

　次に垂直型合併ですが，これは同じ産業内で垂直的な取引関係にある企業同士が合併するケースです。財やサービスが最終的な消費者に届くまでには，原材料生産⇒部品製造⇒製品製造⇒卸売販売⇒小売販売という加工・販売のプロセスを経ることが多いですが，これら各段階で売り手となる企業と買い手となる企業で取引があります。たとえば，自動車産業では，まず部品メーカーが原材料サプライヤーから鉄鋼，プラスティック，ゴムなどを購入して自動車部品を製造します。次に完成した部品を自動車メーカーが購入して自動車を組み立てます。さらに，完成した自動車はディーラーに卸されて，最終的に消費者はディーラーから自動車を購入することになります。こうした取引関係を川の流れにたとえると，各段階での売り手側の企業のことを川上企業，買い手側の企業のことを川下企業と呼ぶことができます。垂直型合併は川上企業と川下企業が合併することを指し，自動車産業の例では部品メーカーと自動車メーカーが統合するような場合が該当します。

産業分野	年度	事例
航空	2002	日本航空と日本エアシステムが合併
電機・半導体	2009	パナソニックが三洋電機を買収
	2010	NEC エレクトロニクスとルネサステクノロジが経営統合しルネサスエレクトロニクスを設立
	2016	鴻海精密工業（台湾）がシャープを買収
情報・通信	2001	KDD，DDI，IDO が合併して KDDI を設立
	2002	ボーダフォンが日本テレコムを買収
	2006	ソフトバンクグループが日本テレコムおよびボーダフォンを買収
	2021	Z HD（旧ヤフー）と LINE が経営統合して A HD を設立
医薬品	2001	ロシュ（スイス）が中外製薬を買収
	2005	山之内製薬と藤沢薬品工業が経営統合してアステラス製薬を設立
	2005	三共と第一製薬が経営統合して第一三共ヘルスケアを設立
	2019	武田薬品工業がシャイアー（アイルランド）を買収
百貨店・鉄道	2006	阪急 HD が阪神電気鉄道を買収
	2007	大丸と松坂屋が経営統合して J. フロントリテイリングを設立
	2008	三越と伊勢丹が経営統合して三越伊勢丹 HD を設立
金融	2000	第一勧業銀行，日本興業銀行，富士銀行が合併してみずほ HD（現みずほフィナンシャル・グループ）を設立
	2001	住友銀行がさくら銀行を吸収合併して三井住友銀行を設立
	2005	三菱東京フィナンシャル・グループと UFJ HD が合併して三菱 UFJ フィナンシャル・グループを設立
保険	2010	日本興亜損害保険と損害保険ジャパンが経営統合して NKSJ HD を設立
	2010	あいおい損害保険とニッセイ同和損害保険が経営統合して三井住友海上グループ HD 傘下に加わる
コンビニエンス・ストア	2001	ユニーグループ HD がサンクスアンドアソシエイツを買収
	2016	ファミリーマートがユニーグループ HD を吸収合併してユニー・ファミリーマート HD を設立
鉄鋼	2002	日本鋼管と川崎製鉄が合併して JFE HD を設立
	2012	新日本製鉄が住友金属工業を吸収合併して新日鉄住金を設立
	2012	日新製鋼と日本金属工業が経営統合し日新製鋼 HD を設立
	2019	新日鉄住金が日新製鋼を買収
エネルギー	2010	新日本石油と新日鉱 HD が合併して JX HD を設立
	2013	中部電力がダイヤモンドパワーを買収
	2017	JX HD が東燃ゼネラル石油を吸収合併して JXTG HD を設立
	2019	出光興産が昭和シェル石油を吸収合併

（出所）　各社ホームページの沿革より筆者作成。

③ コングロマリット型合併

　コングロマリット型合併は水平型と垂直型のいずれにも該当しない合併で，企業が新規事業に進出する際に行われる合併のことです。コングロマリット型合併は混合型合併とも呼ばれ，事業拡大の仕方によって，さらに**商品拡大型合併**（product extension merger），**市場拡大型合併**（market extension merger），**純粋コングロマリット型合併**（pure conglomerate merger）に分類することができます。

　まず，商品拡大型合併とは，提供する財・サービスが直接競合していないものの生産技術や流通経路などの面で関連性のある企業同士が合併することを指します。たとえば，子供服メーカーが紳士服メーカーと合併するようなケースが考えられます。つまり，合併によって商品ラインナップの拡充が行われるのが商品拡大型合併です。次に市場拡大型合併ですが，これはお互いに異なる地域で販売を行っている同業企業が合併するケースです。先ほどの，九州地方と四国地方で販売を行っているドラッグストアが合併するようなケースがこれに該当します。そして，純粋コングロマリット型合併は商品拡大型と市場拡大型のどちらでもない合併で，まったく関連性のない事業者同士が合併するケースです。

　以上の分類ですが，さまざまな分野に事業展開している大企業が合併するケースも多く，特定の形態だけに分類できない事例も多いです。2015〜20 年度に公正取引委員会に届出のあった企業結合の総数は 1817 件でしたが，これらの多くが複数の形態に分類されており，形態別の延べ数では 2607 件と届出件数を大きく上回っています。内訳で見ると水平型 1118 件（42.9%），垂直型 707 件（27.1%），コングロマリット型 782 件（30%）となっており，全体に占める割合では水平型合併が最も多くなっています。また，近年は純粋持株会社が解禁されたことで多角経営を目指したコングロマリット型合併が行われるケースも増えています。

合併の目的

　毎年多くの合併が行われていますが，そもそも企業はなぜ合併するのでしょうか？　企業が合併する目的には主なものとして，①市場支配力の増大，②効

率性の改善，③倒産リスクの低下があげられます。以下ではこれら合併がもたらす効果について考えてみましょう。

① 市場支配力の増大

まず，市場支配力の増大ですが，これは合併によって市場への参入企業が減少すると競争圧力が低下するため，合併企業の市場支配力が高まることを意味しています。同質的な財市場で水平型合併が行われる場合は，合併企業はそれまで各企業が供給していた量の総和よりも供給量を減らすことで市場価格を引き上げることができます（同質財のクールノー競争では企業数が減少すると市場価格が高くなることを思い出しましょう）。また，差別財市場で競合している企業2社が合併する場合であっても，合併企業は商品価格をつり上げることができます。これは，それまで一方の企業が販売していた商品を値上げしたとしても消費者の多くはもう一方の企業が販売していた代替商品に切り替えるため，合併企業は全体の需要を囲い込むことができるからです。このような合併を通じて企業が単独で価格引き上げが可能となる効果のことを合併の**単独効果**（unilateral effects）といいます。

また，合併には価格カルテル等の協調的行動をとりやすくする副次的な効果もあると考えられます。これは，企業数が少なければ企業間での合意形成が図りやすくなるとともにカルテル破りの発見も容易になるからです。このような効果のことを合併の**協調効果**（coordinated effects）といいます。

② 効率性の改善

次に合併による効率性の改善ですが，合併企業が資源配分の見直しを図ったり，財務・経理部門を一元化したりすることで，経営合理化が進みコストが低下することが考えられます。また，それぞれの企業が持っている情報や技術を共有することで生産技術が高まったり，研究開発が促進されたりする可能性もあります。こうした相乗的に効率性が高まることを**シナジー効果**（synergistic effects）といい，企業が合併する主要な目的の1つにあげられます。

シナジー効果が起こる要因にはいろいろなものが考えられますが，たとえば規模の経済が働くような市場で水平型合併が行われると，生産性が高まる可能性が考えられます。これは合併によって固定費が一元化され，生産規模の拡大とともに平均費用が下がるためです。また，異なる商品を生産している企業同士であっても，これらが合併してまとめて生産した方が全体としてコストが下

がることがあります。たとえば，製造業であれば異なる商品であっても同じ生産設備が利用できたり，管理費の一部を共通化したりすることで，生産コストが抑えられることがあります。このような現象のことを**範囲の経済**（economies of scope）といいますが，垂直型合併や商品拡大型合併では範囲の経済による生産性の改善が期待できます。

　さらに垂直型合併は設備投資を円滑に進めるために行われることがあります。垂直的な取引関係では川上企業が川下企業に原材料や部品などの中間財を卸売するわけですが，その中間財の開発・製造に巨額の設備投資が必要になることがあります。たとえば，自動車産業では，部品メーカーが特定の自動車メーカーのためだけに専用部品を開発・製造することがありますが，その際に特殊な機械や専用装置が必要になることが少なくありません。このような特定相手との取引関係だけに必要となる投資のことを**関係特殊投資**（relation-specific investment）といいます。関係特殊投資はいったん行われてしまうと，その性質上，他の目的に転用できないため，企業は特定相手との取引関係から利益を上げざるをえません。したがって，もしなんらかの理由でその取引関係が継続できなくなってしまえば，投資コストを回収できずに大きな赤字を抱えてしまうことになります。こうした状況のことを**ホールドアップ問題**（hold-up problem）といい，企業は将来的な取引リスクを恐れて本来必要な投資を行わず，効率的な生産が行われない可能性があります。このためホールドアップ問題を回避する目的で，川下企業が川上企業を統合して設備投資を進めるということがあります。

　なお，経営効率の改善によって企業の業績が向上すれば，それを反映して株式市場での企業株価も上昇します。近年は株価上昇によるキャピタル・ゲインを得ることを目的にアクティビスト（物言う株主として積極的に経営権を行使する投資家）による企業買収も多くなっています。

③　倒産リスクの低下

　最後に合併による倒産リスクの低下ですが，これは事業規模が大きくなるほど企業が倒産しにくくなることと関係しています。倒産を避けるために合併が行われた有名な事例としては，1990 年代末期から 2000 年代にかけて行われた大手都市銀行や地方銀行など金融機関の合併があげられます。バブル崩壊によって顕在化した不良債権問題を円滑に処理するため，1996 年から大規模な金融制度改革（いわゆる金融ビッグバン）が行われましたが，これによって護送船

団方式による金融機関の保護政策が終わりを告げました。金融業にも市場原理の導入が進められた結果，経営破綻を避けるため金融機関の合併が相次ぎました。なお，倒産リスクに関連して，業績不振となった企業や経営破綻した企業を救済する目的で合併が行われることもあります。金融業での護送船団方式が機能していた時代には，大蔵省（現在の財務省）の指導のもとで経営危機に直面した銀行を他銀行が救済合併するのが慣習となっていました。

　以上で説明した合併の目的のうち競争政策で問題とされるのは，①市場支配力の増大に関するものです。合併を通じて企業の市場支配力が増大すると，カルテルと同様の競争制限効果によって市場価格が上昇して消費者余剰が減少します。また，死荷重の増加によって市場の効率性も失われてしまいます。一方で合併には前述した効率性改善や倒産リスクの減少といった社会的にも望ましい側面もあります。したがって，競争政策を運用するうえでは，対象となる合併案件が社会的に望ましいものなのか，あるいはそうではないのかを評価する必要があります。次節では同質財市場での水平型合併にフォーカスを当てて，合併が企業利潤と余剰に与える影響を考えます。また，競争政策における結合規制と審査基準については第3節で扱うことにします。

水平型合併の収益性と市場の効率性

▎水平型合併が企業の利潤に与える影響▎

　これまで企業にとっての合併のメリットをいくつか考えてきましたが，理論的にも合併によるメリットはあるといえるのでしょうか？　ここでは同質財のクールノー競争にある企業同士が水平型合併した場合の利潤について考えてみましょう。まずは合併による競争圧力の減退が企業利潤に与える影響だけを考えるために，合併のシナジー効果や規模の経済による生産性の向上は無視できるとします。つまり，合併企業は供給量の決定において単一企業として行動するものの，費用曲線は合併前の企業となんら変わらないとします。

　これまでと同様に，ある同質財市場の需要曲線が $p = a - bQ$ で与えられ，n

社の企業が参入している状況を考えてみましょう。また，各社の限界費用は同一で定数 c であるとします。このとき，この市場に参入している企業 1 社当たりの利潤は，第 5 章の表 5.1（102 ページ）より以下で与えられます。

$$\pi(n) = \frac{bS^2}{(n+1)^2} \tag{9.1}$$

それでは市場に参入している企業 n 社のうちの k 社（$2 \leq k \leq n$）が合併する場合を考えてみましょう。合併後には市場に参入している企業数は $n-k+1$ となるので，1 社当たりの利潤は以下になります。

$$\pi(n-k+1) = \frac{bS^2}{(n-k+2)^2} \tag{9.2}$$

したがって，合併した k 社の総利潤が合併前よりも大きくなるための条件は以下で表せることになります。

$$
\begin{aligned}
& k\pi(n) < \pi(n-k+1) \\
\Leftrightarrow\ & \frac{kbS^2}{(n+1)^2} < \frac{bS^2}{(n-k+2)^2} \\
\Leftrightarrow\ & (k-1)\{-k^2+(2n+3)k-(n+1)^2\} > 0
\end{aligned}
\tag{9.3}
$$

$k \geq 2$ なので，この条件を満たすのは $-k^2+(2n+3)k-(n+1)^2 > 0$ のときですが，これを書き換えると

$$\frac{k}{n} > \frac{1}{2n}(2n+3-\sqrt{4n+5}) \tag{9.4}$$

であることがわかります。

　ここでたとえば，$n=3$ とすると $k > 2.438$ となり，これを満たす自然数 k（$\leq n$）は 3 だけです。これは市場に 3 社が参入している場合，合併によって利潤が増加するのは 3 社すべてが合併するときだけであることを意味しています。また，ここでは計算を省略しますが，式（9.4）の右辺は $n=5$ のときに最小値 0.8 になります。つまり，一般的に任意の n 社のうち k 社が合併するときには，少なくとも市場に参入している 8 割以上の企業が合併しなければ利潤は増加しないことになります。これは，市場支配力を高めることだけを目的に水平型合併を行おうとしても，市場に参入している企業の大半が合併に参加しなければメリットがないことを示唆しています。

なお，ここでの結果は第6章で考えた企業がカルテルに参加するメリットと同様の状況になっています。合併による効率性の改善がないのであれば，合併に参加するよりも合併に参加しない方が利潤は高くなります。これは合併した企業だけでなく合併しなかった企業であっても，市場から競合企業が減ることで価格上昇の恩恵を受けられるからです。

▌シナジー効果による効率性の改善

　それでは，合併によって企業の効率性が改善して生産性が高まる場合はどうでしょうか？　結論から先に述べると合併によって企業の生産性が向上する場合には，少数企業の水平型合併であっても利潤が増加する可能性があります。先ほどの同質財市場の例において，参入企業 n 社のうちの k 社が合併する際に，シナジー効果によって合併企業の限界費用が c から $c-x$ に減少する場合（$x>0$）を考えてみましょう。需要曲線が $p=a-bQ$ で与えられる市場では，切片 a が大きくなるほど需要が大きくなるため，それから限界費用を引いた $a-c$ は市場規模を表しています。このとき，合併による限界費用の減少幅 x を市場規模 $a-c$ で割った生産性の改善率を表す指標 $\phi = x/(a-c)$ が，以下で与えられる $\phi_p(n, k)$ より大きければ合併企業の利潤は増加することが知られています。

$$\phi_p(n, k) = \frac{\sqrt{k}(n-k+2) - (n+1)}{(n+1)(n-k+1)} \tag{9.5}$$

この $\phi_p(n, k)$ は合併企業の利潤が増加するのに必要な最低限の生産性の改善を表しています。生産性の改善が $\phi_p(n, k)$ に満たないような水平型合併では企業利潤は増加しないことになります。なお，$\phi_p(n, k)$ は合併に加わる企業の合併前後の利潤を比較することで導出することができます。ここでは省略しますが，証明に興味ある方はウェブサポートページの解説を参照してください。

　$\phi_p(n, k)$ の値は n と k によって変わりますが，たとえば，合併企業数が $k=2$ の場合は，$n=3$ のときに 3% 程度，$n=6$ のときに 4.2% 程度になります。また，図 9.2 に実線で描かれた曲線は，参入企業数を $n=8$ に固定して $\phi_p(8, k)$ を k の関数としてプロットしたものです。この曲線から，市場に参入している企業8社のうち合併に加わるのが6社以下だと生産性の改善が必要ですが，7社以上になると生産性の改善がまったくなくても合併企業の利潤は増加することがわかります。

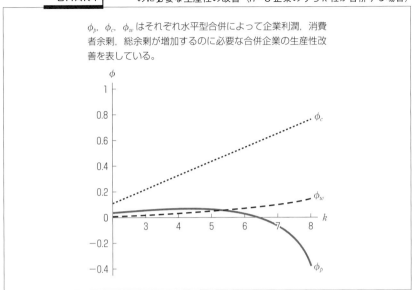

図 9.2　水平型合併において企業利潤，消費者余剰，総余剰が増加する
のに必要な生産性の改善（$n=8$ 企業のうち k 社が合併する場合）

CHART

ϕ_p, ϕ_c, ϕ_w はそれぞれ水平型合併によって企業利潤，消費者余剰，総余剰が増加するのに必要な合併企業の生産性改善を表している。

なお，ここではシナジー効果によって合併企業の生産性が向上する状況を考えましたが，生産規模の増加によって平均費用が低下するような規模の経済が働く状況においても合併企業の利潤が増加する場合があることが知られています。

水平型合併の余剰への影響

　次に水平型合併が余剰に与える影響について考えてみましょう。まずは説明を簡単にするために，同質財の複占市場でクールノー競争していた企業 2 社が合併して独占企業になる状況を考えます。ただし，シナジー効果によって生産性が向上し，合併企業の限界費用は c_1 から c_2 に低下するものとします（$c_2 < c_1$）。

　合併によって競争圧力がなくなった結果，合併企業は以前よりも大きい市場支配力を行使できるようになります。この場合，合併企業は供給量を絞ることで市場価格をつり上げることができます。図 9.3 はこの状況を表したものですが，市場全体の供給量はクールノー競争のときの Q^c から Q^m に減少し，市場価格は p^c から独占価格 p^m に上昇しています。このとき，消費者余剰は価格上

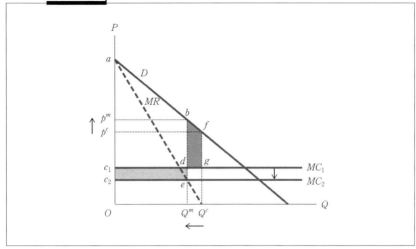

昇によって△ap^cfから△ap^mbへと減少します。一方で，生産者余剰は価格上昇と費用低下によって□p^cc_1gfから□p^mc_2ebへと増加しています。したがって，合併によって全体として総余剰が増加するのか，あるいは減少するのかは消費者余剰と生産者余剰の変化量に依存することになります。図9.3では，□$bdgf$は価格上昇と供給量減少による総余剰の減少分，□c_1c_2edは生産性の向上による総余剰の増加分を表しており，この大小関係によって総余剰の増減が決まります。このような市場支配力の増大による価格上昇による影響と，生産性改善による費用低下の影響のトレードオフ関係のことを水平型合併における**ウィリアムソンのトレードオフ**（Williamson trade-off）といいます。

　なお，図9.3では合併によって市場価格が上昇することを想定していますが，実際の価格への影響は市場支配力の増大の効果と生産性改善の効果の大小関係に依存し，常に価格が上がるとは限りません。もし，生産性の改善が大きく，価格上昇が起こらずに供給量が増えるのであれば，消費者余剰は合併前よりも増加することになります。図9.2の点線で表したϕ_cは，市場への参入企業が$n=8$社の場合に，そのうちのk社が合併したときに市場価格が変化しないために必要な生産性の改善を表しています。もし，$\phi > \phi_c$であれば合併によって市場価格は下がり，消費者余剰は増加することになります。逆に$\phi < \phi_c$であれば合併によって市場価格は上がり，消費者余剰は減少します。

合併による生産性の改善が総余剰に与える影響については，図9.2の破線で表した ϕ_w が対応しています。この ϕ_w よりも生産性の改善 ϕ が大きければ総余剰は増加します。ここで注意すべき点は，消費者余剰が減少しないために必要な生産性の改善 ϕ_c は，総余剰が減少しないための ϕ_w よりも大きいということです。これは言い換えると，生産性の改善によって消費者余剰が増加するような合併は常に総余剰を増加させますが，消費者余剰が減少するような合併であっても総余剰は増加することがあるということです。また，合併企業の利潤が増加するのに必要な生産性の改善 ϕ_p は，合併企業数が少ない場合（図9.2では $k=5$ 以下）には ϕ_w よりも大きくなりますが，合併企業数が多い場合（$k=6$ 以上）には ϕ_w よりも小さくなっています。これは，市場集中度への影響が少ない合併であれば合併企業の利潤増加は常に総余剰を増加させるのに対して，市場集中度が大きく高まるような合併では合併企業の利潤増加は必ずしも総余剰を増加させるとは限らないことを意味しています。なお，ここでは ϕ_c と ϕ_w の導出方法は省略していますが，詳細はウェブサポートページの補論を参照してください。

 ## 競争政策における企業結合の扱い

▌公正取引委員会による合併審査▐

　前節で見たように，水平型合併が市場価格や消費者余剰に与える影響は，市場支配力の増大による価格上昇と，効率性の改善による価格低下のどちらの効果が大きいのかに依存します。また，たとえ価格が上昇するにしても，消費者余剰の減少分を埋め合わせるだけの生産者余剰の増加があれば，総余剰の観点ではその合併は社会的に望ましいといえます。しかし，日本を含む先進諸国で運用されている競争政策では，価格上昇とそれに伴う消費者余剰の減少をより問題視して，合併企業の利潤は重視されない傾向にあります。以下では日本の競争政策における企業の結合規制について説明します。

　日本の独占禁止法第15条では，一定の取引分野での競争を実質的に制限する合併を禁止しています。ここで競争を実質的に制限する合併とは，合併によ

って当該企業の市場支配力が無視できないほど増大する合併のことを指します。このため，資産規模が一定水準を超える企業が合併を行う場合には公正取引委員会に事前届出を行わなくてはなりません。具体的な事前届出の対象となるのは国内売上高が 200 億円を超える企業が，別の国内売上高 50 億円を超える企業と合併する場合です。

公正取引委員会は申請のあった合併案件に対して競争政策上の問題がないかを審査します。そして，当該合併によって市場競争が著しく減退すると判断した場合には，その合併に禁止命令を勧告します。また，公正取引委員会は当事会社に対して同業の第三者への事業譲渡，資産売却，技術支援などを提示し，それらを満たすことを条件に合併を許可する場合もあります。こうした措置のことを**競争回復措置**（merger remedies）といい，特定企業が合併を通じて過度の市場支配力を持たないように制限しています。

▌合併ガイドライン▐

公正取引委員会の合併審査では，アメリカや EU の競争当局が公表している合併ガイドラインをもとに作成された**セーフハーバー基準**（safe harbor standards）が用いられています。セーフハーバー基準とは，合併による市場支配力の増加が競争制限や競争排除につながる可能性を考慮して決められた基準のことで，当事会社がこの基準を満たしている場合には合併規制の対象にはなりません。表 9.2 は現在の日本で用いられているセーフハーバー基準を表しています。

セーフハーバー基準では一定の取引分野における当事会社の市場支配力をハーフィンダール＝ハーシュマン指数（HHI）で測ったうえで，その大きさの程度と合併前後の変化幅によって競争が減退する可能性があるかどうかを判断しています。ここで一定の取引分野とは企業の提供する財・サービスが市場支配力を持つと考えられる市場範囲のことで，第 8 章で学んだ関連市場を指しています。また，関連市場の決定には需要と供給の代替性を考慮した仮想的独占者テスト（SSNIP テスト）が用いられています。

合併を検討している企業がセーフハーバー基準を満たしていれば，実質的な競争制限はないものと判断されます。一方，セーフハーバー基準を満たさない案件については，その合併が市場支配力に与える影響を単独効果と協調効果に

CHART 表 9.2　合併審査におけるセーフハーバー基準	
水平型合併	以下の 3 つのいずれかが該当する場合には結合規制の対象とならない。 ① 企業結合後の HHI が 1500 以下である場合 ② 企業結合後の HHI が 1500 超 2500 以下であって，かつ HHI の増分が 250 以下である場合 ③ 企業結合後の HHI が 2500 を超え，かつ HHI の増分が 150 以下である場合
垂直型，および コングロマリット型 合併	以下の 2 つのいずれかが該当する場合には結合規制の対象とならない。 ① 当事会社が関係するすべての一定の取引分野において，企業結合後の当事会社グループのマーケットシェアが 10% 以下である場合 ② 当事会社が関係するすべての一定の取引分野において，企業結合後の HHI が 2500 以下の場合であって，企業結合後の当事会社グループのマーケットシェアが 25% 以下である場合

分けて詳細に審査されることになります。この審査では合併による当事会社のマーケットシェアの変化，競合企業の状況，輸入圧力の有無，将来的な新規参入の可能性などを考慮して判断されます。

　なお，セーフハーバー基準による審査では，第 2 節で見たようなシナジー効果による効率性改善や第 1 節で見たようなホールドアップ問題の回避といった合併のメリットはあまり重視されていません。これは現状の競争政策は消費者にとって合併が望ましいかどうかを重視しているため，ウィリアムソンのトレードオフで考慮した生産者余剰を含めた総余剰による合併評価とは必ずしも一致していない状況です。

合併評価の難しさ

　Column ❿では，公正取引委員会による合併審査の事例として 1970 年に行われた八幡製鉄と富士製鉄の合併を取り上げています。古い事例ですが，当時の世論を巻き込んで賛否が問われるなど大きな注目を集めた合併です。また，競争政策上の合併評価のあり方に一石を投じた事例でもあります。

　八幡・富士に対する合併審査は，企業合併が市場に及ぼす影響の評価がいかに難しいかを考える事例といえるでしょう。両者の合併審査では，合併のシナジー効果がもたらす企業の生産性向上と，競争減退による市場価格への影響のどちらが上回るのかが争点になりました。企業側が主張したように合併によっ

て生産性が向上して生産者余剰が大きく増加するのであれば，たとえ価格上昇による消費者余剰の減少があっても総余剰は増加することになります。一方，経済学者グループが主張したように市場支配力の上昇による競争制限効果が大きいのであれば，消費者余剰の減少と死荷重の増加が生産者余剰の増加を上回ることになります。

　合併評価ではこうした余剰への影響について定量分析が欠かせません。しかし，分析に利用可能なデータには制約がある場合がほとんどです。というのも価格や取引量といった市場レベルのデータは観測しやすいのに対して，生産コストやシナジー効果といった企業データは外部からは観測できないからです。このため，近年の産業組織の実証研究では限られたデータから企業合併などを評価するための構造推定と呼ばれる分析手法が開発されつつあります。

Column ⓾　八幡・富士製鉄の合併審査

　八幡製鉄と富士製鉄は，戦後に国策会社の日本製鉄が解体されてできた企業で 1960 年代の鉄鋼産業をリードするトップ 2 社でした。1970 年にこれら 2 社が再統合することで，当時の US スチールにつぐ世界第 2 位の粗鋼生産量を誇る製鉄企業（新日本製鉄）が誕生しました。しかし，この合併は公正取引委員会から排除勧告が出され，それを不服として審判手続が争われるなど，実現に至るまでに 2 年近くの時間を要しています。日本の企業合併史においても同意審決（排除勧告を不服として公正取引委員会と審判を争う企業が，独占禁止法違反を認めて勧告を受け入れる手続）を経て合併承認に至った数少ない事例の 1 つです。以下では，合併審査の経緯を説明します。

　鉄鋼産業は，①製銑工程（鉄鉱石から鋼材の原料となる銑鉄を作る工程），②製鋼工程（銑鉄や屑鉄から金属精錬炉を用いて粗鋼を精錬する工程），③圧延工程（粗鋼を用途別に圧延加工する工程）の 3 つからなりますが，これら工程をすべて自社内で行う企業のことを銑鋼一貫メーカーと呼びます。当時の銑鋼一貫メーカーには八幡製鉄，富士製鉄のほか，日本鋼管，川崎製鉄，神戸製鋼所，住友金属工業などがあり，1960 年代の鉄鋼産業は上記の 6 社が国内生産量の 7〜8 割を占める寡占市場でした。その中でもとくに八幡製鉄と富士製鉄の生産量は両者合わせて市場の 40 ％ 程度を占めており，第 3 位の日本鋼管と比べても 1.5 倍以上と大きな差がありました。

　1968 年 4 月に八幡・富士の両社は合併することを公表しました。この背景

には当時，IMF や GATT に加盟した日本が国策として推し進めようとしていた自由貿易があります。関税撤廃や為替取引の自由化が進むことで，それまで規制で保護されていた国内企業は海外企業との国際競争にさらされる懸念が高まっていました。このため，戦後の日本経済を支えてきた鉄鋼産業では，大手2社が合併して事業規模を拡大することで海外資本に対抗しようとしたわけです。

　合併公表後，八幡・富士両社から事前相談を受けた公正取引委員会は合併に関する事前審査を開始しました。そして翌年2月には当該合併が独占禁止法に抵触する可能性があり，とくに2社が高い市場シェアを持つ鉄道用レール，食かん用ブリキ，および鋳物用銑については，実質的に競争を制限するおそれがあることを指摘しました。これに対して，両社は1969年3月に公正取引委員会に合併届出書を提出するとともに指摘された問題点の改善策を提示しました。しかし，公正取引委員会は対応策による問題解決は不可能と判断し，事件として審査手続を開始しました。そして，1969年5月に公正取引委員会は両社に対して合併しないことを命ずる勧告を出しました。

　この勧告に両社が応じなかったため，合併の可否をめぐって審判手続が開始されました。審判手続は1969年6月から10月にかけて計13回開催されていますが，八幡・富士の合併をめぐる当時の世論は賛成意見と反対意見が真っ向から対立しました。企業など財界側の主張は，八幡・富士の合併は生産性や技術力を大きく向上させる可能性があり日本経済にとってもプラスである，というものでしたが，他方で近代経済学者を中心とするグループは，当該合併によって市場競争が実質的に制限されることになり，経済発展が阻害されることを主張しました。最終的に1969年10月に八幡・富士両社は具体的な改善措置（競争回復措置）として，競争を制限するおそれのある鉄道用レール，食かん用ブリキ，鋳物用銑，および鋼矢板の4取引分野において，日本鋼管や神戸製鋼などに設備譲渡，株式譲渡，および技術提供することを条件にあげ，同意審決申立書を提出しました。そして，公正取引委員会がこれを適当と認めて合併を承認したため，1970年3月31日に両社は合併して新日本製鉄が誕生しました。

SUMMARY ●まとめ

☐ 1 近年は市場環境の変化や独占禁止法や商法などの法改正を背景に，合併件数

が増加傾向にあります。合併の主な目的には市場支配力の増大，効率性の改善，倒産リスクの低下があげられます。

□**2** 企業が市場支配力の増大を目的に水平型合併する場合，効率性の向上による生産コストの低下がなければ，市場に参入している企業の大半が合併しないかぎり利潤の増加は望めません。一方，合併による効率性の改善がある場合には，少数企業の合併にメリットがある可能性があります。

□**3** 独占禁止法では，一定の取引分野での競争を実質的に制限する合併を禁止しています。資産規模が一定水準を超える企業が合併を行う場合には，事前に公正取引委員会に届け出て審査を受けなくてはなりません。

EXERCISE ● 練習問題

9-1 本文を読んで以下の空欄①～⑨に適切な語句を入れて文章を完成させなさい。

1. 企業が合併するメリットとして，経営の合理化や技術情報の共有などによって生産性が高まる ① 効果があげられる。水平型合併では生産規模の拡大によって規模の経済が働き，平均費用が下がる可能性が考えられる。垂直型合併でも，個別の商品を別々の企業が生産するよりも1社がまとめて生産した方が，生産設備の共有や管理費の共通化などによって平均費用が下がる ② が働くことがある。また，垂直的な取引関係にある企業が ③ 問題を避けて専用設備への ④ 投資を行わない場合に，設備投資を円滑に進める目的で企業買収が行われることがある。

2. 水平型合併が社会的厚生に及ぼす影響には，企業の市場支配力の増大による消費者余剰の減少と，合併企業の生産性の向上による生産者余剰の増加が同時に起こる ⑤ が存在する。公正取引委員会による合併審査では，合併が市場支配力の増大に与える影響について ⑥ 基準を用いた審査が行われており，生産者余剰への影響はあまり考慮されていない。この基準では，審査対象となる企業の水平型合併後の ⑦ とその増分が一定範囲にある案件については規制対象としない。また，基準を満たさない案件については，当該合併が市場競争に与える影響を，競争圧力の減退によって価格つり上げが可能となる ⑧ 効果と企業数が減少することで企業がカルテルを結びやすくなる ⑨ 効果に分けて詳細に審査される。

垂直的な取引関係とプラットフォーム・ビジネス

公正な競争を阻害する取引方法とは？

Windows PC にインストールされているさまざまなアプリ

（©wachiwit-stock.adobe.com）

INTRODUCTION

　生産された財が市場に流通し，最終的に消費者の手に渡るまでには企業間で多くの取引が行われます。工業製品であれば典型的には原料調達→部品製造→製品組立→卸売→小売という段階を経て市場に出回ることになります。ここでは流通段階での垂直的な取引関係に焦点を当て，とくに取引相手の行動を制限するような取引契約がある場合に，それが経済学的にどのような効果を持つのか，また競争政策上の取り扱いについて解説します。さらに近年，新しい取引形態として普及が拡大しているプラットフォーム・ビジネスについても取り上げます。

1 垂直的な取引関係

┃ブランド間競争とブランド内競争┃

　まずはメーカーが小売店に商品を卸売し、さらにそれを小売店が消費者に販売することを考えてみましょう。このときの取引関係を図示したのが図 10.1 になります。ここで下向きの矢印は商品の流れを表しています。また、メーカー U_1 とメーカー U_2 の商品は差別化されていて消費者からは別商品とみなされているとしましょう。なお、メーカーが直接小売をせずに小売店を通す理由としては、流通網の確保や在庫管理、情報収集、宣伝広告といった流通にかかるコストを自社で抱えたくないということのほか、巨大企業になることで企業統治が困難になるといったことが考えられます。また、規模の経済の観点で小売店が複数メーカーの商品を扱った方が効率的ということもあります。

　図中の実線の取引関係だけが成立している場合には2つのメーカーはそれぞれ別の小売店を通じて商品を供給していることになります。この場合、消費者はメーカー U_1 の商品を手に入れるには小売店 D_1 から購入するしかありません。同様にメーカー U_2 の商品を手に入れるには小売店 D_2 から購入する必要があります。このようにメーカーごとに販売店が分かれている場合にはそれぞれの小売店は価格やサービスで激しい競争をしなくても商品を販売することができます。

　しかし、破線の矢印で表した取引関係がある状況では、消費者は小売店 D_1 と小売店 D_2 のどちらからもメーカー U_1、U_2 の商品を購入することができます。この場合は2つの小売店は同一商品の販売をめぐって直接競合することになるので競争が起こります。これはメーカーと小売店がそれぞれ3社以上ある場合についても同様です。異なるメーカー間、つまり異なるブランド間で起こる競争のことを**ブランド間競争**（inter-brand competition）といいます。一方、破線の取引があるときのように同じ商品を扱う小売店同士が競争することを**ブランド内競争**（intra-brand competition）といいます。これはコンビニエンス・ストアを例にすると、セブン–イレブンとローソンの競争はブランド間競争、セブ

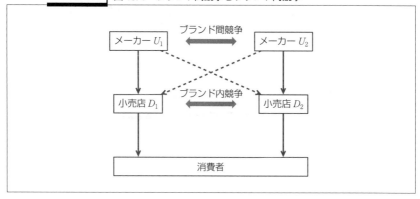

ン-イレブンの店舗間での競争がブランド内競争にあたります。

二重マージン

　垂直的な取引関係を通じて商品が供給される場合の価格や供給量について考えるために，いったん図10.1の破線の矢印がなく，ブランド内競争がない状況を考えることにします。メーカーと小売店はそれぞれ1つなので，以下ではメーカーと小売店のインデックス（$i = 1, 2$）を省略します。この状況ではメーカー U は小売店 D に商品を独占供給し，さらに小売店 D はそれを消費者に独占供給することになります。小売市場での需要曲線が $p = a - bQ$，メーカー U の限界費用が一定の c であるとして，この商品の卸売価格と小売価格がどうなるか考えてみましょう。ここでは単純化のために，仕入費用以外に小売店が負担する販売費用（店舗維持や広告などの流通コスト）はないことにしますが，これらを別途考慮しても以下と同様の議論は可能です。

　まず，小売店 D の行動ですが，消費者への独占企業として利潤を最大化するように供給量を決めるのが合理的です。小売店 D がメーカーから仕入れる卸売価格を $w(\geq 0)$ とすると，これが小売店 D にとっての限界費用になります。したがって，消費者への販売から得られる限界収入が w に一致する量が小売店 D の販売量（＝仕入量）になります。これを求めると小売店 D の販売量は $Q = (a - w)/2b$ となります（これは，第5章の表5.1〔102ページ〕の独占市場の供給量 $S/2 = (a - c)/2b$ において限界費用を $c = w$ と置いたものです）。

　次にメーカー U の行動ですが，小売店 D への卸売販売から得られる利潤を

最大化するように卸売価格 w を決めます。固定費を除いたメーカー U の利潤 π^U は先ほど求めた小売店 D の仕入量 Q を用いて次のように表せます。

$$\pi^U = (w-c)Q = \frac{(w-c)(a-w)}{2b} = -\frac{1}{2b}\left(w - \frac{a+c}{2}\right)^2 + \frac{(a-c)^2}{8b} \quad (10.1)$$

2次関数の形状からメーカー U の利潤を最大にする卸売価格は $w^* = (a+c)/2$ になります。さらに，この w^* を用いると小売市場での供給量 Q^* と販売価格 p^* は以下のように求められます。

$$Q^* = \frac{a-w^*}{2b} = \frac{a-(a+c)/2}{2b} = \frac{S}{4}$$

$$p^* = a - bQ^* = a - \frac{bS}{4} = c + \frac{3bS}{4} \quad (10.2)$$

ここで，$S = (a-c)/b$ です。以上の計算は，先に下流側の小売市場での小売店 D の行動を考えてから，さかのぼって上流側の卸売市場でのメーカー U の行動を考えました。これは第4章で扱ったバックワード・インダクションの考え方を用いています。

　以上の計算で求められた小売価格 p^* はメーカーが直接消費者に独占供給した場合よりも高い価格になっています（もし，メーカーが直接小売すれば，**表5.1**から商品の独占価格は $p = c + bS/2$ になります）。これは，商品流通に小売店が入ることでメーカーだけでなく小売店も利潤をコストに上乗せして販売するためです。このように中間業者が入ることで小売価格が上昇することを**二重マージン**（double marginalization）といいます。

　この二重マージンが発生するメカニズムを図示したのが**図10.2**です。この図で直線 D^D は小売市場の需要曲線，つまり小売店が直面する需要曲線を表しています。この需要曲線に基づいた小売店の限界収入が直線 MR^D です。小売店は MR^D 上で限界収入が自身の限界費用（卸売価格）w に一致するように販売量（仕入量）を決めます。このとき，MR^D は小売店の限界収入というだけでなく，メーカーにとっての需要曲線 D^U にもなっています。これはなぜかというと小売店が MR^D 上の点で仕入量を決めることをメーカーはあらかじめ知っているからです。したがって，メーカーは $D^U (= MR^D)$ から導かれる限界収入 MR^U と商品の生産にかかる限界費用 c が一致するように供給量を決めます。この供給量が $Q^* = S/4$ です。また，このとき卸売価格は $w^* = c + bS/2$，小売

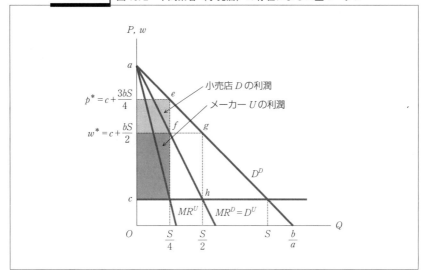

CHART 図10.2 中間業者（小売店）の存在による二重マージン

価格は $p^* = c + 3bS/4$ で決まることになります。ここでメーカーが得ているマージン（販売量1単位当たりの利益）は $w^* - c = bS/2$，小売店のマージンは $p^* - w^* = bS/4$ となり，小売価格はメーカーと小売店のマージンが二重に上乗せされたものになっています。

　なお，二重マージンが発生しているときの消費者余剰は，メーカーが直接小売を行った場合の独占市場よりも少なくなります。また，メーカーと小売店の利潤を合わせた生産者余剰も同様に少なくなります。したがって，図10.1の破線矢印がない状況では，メーカーと小売店が垂直統合すると二重マージンがなくなり市場の効率性は高まります。

ブランド内競争と二重マージン

　それでは図10.1の破線の取引があり，ブランド内競争がある状態ではどうでしょうか？　この場合は2つの小売店が同一商品の販売で競争することになります。もし，2つの小売店での商品の取り扱いが完全に同質財とみなせるのであれば，消費者は価格が少しでも安い方から商品を購入するはずです。この場合，カルテルなどがなければ2つの小売店は限界費用に等しくなるまで小売価格を下げざるをえず，利潤をまったく上げることができません（第5章で扱

った同質財のベルトラン競争を思い出しましょう）。このとき二重マージンは発生せずに商品の小売価格は卸売価格と同じになります。図10.2では小売価格は p^* = w^* = $c + bS/2$，供給量は $Q^* = S/2$ になります。これはメーカーが直接，消費者に小売を行ったのと同じ状況です。

　現実的には同一の商品を扱っている小売店であっても立地やサービスなどである程度は差別化されるため，小売価格が卸売価格まで下がるとは限りません。しかしブランド内競争がまったくない場合よりは小売店の市場支配力は弱くなります。

 # 2　垂直的な取引制限

┃ 再販売価格維持 ┃

　前節で見たように小売店が1店舗しかなくブランド内競争が存在しない場合には，小売店がマージンを上乗せすることで小売価格が上昇し，市場への供給量は少なくなります。この結果，メーカーの利潤は自分で直接小売した場合よりも小さくなります。そこで，メーカーは，小売店が大きなマージンを価格に上乗せしないように取引契約で販売価格に制限をかけようと考えるかもしれません。

　垂直的な取引関係において，上流側の企業が下流側の企業に対して商品を再販売する際の価格を指定し，それを守らせる行為のことを**再販売価格維持**（resale price maintenance），もしくは**再販売価格の拘束**といいます。図10.1の例でいえば，メーカーが商品の小売価格を決めて，それを小売店に守らせる行為が再販売価格維持にあたります。

　図10.2においてたとえば，メーカーが小売店に対してマージンを上乗せせずに卸売価格 $w^* = c + bS/2$ に等しい価格で販売することを強制したとしましょう。もちろん，小売店は儲けがゼロになるような契約を受け入れないでしょうから，代わりにメーカーは小売店がそれまで得ていた利潤（図10.2では□ p^* $w^* fe$ の部分）と同額をリベート（割戻し）として支払うことにします。小売店は少なくとも以前と同額の利潤を得ることができるので，この取引契約を断る

理由はありません。この場合，メーカーは小売店に自由に価格設定させるよりも大きい利潤が得られることになります（このときの販売量は$S/2$に拡大するためメーカーの利潤は$\square\, w^{*}chg - \square\, p^{*}w^{*}fe$になります）。

しかし，このような再販売価格を拘束する行為は独占禁止法第2条で「不公正な取引方法」として禁止されています。これは，取引相手の販売価格に関する自由な意思決定を拘束する行為が競争政策では望ましくないと考えられているためです。また，再販売価格を拘束しなくても，その商品を扱う小売店が2店舗以上あればブランド内競争が起こって二重マージンの問題はある程度は解消されるはずです。むしろ，小売店が2店舗以上ある状況で再販売価格維持が行われると，流通業者間の価格競争が減少・消滅するため市場価格がつり上げられ，市場の効率性が損なわれてしまいます。以上の理由から小売店の販売価格を拘束するのではなく，小売店を増やして競争を促すことが競争政策では望ましいと考えられています。今日ではメーカーが小売店での定価を決めることは独占禁止法で禁止されている不公正な取引方法にあたるため，メーカーが商品カタログなどに小売価格を掲載する際にはメーカー希望小売価格や参考価格，あるいはオープン価格といった用語が用いられています。

再販適用除外制度

独占禁止法では原則的に再販売価格の拘束は違法となりますが，一部の商品については例外的に同法の適用外となっているものがあります。それらは「著作物」と「公正取引委員会の指定を受けた商品」です。ここで著作物に含まれるのは書籍・雑誌，新聞およびレコード盤・音楽用テープ・音楽用CDです。電子書籍については再販適用除外の対象にはなっていません。また，公正取引委員会の指定による再販商品には，1997年以前は化粧品や一般用医薬品などがありましたが現在は指定がありません。

実際に書籍・雑誌については大学生協など一部の店舗を除いて全国のどこの書店やコンビニエンス・ストアで買っても同じ価格がついています。これは出版業界では再販売価格維持制度が用いられており出版社が店頭での定価を指定しているためです。

著作物が再販適用除外となる根拠としては，これらは多種多様の商品があり経済効率の面で流通制度を考える必要があること，また文化商品として多様性

を確保する必要があること，があげられています。書籍・雑誌に関しては再販売価格維持が廃止されると価格競争が激化して出版社は売れ筋の本だけを発行したり，書店での品揃えが人気商品に偏ったりする可能性があります。また書店が淘汰されることで地方の消費者が不利益を被ることも考えられます。新聞に関しては戸別配達制度が衰退し，国民の知る権利が阻害される可能性があげられています。

　一方で，再販売価格維持では小売店が在庫処分のために書籍や雑誌の価格を自由に引き下げることができないため，自発的な競争を阻害することも考えられます。また，同じ著作物であっても映画やDVD，ゲームソフトなどは例外対象とならず制度上の不公平性が否めません。近年ではインターネットや電子媒体の普及によって以前よりも情報発信が容易になっており，紙媒体の情報財だけを特別扱いする根拠も弱くなっています。さらに，再販適用除外制度の対象でない商品であっても，メーカーが小売事業者に対して卸売販売でなく，小売価格を指定して販売委託（この場合，小売店はメーカーの販売窓口になるだけで在庫リスクを負いません）すれば再販売価格の拘束にはあたらないなど，実質的な抜け穴があることについても制度的な古さが指摘されています。

┃ 再販売価格維持の合理性 ┃

　近年，再販売価格維持をめぐる競争政策の議論に大きな変化が起きています。アメリカでは2007年のリージン事件（カリフォルニア州で婦人用ベルトを製造販売するリージン社が，指定した最低販売価格よりも低い価格で商品を販売した小売業者に対して出荷拒否したことの違法性が問われた事件）以降，再販売価格維持は当然違法でなく合理の原則に基づいて違法性が問われるようになりました。これはどういうことかというと，再販売価格維持には二重マージンの解消以外にも経済学的にプラスの効果を持つ可能性があることがわかってきたからです。その効果とは，①ブランド内競争を弱める代わりに小売店の当該商品への販売促進活動を促し，ブランド間競争が強化される，②価格やサービスの異なる多様なブランドが確保され，消費者の選択肢が拡大する可能性がある，③小売店のサービス競争でのフリーライド問題を解消する，などです。

　ここでサービス競争でのフリーライドとは，同一商品を扱う販売店同士が競争する際に，別の販売店が行う商品説明や広告などの販売促進活動にただ乗り

して，自社ではそういった活動をほとんどせずに低価格をつける行為のことを指します。もし，消費者が商品確認や試供サービスは近所の販売店を利用し，実際にその商品を購入するのは別の安い販売店，たとえばオンラインショップからというのであれば，商品展示をした販売店は骨折り損になってしまいます。消費者の多くがそうした行動をとると，販売店は商品展示そのものをやめてしまうかもしれません。しかし，再販売価格維持によって価格競争が禁止されると，販売店にはサービス競争をして顧客を獲得しようとするインセンティブが働きます。

　このように再販売価格維持には競争阻害効果と競争促進効果の両面があると考えられることから，アメリカでは個別事例ごとにその適用が合理的かどうかを，価格拘束をかけている企業の市場における地位や競争の程度，商品特性などを調査して判断するようになっています。日本でもこうした議論の流れを受けて，2015年に独占禁止法の運用上の指針を示す流通・取引慣行ガイドラインが改正されました。この改正では「再販売価格の拘束が行われる場合であっても，『正当な理由』がある場合には例外的に違法とはならない」ことが明記されています。ここで正当な理由とは，販売価格の拘束によってフリーライドの問題が解消されるなどの競争促進効果が認められること，また販売価格を拘束する以外の競争阻害的でない他の方法ではそうした競争促進効果が生じえないこと，があげられています。これらの要件が満たされる限定的な状況では，必要な範囲と期間を限定したうえで再販売価格維持が認められるようになりました。

▌テリトリー制

　垂直的な企業間取引において相手の行動を制限する行為には，再販売価格維持のような価格を制限するもの以外にも非価格制限行為にあたるものがいくつかあります。そのうちの1つが**テリトリー制**（exclusive territories）です。テリトリー制とは上流側の企業が下流側の企業に対して，商品を販売できる地域を限定する条件付きの取引のことです。これにはメーカーが卸売業者に対して，取引できる小売店を指定するケースや配達・販売方法を指定するケースなども含まれます。なお，テリトリー制は地域内でその商品を取り扱える販売店を1社に限定するクローズド・テリトリー制と，複数の販売店を置くオープン・テ

リトリー制に分類することができます。

　テリトリー制では地域ごとに販売店が棲み分けることになるので，ブランド内競争が減退します。これは図 10.1 で破線矢印のない，メーカーが販売店 1 店舗だけに商品を卸している状態と同様に二重マージンの問題が発生します。それにもかかわらず，上流側の企業がテリトリー制をとるのは，再販売価格維持の合理性と同様に販売店の販促活動を促進させるためと考えられます。テリトリー制では販売店は広告や商品展示といった販促活動で別の販売店にフリーライドできないため，適切なサービスが提供される可能性が高まります。結果としてブランド間競争が促される効果があると考えられます。ただし，行きすぎたテリトリー制はブランド内競争を消滅させ，小売価格の上昇やサービスの悪化を招きかねません。

　このような理由から，競争政策でのテリトリー制の扱いは個別の事例ごとに合理の原則に基づいて判断されます。上流側の企業が地域内の販売拠点を 1 カ所に限定するだけでは違法になりませんが，有力な上流側の企業が下流側の企業の地域外販売を禁止したり，地域外の顧客からの販売要求に応じるのを制限したりすることで価格が維持されるおそれがある場合は違法となります。

▌排他的取引▐

　その他の非価格制限行為には**排他的取引**（exclusive dealing）があげられます。これは取引相手に対して自社以外の競合他社と取引しないことを条件づける取引のことです。とくに，上流側の企業が下流側の企業に自社商品のみ販売することを求める場合を**専売店制**（exclusive distributor）といいます。自動車販売でのディーラー制やコンビニエンス・ストアのフランチャイズ制などがその典型例です。また，排他的取引はテリトリー制と併用して用いられることもあります。

　排他的取引では，ブランドごとに販売店が 1 店舗に限られるためブランド内競争が消滅します。他方で販売店の商品への専門性を高めることで販促活動が促され，アフターサービスが充実するといったプラスの効果もあります。したがって，排他的取引についても合理の原則に基づいた競争政策の運用が行われています。特定企業と専売店契約を結ぶ行為だけでは違法にはなりませんが，有力企業が取引相手の行動を制限することで，新規参入者や既存の競合相手が

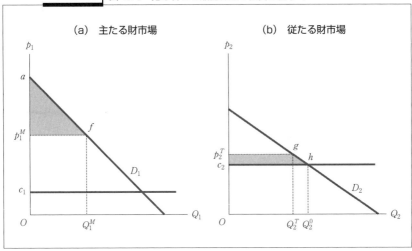

（a）主たる財市場　　（b）従たる財市場

代替的な取引先を確保できなくなったり，事業活動に要する費用が引き上げられたりして市場の閉鎖性が高まり，競争が排除されるおそれが生じる場合には違法となります。

抱き合わせ

　第3章で扱った抱き合わせ販売も垂直的な取引制限としての側面があります。上流側の企業が下流側の企業，もしくは消費者に対して複数商品をセット販売する抱き合わせですが，ここで組み合わされる商品のうちの主要な方を主たる財，付随する方を従たる財と呼びます。たとえば，あるゲーム機メーカーがゲーム機本体とゲームソフトをセット販売する場合は，本体を主たる財，ゲームソフトを従たる財と考えることができます。もし，主たる財市場で市場支配力を持つ企業が，別の従たる財を（純粋）抱き合わせで販売すると，従たる財市場でも市場支配力を発揮できる可能性があることが知られています。ここでは簡単な例題として主たる財市場での独占企業が，完全競争市場で調達できる従たる財を抱き合わせて販売する場合を考えてみましょう。

　図10.3の (a) は主たる財市場（独占市場）の需要曲線 D_1 と独占企業の限界費用 c_1 を表しており，(b) は従たる財市場（完全競争市場）での需要曲線 D_2 と市場全体の限界費用 c_2 を表しています。それぞれの商品が別々に販売されて

いる場合には，主たる財は独占価格 p_1^M にて Q_1^M 単位だけ供給され，従たる財は限界費用に等しい価格 c_2 で Q_2^0 単位だけ供給されることになります。ここで主たる財の独占企業が，完全競争市場で調達した従たる財を自社の主たる財と抱き合わせて，セット価格 $p_1^M + p_2^T$ （ただし，$p_2^T > c_2$）で販売したら消費者はどのように反応するでしょうか？

合理的な消費者であれば主たる財市場で得られている余剰△ $ap_1^M f$ が，従たる財市場で失われる余剰□ $p_2^T c_2 hg$ よりも大きいかぎりは，この抱き合わせ商品を購入するでしょう。なぜならば，もし抱き合わせを拒絶してしまうと主たる財は購入できず，このとき従たる財も不要となるため購入せず，消費者余剰はゼロになってしまうからです。したがって，消費者は抱き合わせを受け入れざるをえず，通常よりも高い金額を従たる財に支払うことになります。

また，完全補完財の関係にある商品の抱き合わせでは，上記の説明とは逆に抱き合わせ価格に占める従たる財分の価格を市場価格よりも引き下げることで，独占企業は従たる財市場でライバル企業を排除できる可能性があることも知られています（これは図 10.3 においてセット価格 $p_1^M + p_2^T$，$p_2^T < c_2$ で販売することを意味します）。実質的に従たる財の価格を限界費用未満に下げることでライバル企業の利潤を引き下げ，市場からの撤退を促すことになるからです。このように有力企業がある市場での市場支配力を利用して，別の関連市場でも市場支配力を発揮することを**独占の梃子**（monopoly leveraging）といいます。

競争政策での抱き合わせの扱いに関しては，企業が複数の商品を組み合わせて販売しただけではただちに独占禁止法に違反することはありません。しかし，有力企業がその立場を利用して抱き合わせ販売を行い，従たる財市場でのライバル企業の事業活動を阻害したり，参入障壁を高めたりするような場合には違法になります。また，組み合わされる商品の内容・機能になんら関係性がなく，単に人気商品と不人気商品をセットで買わせるような行為は，消費者の選択の自由を妨げるという意味で不公正な取引方法に該当します。ただし，消費者がセットと単品のどちらかを自由に選べる場合（混合抱き合わせ）はなんら問題ありません。

▍独占禁止法での垂直的な取引制限の扱い

ここまでに述べた垂直的な取引制限が競争政策でどのように位置づけられて

いるかを説明します。独占禁止法第1条では，事業者が①私的独占，②不当な取引制限，および③不公正な取引方法を行うことを禁止しています。

　まず私的独占ですが，これは事業者が単独もしくは他の事業者と手を組んで，競合事業者を市場から排除したり，支配したりすることで市場における競争を実質的に制限することを指します。ここで不当な低価格販売や差別的価格，取引拒絶などによって競合事業者を排除する行為は**排除型私的独占**と呼ばれます。また，有力な事業者が株式取得や役員派遣などの方法によって他の事業者の活動を支配する行為は**支配型私的独占**と呼ばれています。前項までに解説した垂直的な取引制限には競合事業者を排除する効果もあるため，私的独占に該当する可能性があります。ただし，私的独占は，事業者の行為によって市場競争が実質的に制限されたことが認められた段階で違法性が問われるため，当該事業者のマーケットシェアが50%を超えるなど事業者の影響力がきわめて大きい場合にしか適用されません。このため，私的独占を補完して，市場競争が制限されるのを未然に防止する目的で規定されているのが不公正な取引方法です。

　次に，不当な取引制限とは，事業者が他の事業者と共謀して価格や数量などを拘束し，市場競争を実質的に制限することを指し，第6章で扱ったカルテルや入札談合などが該当します。他の事業者との共謀行為がなければ，再販売価格維持や排他的取引，テリトリー制，抱き合わせなどの垂直的な取引制限は，それ自身だけでは不当な取引制限には該当しません。

　不公正な取引方法には，（a）自由な競争が制限されるものとして，不当廉売，拘束条件付き取引（再販売価格維持，排他的取引，テリトリー制，抱き合わせ），取引拒絶・差別的取り扱いなどが含まれています。また，（b）競争手段そのものが公正といえないものとして，自社の商品や取引条件を実際のものよりも著しく優良であるように顧客に誤認させて取引を誘引する行為（ぎまん的顧客誘引）や正常な商慣習に照らして不当な利益をもって取引を誘引する行為（不当な利益による顧客誘引）があります。さらに（c）自由な競争の基盤を侵害するものとして，取引上の優越的な立場にある事業者が，取引相手に不当な不利益を与える行為（**優越的地位の濫用**）なども不公正な取引方法にあげられます。私的独占とは異なり，不公正な取引方法は事業者の行為に公正な競争を阻害するおそれがあれば適用できるため，規制当局は早い段階で当該行為の排除・改善を事業者に求めることができます。

Column ⓫　抱き合わせ規制の事例——マイクロソフト事件

　抱き合わせ販売の競争阻害性が問われた有名な事件として，米マイクロソフト（MS）社の販売するパソコン用オペレーティング・システム（OS）と Web ブラウザなどのアプリケーションソフトのバンドリングをめぐる訴訟があります。1990 年代中頃までに MS 社の Windows は全世界のパソコン用 OS 市場で圧倒的なシェアを獲得していました。1995 年に発売された Windows 95 では，パソコンメーカーとのライセンス契約において MS 社は自社の Web ブラウザであるインターネット・エクスプローラー（IE）をセット販売し，またそれを OS からアンインストールすることを認めない方針を取りました。さらに 1998 年に発売された Windows 98 では IE が OS に標準搭載されただけでなく，ユーザーが自分でアンインストールすることもできない分離不可能な設計となっていました。

　1998 年 5 月にアメリカ司法省は MS 社のこうした行為が違法な抱き合わせであり，反トラスト法に違反しているとして MS 社を提訴しました。Web ブラウザの統合は OS の機能拡張であるという MS 社の主張に対して，司法省の判断は OS 市場での独占的地位を梃子にしてアプリケーション市場での競合企業を排除する行為である，というものでした。法廷では MS 社による排他行為があったかどうかに加えて，Web ブラウザが単一の市場であるかどうかが問われました。地裁判決では MS 社の反競争行為を認め，排除措置として MS 社の分社化という厳しい判決が下されました。しかし，その後の控訴審では分社命令は取り下げられ，最終的に 2002 年 11 月に和解となりました。

　一方で，欧州市場においても MS 社は欧州委員会によって訴えられ，Windows に標準搭載された映像・音楽再生ソフト（メディアプレーヤー）の抱き合わせと他社に対する技術情報の非公開について違法性が問われました。こちらの訴訟では MS 社は敗訴しており，2004 年当時としては欧州委員会による制裁金の過去最高額となる 4 億 9700 万ユーロが科されています。また，その後，MS 社が情報開示などの是正命令に従わなかったとして，2006 年 7 月には 2 億 8000 万ユーロ，さらに 2008 年 2 月には 8 億 9900 万ユーロの追加制裁金が科されました。

ろ プラットフォームと両側市場

┃ 流通革命とプラットフォーム・ビジネスの普及 ┃

　伝統的な流通の仕組みでは，商品は垂直的な取引関係を経て消費者の手に渡るのが一般的でした。しかし，近年の日本を含めた先進諸国では流通システムに大きな変化が起きています。その1つは小売店の形態が伝統的な個人経営の小売店から大型小売店へ移行していること，そしてもう1つはオンラインでの商取引が急成長していることです。

　かつての小売店は八百屋，魚屋，薬局，電器屋といったように商品ごとに扱う店が分かれているのが普通でした。近年はこうした街の小売店は急速に姿を消し，代わりにコンビニエンス・ストア，スーパーマーケット，家電量販店といった多地域・多店舗で展開する大型小売店がマーケットシェアを拡大しています。たとえば，日本国内での食料品販売業の店舗形態別のマーケットシェアは，2015年時点でスーパーマーケットおよびハイパーマーケット（スーパーマーケットより規模の大きいもの）が55.2%，コンビニエンス・ストアが27.8%となっており，伝統的な独立店や専門店のシェア16.4%を圧倒しています（Bronnenberg and Ellickson, 2015）。こうした大型の小売店は多地域にチェーン展開を進めることで規模の経済や範囲の経済による効率性を追求しているのが特徴です。

　流通の変化の2つ目は，販売形態としてのオンライン店舗が存在感を増していることです。2000年代後半からインターネットやスマートフォンなどの普及によってネット通販などの電子商取引が急速に拡大しています。経済産業省「電子商取引に関する市場調査報告書」によると消費者向けの電子商取引の市場規模は2010年の7.8兆円から2020年には19.3兆円へと2倍以上に成長しています。小売市場に占めるオンライン販売の割合も同期間に2.8%から8.1%へと増加しています。また，オンライン販売の普及は単に販売形態の変化というだけでなく，提供される商品の内容にも及んでいます。たとえば，音楽・映像・書籍といったコンテンツはデジタル化され，インターネットを通じた情報

サービスという形でオンライン提供されるようにもなりました。また，代金の支払いについてもクレジットカードや電子マネーなどのオンライン決済が普及しています。

このように商品の流通システムが大きく変化するなかで，**プラットフォーム** (platform) という概念が競争政策を考えるうえで重要になってきています。プラットフォームという用語はもともと鉄道駅の乗り場や社会インフラといった基盤の意味で使われていましたが，近年では取引をする場や仲介者の意味で使用されることが多くなっています。たとえば，オンラインサービスで提供される宿泊予約サイトやショッピングサイト，あるいはオークションサイトは商品の売主と買主を結びつける市場機能を提供するプラットフォームといえます。また，雑誌，テレビ番組，ラジオ放送などのメディアは，コンテンツに興味のある視聴者と，商品を宣伝広告したいスポンサーを結びつける仲介機能としてのプラットフォームです。さらにこれらとは別の例ですが，家庭用ゲーム機やパソコン用 OS もプラットフォームと呼ばれています。これはゲーム機本体や OS には，ゲームソフトやアプリケーションソフトを供給する開発者と利用者であるユーザーを結びつける仲介機能があるからです。

両側市場とは

プラットフォームを提供する事業者（プラットフォーマー）の典型的なビジネスモデルは図 10.4 のように表されます。プラットフォームを中心に両側に顧客 A と顧客 B がいて，それぞれの顧客はプラットフォーマーに利用料金を支払います。なお，図ではプラットフォームの上下に顧客 A と B を配置していますが，これは前節までの垂直的な取引関係とは必ずしも一致しないので注意してください。

ここでプラットフォーマー自身は顧客間の取引に直接関わるとは限りません。たとえば，宿泊予約サイトでは宿泊サービスを提供するホテル・旅館と宿泊先を探している利用者のマッチングが行われますが，宿泊予約サイトは取引を仲介しているにすぎません。利用者はサイトを通じてホテル・旅館を予約しますが，サイト利用にかかる料金は通常無料であり，宿泊代のみをホテル・旅館に支払います。一方，宿泊予約サイトを通じて予約が行われた場合にホテル・旅館から宿泊予約サイトに手数料が支払われる仕組みになっています。したがっ

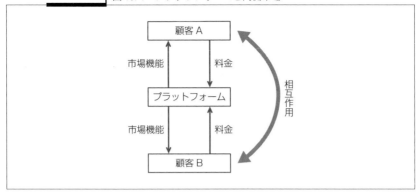

顧客 A

市場機能　　料金

プラットフォーム

市場機能　　料金

顧客 B

相互作用

て，宿泊予約サイトはホテル・旅館と利用者の双方にマッチング・サービスを提供しているものの，料金は一方からしか徴収していないことになります。

　プラットフォームを通じた取引では，2組の経済主体が相互に作用することから**両側市場**（two-sided market），あるいは双方向市場と呼ばれています。両側市場とは一方の経済主体の意思決定が，典型的には外部性を通じて他方の経済主体の行動に影響を与える特徴がある市場のことです。前節までに議論した垂直的な取引関係においても上流側の企業と下流側の消費者には相互依存の関係にありました。しかし，両側市場では両者の依存関係が主に外部性によってもたらされる点に違いがあります。ここで外部性として重要と考えられているのが**間接ネットワーク効果**（indirect network effects）です。

　ネットワーク効果（ネットワーク外部性）については，第5章（108ページ）でも説明しましたが，同一の商品を利用しているユーザー数が増えるほど個々のユーザーが享受できる便益が高まる効果のことです。これはユーザー間でネットワークが形成されることでメリット（あるいはデメリット）が働くような正の（負の）外部性のことを意味し，その効果の出方によって直接ネットワーク効果と間接ネットワーク効果に分けることができます。

　直接ネットワーク効果はユーザー数の増加がそのままユーザーグループに属する個人の便益につながるものです。たとえば，携帯電話や電子メールなどのオンラインサービスは利用者が多いほどコミュニケーションをとれる相手が増えるため利用価値が高まると考えられます。これが正の直接ネットワーク効果です。また，負の直接ネットワーク効果の例としては，高速道路の渋滞や満員

電車などがあげられます。

　一方，間接ネットワーク効果は，それが同じグループに属する個人だけでなく，別のグループにも波及する場合を指します。たとえば家庭用ゲーム機では，同一の機種（プラットフォーム）を利用するユーザー数が増えるほどその機種に供給されるゲームソフトやそれを扱う雑誌・書籍の数も多くなります。これは，ユーザー数の増加によってその機種でのビジネスチャンスが広がるため，ゲーム開発者や出版社といったゲーム機と補完的な財・サービスを供給する別グループも影響を受けるからです。そして，こうした影響はその機種のユーザーにとっても便益を高める正のフィードバックとして戻ってくることになります。

┃ 両側市場の分類 ┃

　表 10.1 に代表的なプラットフォームの例をあげていますが，提供される機能によって大まかに 3 つのタイプに分類することができます。

　まず，宿泊予約サイト，住宅不動産仲介業，ショッピングセンターなどは**市場創造型**（market makers）のプラットフォームと呼ばれています。これらのプラットフォームでは顧客間で取引をする場が形成され，双方の顧客とも取引相手が増えることでメリットが増す特徴があります。相互に正の間接ネットワーク効果が働く市場機能として，基本的なプラットフォームの形態といえるでしょう。

　次に雑誌・新聞，テレビ番組，Web ポータルのようなメディアは**視聴者獲得型**（audience makers）のプラットフォームと呼ばれています。広告主にとっては，読者や視聴者が増えるほどプラットフォームの利用価値が高まるため，読者・視聴者側から広告主側への正の間接ネットワーク効果が働きます。一方，読者や視聴者は広告が増えても必ずしも便益が高まるとはいえず，人によっては広告が増えることで利用価値が下がる場合もあります。したがって，正のネットワーク効果は，読者・視聴者側から広告主側への一方向のみに大きく働いている可能性があります。ただし，広告主の増加によって提供されるコンテンツの品質が高まる場合はこの限りではありません。

　最後にパソコン用 OS やゲーム機，クレジットカード決済などのプラットフォームは**需要調整型**（demand coordinators）と呼ばれます。これらは市場創造型と同じように取引する場を提供しますが，同時に顧客に対してなんらかのモ

表10.1 　両側市場としてのプラットフォームの例

分類	プラットフォーム	顧客A 顧客B	参加料	利用料	プラットフォームの主な収入源
市場創造型	宿泊予約サイト	宿泊客	×	×	宿泊予約されたときに宿泊施設から手数料を得る
		宿泊施設	×	○	
	住宅不動産仲介業	売主	×	○	売買契約が結ばれたときに売主と買主の双方から手数料を得る
		買主	×	○	
	ショッピングセンター	買い物客	×	×	商店から固定額の家賃と売上高に応じた利用料を得る
		商店	○	○	
視聴者獲得型	雑誌・新聞	読者	○	×	読者と広告主の双方から料金を得るが広告主からの収入が大半を占める
		広告主	×	○	
	テレビ番組	視聴者	×	×	テレビ局の収入は広告主からの収入が大半を占める
		広告主	×	○	
	Webポータル	Webサーファー	×	×	広告主からの広告掲載料が収入の大半を占める
		広告主	×	○	
需要調整型	パソコン用OS	ユーザー	○	×	ソフト開発者からのライセンス収入よりユーザーからの販売収入が多い
		ソフト開発者	○	×	
	ビデオゲーム機	プレーヤー	○	×	プレーヤーからゲーム機代，ソフト開発者からライセンス料を得る
		ソフト開発者	○	○	
	クレジットカード決済	カード保有者	○	×	カード保有者から年会費，商店から売上高に応じた利用料を得る
		商店	×	○	

（注）　表中の参加料と利用料は顧客がプラットフォーマーに対して支払う必要がある場合は○，支払う必要がない場合は×で表している。

ノ（有形か無形かを問わない）を提供します。そのため，そのプラットフォームなしには取引の場そのものが存在しないという特徴があります。たとえば，パソコン用OSやゲーム機はプラットフォーム固有の開発環境が開発者に提供されるため，ユーザーが手にするソフトウェアはプラットフォームごとに異なります。別のプラットフォームではそのソフトウェアは動作しないため，ユーザーはそのプラットフォームに囲い込まれることになります。この点で，プラットフォームが存在しなくてもそれ以外の取引が存在しうる，宿泊予約サイトや不動産仲介業といった市場創造型のプラットフォームと区別されます。

プラットフォーマーの利潤

　プラットフォーマーの利潤は両側市場の顧客双方から得られる収益の和になります。ここでプラットフォーマーが顧客双方の利用料金を，それぞれの側から得られる利潤を別々に最大化するように決めても，それが全体として最適であるとは限りません。これは間接ネットワーク効果によって，一方の側の顧客数の増減がもう一方の側の顧客の需要に大きな影響を及ぼすためです。このことはプラットフォーマーの利潤を簡便的に以下のように表すことで理解できます。

$$\pi = (p_A - c_A)Q_A + (p_B - c_B)Q_B$$
$$= (p_A - c_A)Q_A(p_A, Q_B) + (p_B - c_B)Q_B(p_B, Q_A) \tag{10.3}$$

ここで，p_A, p_B と c_A, c_B はそれぞれ顧客 A, B に対する価格とサービス提供にかかる限界費用，そして Q_A, Q_B は需要量を表しています。重要なのは，Q_A, Q_B がそれぞれ $Q_A = Q_A(p_A, Q_B)$，$Q_B = Q_B(p_B, Q_A)$ というように，自身に対する価格だけでなく，もう一方の市場にどれだけ取引相手がいるか，つまり，相手側の需要量にも依存していることです。この場合，たとえば顧客 A の価格 p_A を上げて顧客 A の需要量 Q_A が減少してしまうと，それは間接ネットワーク効果を通じて顧客 B の需要量 Q_B をも減少させることになります。

　これは顧客 A の価格をわずかに Δp_A だけ増加させたときの利潤 π の変化を考えるとわかりやすいでしょう。式（10.3）を用いると，これは以下のように表すことができます（この式は価格 p_B を固定したまま，価格 p_A だけを変化させているので偏微分と呼ばれます）。

$$\frac{\Delta \pi}{\Delta p_A} = \underbrace{(p_A - c_A)\frac{\Delta Q_A}{\Delta p_A} + Q_A}_{\text{値上げによる顧客 A の減}\atop\text{少からの直接的な利潤変化}} + \underbrace{(p_B - c_B)\frac{\Delta Q_B}{\Delta Q_A} \cdot \frac{\Delta Q_A}{\Delta p_A}}_{\text{間接的に顧客 B が減少す}\atop\text{ることによる利潤の減少}} \tag{10.4}$$

この式の前半の部分は，値上げによる顧客 A の需要減少がもたらす直接的な利潤の変化で，単一市場ではこの影響だけを考えていました。一方，後半部分は値上げによって顧客 A が減少したときに，それがもう一方側の顧客 B の需要に波及して失われる利潤を表しています。とくに $\Delta Q_B / \Delta Q_A$ は，顧客 A の減

少に反応してどれだけ顧客 B が減少するかを表しており，間接ネットワーク効果の大きさの程度を表しています。この影響によってプラットフォーマーが利潤を最大化するには顧客 A と B の価格を別々に考えるのではなく，全体としての最適化を考える必要があります。たとえば，$\Delta Q_B/\Delta Q_A$ が非常に大きい場合には，顧客 A の価格を極端に下げて需要 Q_A を増加させることが，間接的に顧客 B の需要 Q_B の大幅増加につながり，結果としてプラットフォーマーの利潤を高める可能性があります。実際にこのような価格設定はテレビ番組やWeb ポータルのようなメディアで用いられています。

表10.1 では，典型的なプラットフォームで双方の顧客から徴収している料金の有無を載せています。表中の参加料はそのプラットフォームを利用する際に必要な初期費用のことで，利用料はプラットフォームを利用した量に応じてかかる従量料金のことです。たとえば，ゲーム機ではプレーヤーが支払う参加料はゲーム機本体の購入価格であり，利用料は一度購入してしまえばいくら本体を使っても費用はかからないので通常は無料です。なお，ゲームソフト代はプラットフォーマーに直接支払われるわけではないので，プラットフォームの料金には含まれません。一方，ソフト開発者の参加料は開発機材・ソフトなどの環境を整えるための費用であり，利用料はソフトの売上に応じてプラットフォーマーに支払うライセンス料（ロイヤリティ）となります。

表中の宿泊予約サイト，ショッピングセンター，テレビ番組，Web ポータルといったプラットフォームでは買い物客や視聴者など一般消費者（顧客 A）側の料金は無料になっています。また，クレジットカードについてもカード保有者の年会費は無料もしくは低額であることがほとんどです。一般的に価格弾力性の高い顧客に対する料金水準は低額にした方が利潤は高まることが知られています。上記のプラットフォームでは，出店者や広告主に比べて相対的に価格弾力性の高いと考えられる買い物客や視聴者の料金を低額（無料）にしています。低価格によりこれら消費者の需要が高まれば間接ネットワーク効果によって出店者や広告主の需要も高まるため，プラットフォーマーにとっては後者から得られる利潤を増加させることにメリットがあると考えていることに他なりません。

プラットフォーム間競争とクリティカル・マス

　他の財やサービスと同じように，プラットフォーム市場においても提供される
サービスで複数企業が競合しているのが通例です。たとえば，パソコン用
OS では顧客は Windows と Mac のどちらを使うのか選ぶことができ，スマー
トフォン用 OS についても iOS と Android OS を選ぶことができます。また，
宿泊予約サイトや雑誌，Web ポータル，クレジットカードなどについてもさ
まざまな企業から同様のサービスが提供されています。ここで利用するプラッ
トフォームの数に関して，パソコンやスマートフォンでは多くのユーザーが単
一のプラットフォームのみを利用するのに対して，雑誌やクレジットカードな
どは複数のプラットフォームを同時に利用する消費者が多いです。前者のよう
に単一のプラットフォームのみを利用する顧客が多いものは**シングルホーミン
グ**（single-homing）と呼ばれるのに対して，後者のように複数のプラットフォ
ームが同時に使われることの多いものは**マルチホーミング**（multi-homing）と呼
ばれます。これは，プラットフォームを住居になぞらえて単一の住居に住むの
か，それとも複数の住居に住むのかで表現したものです。

　シングルホーミングの中でもとくにパソコン用 OS やビデオゲーム機といっ
た需要調整型プラットフォームでは，異なるプラットフォーム間で提供される
サービスに互換性がないため，顧客は最初に利用して使い慣れたプラットフォ
ームを長く使い続ける傾向があります。このため，プラットフォーム間で顧客
の移動が少なく，一度多くの顧客を獲得したプラットフォーマーが支配的な地
位を築きやすくなります。また，規模の経済やネットワーク効果の存在によっ
て，プラットフォームがビジネスとして成立するには，ある一定以上の顧客数
が必要と考えられています。この最低限必要な顧客数のことを**クリティカル・
マス**（critical mass）と呼びます。新規事業者にとってはクリティカル・マスを
獲得できるかどうかがそのプラットフォーム市場に参入するための条件になり
ますが，シングルホーミングのプラットフォームでは既存事業者から顧客を奪
うのが難しく新規参入がより困難となります。

4. 両側市場における競争政策

前節で説明したように，プラットフォーマーの利潤は両側の市場からのものであり，これらは間接ネットワークによって密接に関わっています。そのため，単一市場を想定した競争政策をプラットフォームの片側の市場にそのまま適用してもよいのかという問題があります。ここでは競争阻害行為としてカルテル，排他的取引，および不当廉売を取り上げてプラットフォーム市場における競争政策について説明します。

カルテル

同様のサービスを提供するプラットフォーマーがカルテル行為によって，両側市場の片方側での価格を引き上げるような契約を結んだ場合，その影響はその片方側の市場だけにとどまりません。カルテルが結ばれた方の市場では価格上昇によって利用者が減少するため消費者余剰が減少しますが，それは間接ネットワーク効果によってもう一方側の市場の需要も押し下げることになります。したがって，プラットフォーマーがこの影響をまったく考慮しないのであればどちらの市場も需要が減少してしまい，両側市場全体としての消費者余剰は減少してしまいます。しかし，プラットフォーマーがカルテルの影響を避けるために，もう一方側の市場では価格競争を積極的に行って価格を大きく引き下げたとすると，そちらの市場では利用者が増加して消費者余剰が増加する可能性もあります。この場合，両側市場全体としての消費者余剰はカルテルを結ぶ前よりも増加することがありえます。

両側市場ではこれらのどちらもが起こりうるため，プラットフォーマーのカルテル行為が社会的余剰を改善するのか，それとも悪化させるのかは一概には判断できません。適正な競争政策を運用するためにはプラットフォーマーの利益構造や間接ネットワークの影響を十分に考慮する必要があります。しかし，現状では規制当局はこのような複雑な影響を評価する十分な手段を持っておらず，両側市場の一方側でもカルテル行為が認められれば独占禁止法違反の取り締まり対象となります。これは，たとえ両側市場の全体として社会的余剰が上

がる可能性があるにせよ，カルテル行為を取り締まらないことは過少規制による悪影響を生む可能性が高いと考えられているからです。

┃ 不当廉売 ┃

　第7章で述べたように，独占禁止法では企業が正当な理由がないのに商品を原価割れするような低価格で継続販売することを禁止しています。ここで独占禁止法の不当廉売ガイドラインが正当な理由の具体例にあげているのは，生鮮食品や季節物商品のような消費期限のある商品，そしてキズ物や半端物といった訳あり商品を販売するような場合です。こうした商品は売り時を逃してしまえば商品価値を失ってしまうため安売りすることに合理性があります。

　一方で，プラットフォーム市場の両面性は不当廉売ガイドラインでは正当な理由にあげられていません。しかし，現実のテレビ番組やWebポータルでは，集客のために一方の市場での料金は無料にして，もう一方の市場からは料金を徴収して利益を上げていることがあります。この場合，片側のみの市場では赤字が出るような料金体系であっても，それがもう一方の市場での顧客を増加させて利益をもたらすのなら企業判断としては合理的といえます。したがって，プラットフォーマーが両側市場の片側で原価割れ価格でサービスを提供する行為は不当とはいえない可能性があります。

　また，不当廉売禁止の根拠になっている参入阻止価格や略奪価格の理論が想定しているのは，他の事業者の新規参入を困難にしたり，既存のライバル企業を排除したりすることを目的とした既存事業者による低価格戦略です。前述のようにプラットフォーム市場では片方の市場で最低限必要な顧客数であるクリティカル・マスを確保できるかどうかが参入要件として重要です。そのため新規事業者が参入時に原価割れするような低価格をつける行為は，ライバルを排除する行為というよりは早期にクリティカル・マスを確保して事業を軌道に乗せるための行為であるともいえます。むしろ，こうした行為はプラットフォーム利用者を増加させ，長期的にはプラットフォーム間での競争を活発にすることもあります。

　以上の理由から規制当局が不当廉売でプラットフォーマーを過度に取り締まってしまうと市場が活性化しないばかりか，そもそもの新規参入が起こらなくなってしまう可能性もあります。プラットフォーム市場での新規事業者への不

当廉売の適用に際しては，市場の両面性を考慮し，新規事業者の地位や利益構造などを十分に考慮する必要があるといえるでしょう。

排他的取引

　第2節では専売店制などの排他的取引が違法となるケースとして，有力な事業者が取引相手に対して他の事業者と取引をしないよう強要し，ライバル企業の事業活動を困難にさせるような場合をあげました。これはプラットフォーム市場についても同様です。とくにプラットフォーム市場では参入要件としてクリティカル・マスを確保できるかどうかが重要ですが，有力なプラットフォーマーが取引相手に排他的取引を強要し，ライバル企業がクリティカル・マスを確保できないように仕向けるのは違法行為になります。

　プラットフォーマーの行った排他的取引が問題となった有名なケースとして2011年のDeNA事件があります。DeNA社はインターネット上でSNSを提供しているプラットフォーマーですが，2010年1月に自社の運営するSNSサイト「モバゲータウン」をオープン化し，それまで主に自社で行っていたゲーム開発を一般のゲーム開発者（サードパーティー）に開放しました。このモバゲータウンのオープン化は大成功し，ゲーム開発会社が提供するゲームからのロイヤリティ収入によってDeNAの売上高は大幅に増加しました。また，同様にSNSでソーシャルゲームを提供していたGREEもDeNAに追随してプラットフォームをオープン化しましたが，売上高では2位にとどまりました。

　こうした中でDeNAは2010年7月頃にモバゲータウンにおいて売上高の大きいゲーム開発企業に対して，競合関係にあるGREEを通じたソーシャルゲームの提供をしないように要請しました。また，もしこの要請をゲーム開発企業が受けいれずにGREEに新たなゲームを提供した場合には，その企業が提供するゲームをモバゲータウンのWebサイトには載せない方針を示しました。つまり，DeNAはゲーム開発企業に対して排他的取引を要請したことになります。2011年6月，公正取引委員会はこうしたDeNAの行為が競合企業GREEへの取引妨害にあたり不公正な取引方法として排除措置命令を出しました。

　ゲーム開発企業はGREEにゲームを提供するとモバゲータウンでのサービス提供が実質的に制限されてしまうことから，DeNAの要請に従わざるをえ

ない状況にあったといえます。また DeNA はそうした状況を利用することで，GREE のプラットフォームとしての価値を下げることをねらったものと考えられます。仮に公正取引委員会が排除措置命令を出さずに DeNA の排他的取引が長期間続いていたとすれば，GREE に提供されるゲームは減少し，それによってユーザー数も減少していたかもしれません。SNS の両側市場としての特性を考えると，取引相手への排他的取引の強要はライバル企業の顧客獲得を困難にさせ，中長期的には退出を余儀なくさせる可能性もあったといえるでしょう。この意味で公正取引委員会の排除措置命令は競争政策の運用として適切であったと考えられます。

Column ⑫　プレイステーションのソフト販売における再販売価格維持

　プラットフォーマーによる拘束条件付き取引が問題となった事例として，ソニー・コンピュータエンターテイメント（SCE）がゲームソフトの小売価格を拘束した事件があります（SCE 事件）。

　1994 年 12 月に SCE は家庭用ゲーム機プレイステーション（PS）を発売しました。PS は新世代の 32 ビットゲーム機として高性能であっただけでなく，ゲームソフトの供給媒体に従来の ROM カセットではなく CD-ROM を採用したため，メディア容量，製造コスト，納期といったソフト供給面でも優れた特徴を持っていました。また有力なゲームソフト開発企業から人気ゲームソフトが次々と登場したことでゲームハードとしてのシェアをしだいに拡大させていきました。1996 年末には PS の国内累計出荷台数が 650 万台を突破し，32 ビットゲーム機のプラットフォームとして第 1 位のシェアを獲得しました。

　また，ゲームソフトの流通販売において SCE は直接流通方式を採用しました。これはライセンス契約を結んだゲームソフト開発会社からゲームソフト製造をすべて委託という形で SCE が請け負い，さらに製造されたゲームソフトは SCE が契約を結んだ特約店（卸売業者，小売業者，フランチャイズ店など）に直接販売するという流通形態です。SCE 自身が流通販売の中心となることで需要に基づいた製造数の決定や商品流通の安定化をねらったものとされています。一方で流通を握ることで，SCE は実質的に PS ソフト販売を独占することになりました。また，特約店契約の締結にあたって取引事業者には以下の 3 つが条件として課されていました。

　1. 値引き販売の禁止：小売業者は PS ソフトを希望小売価格で販売するこ

と

2. 中古品の取り扱い禁止：小売業者はPSソフトの中古品を取り扱わないこと

3. 横流しの禁止：小売業者はPSソフトを一般消費者のみに，卸売業者は取引先小売業者のみに販売すること

しかし，こうしたSCEの要請に対する小売事業者の反発もあり，PS発売後まもなく，小売業者による値引き販売や中古品の取り扱い，横流しが顕在化しました。これを受けてSCEは違反事業者に対して出荷停止や契約解除を行いました。一方で1996年4月には発売から2カ月が経過したゲームソフトについて値引きを自由化する方針をとっています。

1996年5月に公正取引委員会は上記のSCEの販売方針が独占禁止法に違反する疑いがあるとして立入検査を行いました。そして，1998年1月に公正取引委員会はSCEの行為に対して排除勧告を出しましたが，SCEがこれに応諾しなかったため，その後3年以上にわたって審判で争われることになりました。最終的な2001年8月の審判審決によると，SCEが行った行為のうち，値引き販売の禁止については正当な理由なしに取引相手の再販売価格を拘束する行為であるとして違法性が認定されました。また，中古品の取り扱い禁止についても再販売価格維持を補強する行為であるとされました。ただし，公正取引委員会の立入検査後にSCEが販売事業者への価格拘束を解いたことで，1997年11月頃には値引き販売の禁止は消滅したことが認められました。そして，これを受けて中古販売の禁止については公正競争の阻害性はなくなったとされました。一方で横流しの禁止については再販売価格維持の有無に関わらず公正競争の阻害性が認定されています。

SUMMARY ●まとめ

☐ 1 メーカーと小売店の垂直的な取引関係においてブランド内競争がなければ，二重マージンが発生して商品価格が上昇します。

☐ 2 独占禁止法では，メーカーが小売店に対して販売価格を拘束することを原則的に禁止しています。これは再販売価格維持によってブランド内競争が減退し，市場の効率性が損なわれることを防ぐためです。また，その他の垂直的な取引制限行為についても，市場での公正な競争を阻害するおそれがある場合には不公正な取引方法として規制されます。

□ **3** プラットフォーム市場では両側の経済主体間で間接ネットワーク効果による外部性が働きます。このため，競争政策を運用する際にはプラットフォーマーの行為が両側市場にもたらす影響を見極める必要があります。

EXERCISE ● 練習問題

10-1 本文を読んで以下の空欄①～⑮に適切な語句を入れて文章を完成させなさい。

1. 独占禁止法で不公正な取引方法として禁止される再販売価格維持であるが，この規制の対象外となる商品には ① があげられ，② ，新聞およびレコード盤・音楽用テープ・音楽用 CD が含まれる。これらが除外されるのは文化商品としての多様性を確保することや情報源への平等なアクセスを保ち，国民の知る権利を守ることなどが理由にあげられている。近年，再販売価格維持には，他にも経済学的なメリットがあることがわかってきている。それは，(a) ③ を弱める代わりに小売店の販売促進活動を促し，④ が強化されること，(b) 価格やサービスの異なる多様なブランドが確保され，消費者の選択肢が拡大すること，(c) 小売店のサービス競争での ⑤ 問題を解消すること，などである。

2. 不公正な取引方法に規定される拘束条件付き取引には，再販売価格維持の他に，取引相手に対して，自社商品の販売できる地域を限定する ⑥ ，自社以外の競合企業と取引しないことを条件づける ⑦ ，複数の商品をセット販売する ⑧ などが該当する。また，取引上の優越的な立場にある事業者が，取引相手に不当な不利益を与える ⑨ も不公正な取引方法に該当する。

3. プラットフォーム・ビジネスは提供する機能によって，(a) 宿泊予約サイトやショッピングセンターなどの顧客双方に取引する場を提供する ⑩ 型プラットフォーム，(b) 雑誌やテレビ番組のような読者・視聴者側から広告主側へ一方向に正の間接ネットワーク効果が大きく働く ⑪ 型プラットフォーム，(c) クレジットカードやゲーム機などのように顧客に市場取引の場を提供するとともになんらかのモノを提供することでユーザーを囲い込む ⑫ 型プラットフォームに分類することができる。また，ユーザーの利用形態について，単独のプラットフォームだけが利用されることの多い ⑬ と複数のプラットフォームが同時に利用されることの多い ⑭ に分けることができる。プラット

フォーム・ビジネスが軌道に乗るにはユーザー数が一定の　⑮　を超えるかどうかが重要となるが，とくに前者の性質を持つプラットフォームでは既存事業者から顧客を奪取するのが難しく新規参入がより困難となる。

10-2 インターネットの出会い系マッチングサイトでは，しばしば男性会員は有料だが，女性会員は無料もしくは非常に安価な料金設定になっている場合がある。こうした女性会員に対する料金設定は競争政策上の不当廉売にあたるかどうか考えてみなさい。

イノベーションと研究開発

誰がイノベーションを担うのか？

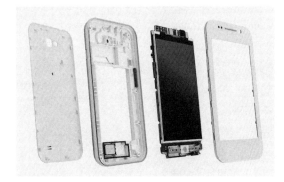

分解されたスマートフォン。新しい技術や知識は流出しやすい
（©golubovy/PIXTA）

INTRODUCTION

　企業が行う活動の中でも，新商品の開発や生産工程の改善によるコスト削減などは広義ではイノベーションと呼ばれ，企業の利潤を高めるうえでの重要な活動です。多くの場合，こうした企業活動の恩恵はイノベーションを起こした企業だけでなく，私たち消費者にも及ぶため，イノベーションは社会的にも望ましいと考えられます。一方で，研究開発を通じたイノベーションには不確実性による市場の失敗が伴うことから，政府による介入が比較的広範囲で行われる傾向にあります。この章では，企業がイノベーションを起こす際の動機を明らかにするとともに，研究開発投資に関わる戦略的行動について解説します。

1 イノベーションとは

┃ イノベーションの重要性 ┃

　イノベーション（innovation）と聞いて，皆さんがまず思い浮かべるのは新商品や新技術の開発だと思います。ただし，広い意味でのイノベーションには技術的な発明だけに限らず，新しい販売経路の獲得や新たな原材料の発掘，企業組織の改革なども含まれます。イノベーションは大まかに**プロダクト・イノベーション**（product innovation）と**プロセス・イノベーション**（process innovation）に分類できます。前者は新しい財・サービスにつながるイノベーションのことを指し，後者は既存の財・サービスの費用削減に関わるイノベーションのことを指します。ただし，あるメーカーが自身で新しい部品を発明して生産コストを下げた場合はプロセス・イノベーションになりますが，同じ部品を部品メーカーが開発してそれを他のメーカーに供給した場合にはプロダクト・イノベーションになります。したがって，そのイノベーションがプロダクト・イノベーションなのか，あるいはプロセス・イノベーションなのかは，どの立場で見るかによる相対的な概念にすぎません。

　経済活動におけるイノベーションの重要性を最初に指摘したのは経済発展の理論で著名な経済学者シュンペーター（J. A. Schumpeter）です。彼は，経済の本質は，静学的な均衡ではなく，イノベーションによって絶えず均衡が変化し続けるダイナミックな過程にあると指摘しました。つまり，競争の結果として達成された市場均衡の状態を維持していくというよりはむしろ，均衡を破りライバル企業よりも高い利潤を得る活動にこそ経済の本質があるということです。そして，均衡を破るための手段がイノベーションであり，イノベーションによって既存の均衡状態が破られ新しい均衡に向かう過程のことをシュンペーターは**創造的破壊**（creative destruction）と呼びました。現在では，多くの企業が多額の研究開発投資を行い，新製品や新しい生産技術の開発，新たな販路の開拓などを通じてライバル企業より少しでも利益を出そうと努力しています。この現状を踏まえると，彼のいったことには説得力があるではないでしょうか。

このようなイノベーションの利益は，成功した企業自身に恩恵をもたらすだけでなく，多くの場合それを利用する他企業や消費者にも利益をもたらします。私たちは市場を通じて企業の新商品に触れる機会が多くありますが，それらの多くは私たちの生活の質を高めるものです。たとえば，私たちが日々利用している家電製品や自動車，医薬品，インターネットなども過去のイノベーションによって生まれたものです。つまるところ，私たちが享受している現在の豊かさはイノベーションのおかげといえるでしょう。

■ イノベーションに伴う市場の失敗 ■

　社会的にも望ましいイノベーションですが，市場メカニズムのもとではそれが十分に起こらない可能性があります。ここでは，その理由を3つ取り上げます。

　第1にイノベーションによって生み出された新商品や新技術が，究極的には新しい知識としての情報であることに起因する問題です。たとえば，新商品は部品・材料の新しい組み合わせの情報から作られ，新技術は新しいアイデアという情報から生まれるものです。こうした情報は情報財ともいいますが，非競合性と非排除性という公共財としての性質を持っています。リンゴのような通常の財は誰かに盗まれると持ち主はもはや消費できませんが，知識（アイデア）は誰かに盗まれても持ち主は依然として消費可能です。つまり，知識情報は追加費用なしに（限界費用ゼロで）供給することができるのです。このように誰もが追加費用なしに同時に利用可能であるという性質を非競合性といいます。また，非排除性とは誰かが財を対価なしで利用しようとするのを止めることが難しいという性質です。たとえば，あなたが世界で初めて自転車を発明した人だったとしましょう。しかし知的財産権などによる保護がないかぎり，誰かがアイデアを勝手にまねて同じ自転車を作ったとしても，それを阻止するのは非常に難しいといえます。

　イノベーションの持つ公共財としての性質のために，企業が研究開発投資を行い，せっかく優れたアイデアや発明を生み出しても，他社が無断で模倣するおそれがあり，またそれを防ぐのも非常に難しいという問題があります。そうなると，自ら努力して研究開発するよりも模倣する側に回った方がよさそうです。しかし，皆がそのように考えると，誰も研究開発投資をしなくなってしま

い，そもそもイノベーションが起こらないという事態が生じます。つまり，正の外部性がある公共財の供給と同様に，市場メカニズムに任せると誰もイノベーションを供給しない（起こさない）状況が考えられるのです。このような情報財の性質に起因する事態は，第2章で説明した市場の失敗の1つです。

第2はイノベーションに伴う不確実性の問題です。企業は新しい知識を生み出すために研究開発投資を行います。その場合，あらかじめ新商品の開発目標や生産コストの削減目標を設定しますが，投資の結果が常に目標どおり達成できるとは限りません。また，たとえ目標どおりの成果が得られ，新しい商品が開発できたとしても，実際にそれが市場で消費者に受け入れられる保証はありません。その場合，そのイノベーションは失敗といえます。このように，研究開発投資には成功の可否についての不確実性が伴います。そのため，リスク回避的な経済主体を想定すると，過少な投資しか行われない可能性があります。

第3は投資の分割不可能性の問題です。研究開発投資では新規の発明やアイデアを生み出すために多額の費用がかかります。生み出された「知識」そのものは売買の対象となりえますが，生み出す過程で発生した費用は転用も転売もできないのでその大部分はサンクコストになります。また，発明となる知識やアイデアは生み出すか生み出さないかというゼロかイチかの世界であり，少額の費用で一部のアイデアだけを生み出すこともできません。たとえば，医薬品開発には数百億円規模の費用がかかることが知られていますが，その一部の金額で医薬品に関わる一部の知識を生み出し，それを利用して収益を上げることは基本的にできません。したがって，新しい医薬品の開発には巨額の投資を行うか，あるいはまったく行わずに開発を諦めるのかの2つの選択肢しかないのです。このような研究開発投資の特徴のことを**投資の分割不可能性**といいます。研究開発に多額の費用がかかる事業の場合，それに見合う市場規模がないために費用の回収見込みがなく，投資がまったく行われないという問題があります。

以上のようなイノベーションに伴う市場の失敗は，社会的に必要なイノベーションがそもそも生み出されない，あるいは過少にしか生み出されない可能性を示唆しています。このため，政府による市場介入が望まれます。知的財産権制度は，そのような市場の失敗を補う政策の1つです。新しいアイデアや発明，創作物を生み出した者に一定期間独占できる権利を付与することで，発明や創作活動からの収益を確保する機会を保証し，イノベーションを促すのが知的財

産制度の役割です。こうした知的財産権制度の機能と問題点については第12章で詳しく説明します。

イノベーションの担い手は誰か？

▋ 市場支配力とイノベーションの関係 ▋

　シュンペーターはその著書の中で，市場での独占（あるいは寡占）がイノベーションを促す可能性を強調しました。この理由として，市場占有率の高い企業は競合他社の行動を観察しやすく不確実性が減少すること，資本市場の不完全性により大企業は資金調達が容易になること，イノベーションの収益はマーケットシェアに依存するケースがあることなどがあります。そして彼の主張から，①大企業ほど研究開発投資を積極的に行う，②市場支配力の高い市場ほど研究開発投資が行われる，という2つの命題，いわゆるシュンペーター仮説が生まれました。シュンペーター仮説が実際に成立するかどうかについて，現在までさまざまなデータを用いた定量的な実証研究が行われています。

　このうち前者については，仮説どおりに大企業ほど研究開発投資を行うという結果が多く得られています。しかし，同時に研究開発投資の生産性は大企業ほど低いことも示されています。つまり，大企業ほど大規模に研究開発投資を実施するものの，その生産性は規模が大きくなるにつれて低下するというわけです。このような傾向が観察される背景には，コスト・スプレッディング（cost spreading）という概念があるとされます。コスト・スプレッディングとは，研究開発費のようなサンクコストは，生産量が多いほど生産量1単位当たりのコストに薄く広く上乗せできることをいいます。大企業は多数の製品を扱うとともに大量生産を行っているため，イノベーションからの利益を生産量1単位当たりにならせば比較的少額になります。このことは，大企業ほど収益性が低い研究開発プロジェクトでも採算が取れることを意味します。つまり，大企業ほど研究開発投資を大規模に実施する一方で，研究開発の生産性（1単位当たりの付加価値）は低下している事実を説明できるというわけです。

　一方で，後者については現在まで一貫した実証結果は得られていません。市

場構造と研究開発の関係性に関して，理論的には事前の市場支配力が必ずしも研究開発投資へのインセンティブになるとは限らないケースも考えられます。以下では，市場構造が完全競争であるときと独占であるときの2つのケースを想定し，市場支配力の小さい企業と大きい企業がイノベーションを起こした場合に得られる利潤を比較することで，どちらの方がイノベーションを起こそうとする意欲が高くなるのかを考察してみましょう。

┃ イノベーションの置き換え効果 ┃

　まず，市場支配力をまったく持てないような完全競争市場にいる企業がプロセス・イノベーションによって限界費用を低下させることを考えます。ここでのプロセス・イノベーションによる限界費用の低下は，極端に大きくない漸進的なイノベーション（incremental innovation）であることを想定します。漸進的なイノベーションとは，それを得た企業がライバル企業の存在を無視して独占企業として振る舞えるような画期的なイノベーションではないという意味です。また，企業が得たイノベーションは特許制度で守られ，ライバル企業には模倣されないものとします（特許制度については第12章で説明します）。

　図 11.1 (a) に示した完全競争の状態では，市場価格 p はすべての企業で等しい限界費用 c_1 に一致していますが，どの企業も利潤はゼロです。いま，とある企業（企業1とします）がプロセス・イノベーションに成功し，財の供給にかかる限界費用を c_1 から c_2 に低下させたとします。企業1は他企業を無視した独占価格はつけられないものの，他企業よりもわずかでも安い価格をつければ市場を独占できるため，企業1にとっての最適価格は現在の市場価格 $p = c_1$ をわずかに下回る価格です。企業1がそのような価格をつけると，他の競合企業は市場から排除され，企業1は $\pi_1 = (c_1 - c_2) Q^*$ だけの利潤（実際にはこれをわずかに下回る利潤）を得られます。これは図 11.1 (a) の点網掛けした部分の面積であり，完全競争市場において企業がイノベーションを起こすことで得られる利潤です。

　次に，もともとの市場が独占状態である場合のプロセス・イノベーションを考えます。図 11.1 (b) は独占企業が利潤を最大化するように価格決定している状況（$MR = c_1$）を表しており，このときの生産量と独占価格をそれぞれ Q_1^m と p_1^m とします。また，独占利潤は図 11.1 (b) の薄い影付きの部分の面積 π_1^m で表

（a） 完全競争市場でのイノベーション　　**（b） 独占市場でのイノベーション**

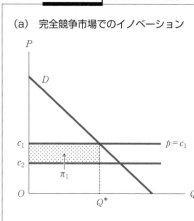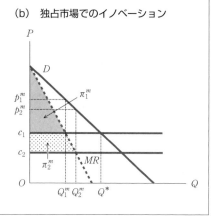

せます（この面積は $(p_1^m - c_1)Q_1^m$ に等しくなります）。いま，独占企業がイノベーションに成功し，先ほどの完全競争市場と同じように限界費用を c_1 から c_2 に低下させたとします。このとき，独占企業の利潤は図 11.1 (b) の π_1^m に点網掛けされた部分の面積を加えた $\pi_2^m (= (p_2^m - c_2)Q_2^m)$ へと拡大します（π_2^m には π_1^m の部分も含まれるのに注意しましょう）。

　完全競争市場では，企業のもともとの利潤はゼロなので，イノベーションによる追加的な利潤 π_1 はそのままイノベーションの利潤になります。一方の独占市場では，企業はイノベーションを起こす前から π_1^m だけ利潤を得ているため，イノベーションによる追加的な利潤は $\pi_2^m - \pi_1^m$ です。図 11.1 (a) (b) を比較すれば明らかなように $\pi_1 > \pi_2^m - \pi_1^m$ であり，完全競争市場の方が，独占市場よりもイノベーションによる追加的な利潤は大きくなります。

　もし，イノベーションを起こそうとする意欲が，イノベーション前後の利潤の差によって決まるのであれば，完全競争市場と独占市場では前者の方が意欲は高くなるといえるでしょう。つまり，市場支配力の大きい独占企業にとってイノベーションは既存の利潤を置き換えることになるので，市場支配力を持たない完全競争市場の企業よりもイノベーションを起こす意欲は低くなります。このようにすでに利潤を得ている独占企業の方が，まだ利潤を得ていない企業よりも機会費用が大きく，イノベーションを起こそうとする金銭的インセンティブが小さくなることを，イノベーションの**置き換え効果**（replacement effect）

と呼びます。

　なお，ここでは漸進的なプロセス・イノベーションを想定しましたが，市場が独占市場になるような画期的なイノベーションについても，金銭的なインセンティブは完全競争市場の方が大きくなります。これは，**図 11.1 (b)** においてイノベーションを起こした企業がつける独占価格 p_2^m が c_1 よりも低くなるような極端な限界費用の低下が起こるケースに該当しますが，その場合もやはり $\pi_1 > \pi_2^m - \pi_1^m$ は成り立ちます。また，ここで考えたような同質財市場のプロセス・イノベーションだけでなく，差別財市場のプロダクト・イノベーションにも置き換え効果があります。たとえば，独占企業が新商品を発売する場合，それは以前から販売している自社商品と競合するため，売上の一部を新商品が置き換えることになります。一方，完全な新規企業が発売する商品には置き換え効果がありません。以上のように，イノベーションの置き換え効果が十分に大きいのであれば，シュンペーター仮説とは異なり，市場支配力のある独占企業がイノベーションを起こす意欲は必ずしも高くないことになります。

┃イノベーションの効率性効果┃

　それでは，独占企業がイノベーションを起こそうとする意欲は常に低いままなのでしょうか？ 先ほどは同質財市場において，ある 1 社のみがイノベーションを起こし，他のライバル企業はイノベーションを起こさない状況を考えましたが，企業がお互いにイノベーションをめぐって競争している状況では，また違った結果となることが知られています。ここでは，同質財の独占市場において既存企業が先にイノベーションに成功した場合には，引き続き市場支配力を維持できるが，もし潜在的な新規企業が先にイノベーションに成功した場合には，新規参入が起こって市場が複占になるケースを考えてみましょう。

　まず，初期状態として既存企業がある技術 A を特許化して市場を独占している状況を想定します。この技術 A によって既存企業が得ている独占利潤を $\pi_1^m(A)$ で表すことにします。また，既存企業と，この市場に参入しようとしている潜在的な新規企業は，ともに競合技術Bの開発を目指しているとします。新規企業は技術 B を入手することで，既存企業と同等の製品を特許侵害しないで製造できるようになるとします。このような技術のことを**迂回発明**（circumventing invention）といいます。たとえば医薬品産業で，分子構造は少し異

なるが効用はほぼ同じような薬の開発をめぐる競争を考えてみてください。市場に参入しようとしている新規企業が技術Bを先に開発した場合には参入が起きますが，既存企業が先に成功した場合には参入は起こりません。なぜならば，既存企業は技術Bを特許取得することで新規企業の参入を阻止できるからです。なお，既存企業にとっては技術Aと技術Bのどちらを使っても市場で得られる利潤は同じとします。つまり，新規企業が市場に参入するために研究開発を行うのに対して，既存企業は新規企業の参入を阻止するために研究開発を行っていることになります。

　既存企業が技術Bの開発に先に成功した場合には，独占市場が維持されるため利潤は $\pi_1^m(A)$ のまま変わりません。しかし，新規企業が先に成功した場合には，既存企業は技術A，新規企業は技術Bを使って同等の製品を製造することで市場は複占状態になります。このときの既存企業の利潤を $\pi_1^d(A, B)$，新規参入企業の利潤を $\pi_2^d(A, B)$ で表すことにします。

　既存企業にとって，新規企業に先んじて技術Bを開発することは，市場が複占となった場合に失われる利潤，つまり $\pi_1^m(A) - \pi_1^d(A, B)$ を守ることに等しい行為といえます。それでは，新規参入によって既存企業が失う利潤と，新規企業が得る利潤 $\pi_2^d(A, B)$ ではどちらが大きいのでしょうか？　結論から先に述べると，既存企業が失う利潤の方が，新規企業の利潤よりも大きくなります。なぜならば，既存企業が独占市場で得ている利潤は，複占市場で2社が得る利潤の合計よりも大きいので，$\pi_1^m(A) > \pi_1^d(A, B) + \pi_2^d(A, B)$ が成り立つ（これは102ページの**表5.1**で独占市場の生産者余剰（$bS^2/4$）＞複占市場の生産者余剰（$2bS^2/9$）であることから確認できます）ので，これを書き換えると，

$$\pi_1^m(A) - \pi_1^d(A, B) > \pi_2^d(A, B) \tag{11.1}$$

という関係が成立するからです。これは独占企業の方が，複数企業が個別に生産するよりも効率的に市場から利潤を得られることを意味しています。この関係を示したのが**図11.2**です。薄い影付きの部分は新規企業が参入に成功した場合に既存企業が失う利潤，点網掛けの部分は新規企業が得る利潤にあたります。

　このように既存製品と類似の発明，あるいは新規参入によって既存企業を排除できないような発明の場合には，新規企業が参入によって得る利潤よりも，

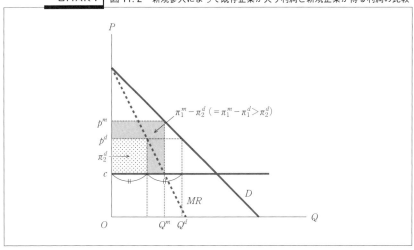

既存企業が新規参入を許してしまうことで失う利潤の方が大きくなります。したがって，既存企業は独占利潤を守るために新規企業よりも研究開発に対して高い意欲を持つと考えられます。こうした参入阻止によって，既存企業のイノベーションへの意欲が高まることをイノベーションの**効率性効果**（efficient effect）と呼びます。また，参入阻止のためにイノベーションを先んじて行う行為を**先取り**（preemption）といいます。現実の市場では，将来的に自社で使う予定のない特許を多数保有する大企業が存在します。このような特許の一部はライバル企業の市場参入を阻止するための**ブロッキング特許**（blocking patents）と呼ばれます。

置き換え効果 vs. 効率性効果

　イノベーションの置き換え効果を考えた場合，独占企業と潜在的な新規企業では，現時点で利潤を得ていない新規企業の方がイノベーションを起こしたときの利潤が大きいため，イノベーションを起こそうとする意欲は高くなります。一方，イノベーションの効率性効果を考慮した場合には，独占企業の方がイノベーションを起こすことで新規参入を阻止しようする意欲が高くなると考えられます。

　置き換え効果と効率性効果のどちらが大きいのかは，市場環境や想定される

イノベーションに依存するため一概にはいえません。たとえば，既存の独占企業を打ち負かすような画期的なイノベーションについては，効率性効果よりも置き換え効果の方が強く働くため，独占企業よりも新規参入を目指す企業の方がそうしたイノベーションを起こそうとする意欲が高いといえます。一方で，既存技術の延長線上にあるような漸進的なイノベーションについては，効率性効果が強く働くため，独占企業の意欲が高くなると考えられます。

知識スピルオーバーと研究開発投資における協調行動

知識スピルオーバー

第2節では，企業は特許制度によって自社の技術からの利益を専有できることを想定しました。しかし，現実には特許による発明の保護は完全ではなく，研究開発投資で獲得した新しい知識の一部はリバース・エンジニアリング等を通じてライバル企業を含めた外部に流出します。リバース・エンジニアリングとは他社製品を分解・再構築して内部構造や部品に関する情報を得る手段で，主に製造業で広く行われている合法的な行為です。

特許そのものからの情報流出もあります。特許制度は，発明者に一定期間の排他的な使用権を付与する制度ですが，同時に出願時に特許庁に提出した発明の詳細を記した特許明細書が，原則1年6カ月後に一般公開されます。公開された情報はライバル企業にとって，他社の発明内容を知るだけでなく，研究開発の進展状況などを推測する有力な情報となります。また，従業員の転職を通じた情報流出も考えられます。研究者やエンジニアが別の組織に移動することで，その人物が前の職場で得た知識やスキルも同様に移転することになります。独占禁止法とともに競争秩序の維持を目的とする**不正競争防止法**では，従業員の競合他社への情報漏洩に対して刑事罰が科されているため，最先端の技術情報が完全に漏洩することは多くはないですが，それ以外の細かなノウハウ等については企業間移転を完全には防げません。

現実の例では，コピー機で知られる複写機市場での新規参入があげられます。1959年に米ハロイド社（現ゼロックス社）は世界で初めて複写機を開発し，そ

の技術を膨大な特許で囲い込むことで世界中の複写機市場を独占していました。しかし，新規企業であるキヤノンがリバース・エンジニアリングや特許情報から複写機の製造方法を学習し，1970年にゼロックスの特許を侵害しない迂回発明をすることで複写機市場への参入に成功しています。このような顕著な例でなくても，私たちは日々さまざまな市場で類似品を見つけることができます。類似品の多くは他社製品を模倣することから生まれているのです。このような開発企業からの知識漏洩は競合他社にとって正の外部性の一種であり，**知識スピルオーバー**（knowledge spillover）と呼ばれます。

知識スピルオーバーと企業の戦略的行動

　知識スピルオーバーがある場合，企業はライバル企業が行う研究開発から恩恵を得られるので，その効果を期待して戦略的に行動することが予想されます。もし，知識スピルオーバーが大きければ，企業は自ら研究開発を行わずともライバル企業の研究開発にフリーライドできる可能性があります。ここではプロセス・イノベーションに関する研究開発に知識スピルオーバーがある場合の企業の戦略的行動を考えます。まずは同質財市場において，財の供給量に関する意思決定が通常のクールノー競争と比べてどのように影響を受けるのか見てみましょう。

　ある同質財市場において企業2社が競合している複占市場を考えます。この市場で，企業2社は第1期に研究開発投資を行い，その後の第2期で財を供給するものとします。第1期に企業は研究開発に投資することで，財の供給にかかる限界費用を削減できます。ただし，各企業の限界費用は自社の研究開発投資だけでなく，競合企業の研究開発投資から知識スピルオーバーの影響を受けるものとします。なお，ここでは単純化のために研究開発に不確実性はなく，限界費用を削減するのに必要な研究開発費はあらかじめ決まっているとしましょう。また，第2期の財の供給量は，両社がクールノー競争することで決定されるとします。以上をまとめたのが，次の2期間ゲームです。

【第1期】

　企業 $i(i=1, 2)$ が研究開発投資の水準 $x_i(\geq 0)$ を決定する。この研究開発投資と競合企業の研究開発投資からの知識スピルオーバーによって，企業 i の限界

費用 c_i は $x_i + \beta x_j$ だけ低下する。ここで，$\beta\,(0 \le \beta \le 1)$ は知識スピルオーバーの程度を表すパラメータである。

【第2期】
　クールノー競争のもとで企業 i が利潤 π_i を最大化するように財の供給量 q_i を決定する。

　このゲームの第2期において，企業 i が財の供給から得る利潤 π_i を以下のように表します。

$$\pi_i = (p - c_i)q_i - r(x_i) \tag{11.2}$$

ここで，$r(x_i)$ は企業 i が第1期に限界費用を x_i だけ削減するのに投資した研究開発費を表しています。また，研究開発には知識スピルオーバーがあるため，企業 i の限界費用は自社の行う研究開発だけでなく，競合企業 $j\,(\ne i)$ が行う研究開発からも影響を受けます。この影響を含めた企業 i の限界費用 c_i を以下のように定式化します。

$$c_i = c - x_i - \beta x_j \tag{11.3}$$

この式は競合企業 j が研究開発投資によって限界費用を x_j だけ削減すると，知識スピルオーバーによって企業 i の限界費用も βx_j だけ減少することを意味しています。たとえば，$\beta = 0.2$ であれば，企業 j が削減した限界費用の20％が企業 i にも及ぶことになります。また，$\beta = 0$ は技術が秘匿されて知識スピルオーバーがまったく存在しないケース，$\beta = 1$ はすべての知識が外部漏出するケースを表しています。ここでは扱いませんが，$\beta < 0$ は競合企業の研究開発が自社の限界費用を増加させることを意味し，負の外部性がある状況，たとえば他社が特許を先に取得してしまい，自社製品で使える技術が減ってしまうケースなどを表しています。また，$\beta > 1$ のケースは，競合企業による研究開発が自社の研究開発以上に限界費用を低下させることを意味するため，あまり現実的ではありません。ここでは，これら2つのケースを除いて $0 \le \beta \le 1$ の範囲での戦略を考えます。
　企業 i は式（11.2）で与えられる利潤を最大化するように，第1期に研究開

発への投資水準 x_i を決め，そして第2期に財の供給量 q_i を決めることになります。まずは，第1期の研究開発投資 x_i は所与として，バックワード・インダクションによって第2期の供給量の決定から考えてみましょう。ここでは簡略化のために第2期に企業2社が直面する需要関数を $p = 1 - Q = 1 - (q_1 + q_2)$ とすると，第5章の第1節から，クールノー競争での企業 i の最適供給量は $MR_i = MC_i \Leftrightarrow 1 - 2q_i - q_j = c_i$ を満たす q_i となります（第2期の q_i に関する利潤最大化では，式 (11.2) の研究開発費 $r(x_i)$ の項は固定費なので無視できることに注意しましょう）。ここでは $c_i = c - x_i - \beta x_j$ と仮定したので，これを最適供給量の条件式に代入して企業 i の反応関数を求めると，

$$q_i = \frac{1 - q_j - (c - x_i - \beta x_j)}{2} \qquad (11.4)$$

となります。これは第5章の式 (5.5) および (5.6) において，$a = b = 1$，$c < 1$ として，企業 i の限界費用を c から $c - x_i - \beta x_j$ に置き換えたものです。また，企業2社の対称性から，企業 $j (\neq i)$ の反応関数は $q_j = \{1 - q_i - (c - x_j - \beta x_i)\} / 2$ となります。したがって，両社の反応関数を連立させて q_i について解けば，企業 i の最適供給量 q_i^* を求められます。

$$q_i^* = \frac{1 - c + (2 - \beta)x_i + (2\beta - 1)x_j}{3} \qquad (11.5)$$

この式から，各企業が第1期に行った研究開発投資が第2期での供給量に与える影響を測ることができます。企業 i が研究開発投資によって限界費用を x_i だけ削減すると，最適供給量 q_i^* は式 (11.5) の x_i の係数に比例して変化します。ここで，x_i の微小な変化 Δx_i に対する最適供給量の変化量 Δq_i^* は以下です。

$$\frac{\Delta q_i^*}{\Delta x_i} = \frac{1}{3}(2 - \beta) \qquad (11.6)$$

$0 \leq \beta \leq 1$ と定義したので，この式は常に正値です。つまり，知識スピルオーバーが存在するか否かに関わらず，自社で行う研究開発は自身の供給量を増加させる方向に働きます。

一方，競合企業 j による研究開発が企業 i の最適供給量に与える影響は，式 (11.5) の x_j の係数で測ることができます。x_j の微小変化に対する企業 i の最適供給量 q_i^* の変化は以下です。

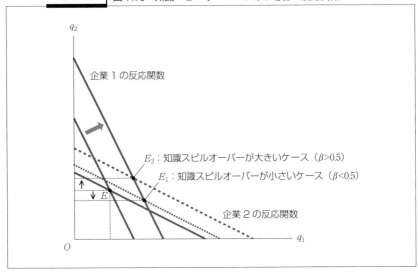

CHART 図11.3 知識スピルオーバーがある場合の反応関数

企業1の反応関数

E_2：知識スピルオーバーが大きいケース（$\beta > 0.5$）

E_1：知識スピルオーバーが小さいケース（$\beta < 0.5$）

企業2の反応関数

q_2

q_1

O

$$\frac{\Delta q_i^*}{\Delta x_j} = \frac{1}{3}(2\beta - 1) \tag{11.7}$$

この式は知識スピルオーバーの大きさ β の値によって符号が変わります。知識スピルオーバーが小さく，$\beta < 0.5$ の場合には，式（11.7）は負値となり，競合企業 j の研究開発によって企業 i の供給量は減少します。これは，クールノー競争では両企業の供給量は戦略的代替関係にあるので，競合企業が研究開発を通じて生産性を上昇させると，競合企業の供給量が増える一方で，自社の供給量が減少することを意味しています。しかし，知識スピルオーバーが大きい場合には状況が変わります。$\beta > 0.5$ の場合は，式（11.7）が正値となるため，競合企業 j の研究開発によって企業 i の最適供給量 q_i^* も増加します。これは競合企業の限界費用低下とともに，知識スピルオーバーの恩恵によって自社の限界費用も大きく低下するため，両社とも供給量を増やすことを意味しています。

　これを図示したのが図 11.3 です。第1期に企業1のみが研究開発を行ったとすると，式（11.4）で表される企業1の反応関数は限界費用の低下によって右方向にシフトしますが，このとき，知識スピルオーバーによって企業2の反応関数も同時に上方シフトします。企業2の反応関数がどの程度シフトするのかは知識スピルオーバーの程度によって変わります。知識スピルオーバーが小

さい場合（$\beta<0.5$）には，企業2の反応関数の上方シフトも小さく，均衡点E_1において企業1の供給量が増加する一方で企業2の供給量は減少します。一方，知識スピルオーバーが大きい場合（$\beta>0.5$）には，企業2の反応関数の上方シフトも大きく，均衡点E_2における企業1，2の供給量はいずれも元の供給量よりも大きくなります。このように，自社の生産性を高めるために行った研究開発が，知識スピルオーバーを通じて，競合企業の生産性の向上にも大きく寄与してしまう可能性があります。

知識スピルオーバーがある場合の研究開発投資

それではこうした知識スピルオーバーの存在は，企業の研究開発への投資行動にどのような影響を与えるのでしょうか？ 先ほどの2期間ゲームで，第1期の研究開発について考えてみましょう。企業iの利潤関数は式（11.2）で与えられていたので，これを最大にする研究開発投資水準（限界費用の削減幅）x_iを求めることで，企業iの研究開発投資に関する最適戦略（つまり，研究開発投資に関する反応関数）を導出することができます。実際には式（11.2）に含まれる研究開発費用$r(x_i)$がどのような関数なのかによって反応関数は変わってきますが，ここでは$r(x_i)$がx_iの2次関数であることを仮定します。これは限界費用を下げる際には，その減少幅の2乗に比例して研究開発費が必要となる，すなわち，研究開発が投資額に対して収穫逓減であることを想定するためです。

具体的な計算過程はウェブサポートページに掲載しているのでここでは割愛しますが，企業iの研究開発投資に関する反応関数は，競合企業jの投資水準x_jの1次関数になります。また，その傾きはスピルオーバーの程度であるβの値によって変わります。βが0から0.5の範囲では反応関数の傾きは負であり右下がり直線になりますが，βの値が大きくなるにつれて，企業1の反応関数はx_1x_2平面上の垂直線に近づき，逆に企業2の反応関数は水平線に近づいていきます。そして，$\beta=0.5$のときに両者は完全な垂直線と水平線になります。さらにβが0.5から1の範囲では，両社の反応関数は右上がりの直線になります。図11.4はそれぞれ$\beta=0.1$と$\beta=0.9$のときの企業1，2の反応関数を表しています。

反応関数の形状から，企業の研究開発投資は$\beta<0.5$のときに戦略的代替，そして$\beta>0.5$のときは戦略的補完の関係にあることがわかります。つまり，

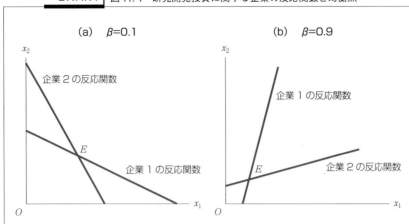

競合企業が研究開発投資を増加させるとき，スピルオーバーが小さいのであれば自社は研究開発投資を減少させるのがよく，逆にスピルオーバーが大きいのであれば自社も研究開発投資を増加させるのがよいことになります。

　研究開発投資に関する企業1，2の反応関数の交点を求めることで，均衡となる研究開発投資の水準 (x_1^*, x_2^*) を求めることができます。実際に求めると，

$$x_i^* = \frac{(1-c)(2-\beta)}{4.5-(2-\beta)(1+\beta)} \tag{11.8}$$

となります（詳細はウェブサポートページを参照）。図11.5 (a) に実線で描いた曲線が x_i^* を表しており，$0 \leq \beta \leq 1$ の範囲で β の減少関数となることがわかります。研究開発投資に関する反応関数は，$\beta=0.5$ を境に戦略的代替から戦略的補完へと変わりますが，均衡における投資水準 x_i^* は知識スピルオーバーが大きいほど小さくなります。つまり，知識スピルオーバーの増加とともに競合企業にフリーライドすることの影響が大きくなるため，自ら研究開発投資する意欲が低下しまうことを示唆しています。したがって，余剰の観点では，知識スピルオーバーという正の外部性によって企業の研究開発投資が過少となる，市場の失敗が起こる可能性があります。

研究開発投資における協調行動（発展）

　前項の分析から，知識スピルオーバーが企業の研究開発投資に対するインセ

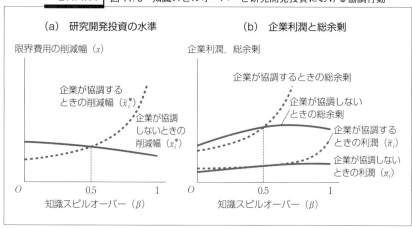

CHART 図 11.5　知識スピルオーバーと研究開発投資における協調行動

(a)　研究開発投資の水準

限界費用の削減幅 (x)

企業が協調する
ときの削減幅 ($\tilde{x}_i^*$)

企業が協調
しないときの
削減幅 (x_i^*)

O　　　　0.5　　　　1

知識スピルオーバー (β)

(b)　企業利潤と総余剰

企業利潤，総余剰

企業が協調するときの総余剰

企業が協調しない
ときの総余剰

企業が協調する
ときの利潤 ($\tilde{\pi}_i$)

企業が協調しない
ときの利潤 (π_i)

O　　　　0.5　　　　1

知識スピルオーバー (β)

ンティブを減少させてしまう可能性があることがわかりました。このような事態を避ける方法として，企業 2 社がお互いに研究開発に関して協調することを考えてみましょう。ここで想定する協調行動とは，前項のように各企業がそれぞれの利潤を最大化するように研究開発投資を決定するのではなく，両社の合計利潤 ($\pi_1 + \pi_2$) を最大化するように研究開発投資を決定することです。もし，企業 2 社がこのような産業全体の利潤最大化を考えるなら，研究開発への投資水準はどのようになるでしょうか？

　このような協調行動がある場合の均衡となる投資水準についても，これまでと同様に利潤最大化問題を解くことで求めることができます。詳しくはウェブサポートページに譲りますが，均衡となる投資水準は以下となることがわかっています。

$$\tilde{x}_i^* = \frac{(1-c)(\beta+1)}{4.5 - (\beta+1)^2} \tag{11.9}$$

この $\tilde{x}_i^*$ もやはり β の関数になりますが，図 11.5 (a) に点線で描いた曲線で表されます。

　図 11.5 (a) において，産業全体の利潤を最大化する投資水準 $\tilde{x}_i^*$ と，前項で求めた自社利潤を最大化する投資水準 x_i^* を比較してみましょう。この図から知識スピルオーバーが小さい範囲 ($\beta < 0.5$) では x_i^* の方が大きく，知識スピルオーバーが大きい範囲 ($\beta > 0.5$) では $\tilde{x}_i^*$ の方が大きいことがわかります。つま

り，知識スピルオーバーが小さい場合には，企業同士が個別に研究開発投資した方が投資額は大きくなり，逆に知識スピルオーバーが大きい場合には，お互いに協調して研究開発した方が投資額は大きくなります。

　それでは，企業が実際にこうした協調行動をとるメリットはあるのでしょうか？　**図 11.5 (b)** には，企業が協調した場合の利潤（$\tilde{\pi}_i$）と，協調しない場合の利潤（π_1）を $0 \leq \beta \leq 1$ の範囲で描いています。この図から，知識スピルオーバーの程度に関わらず常に協調した方が企業利潤は大きくなることがわかります。これは，知識スピルオーバーの効果を両企業が内部化できたためです。したがって，両企業にはお互い協調して研究開発投資するインセンティブが働くことになります。

　なお，企業の研究開発における協調行動としては，ここで見たような投資水準の決定だけでなく，実際に両企業が共同で研究開発を行うことも考えられます。この場合はお互いの研究成果を情報共有して，β を 1 に近づけることができるため，両企業の合計利潤をさらに高めることができます。

　競合企業同士の共同研究開発が成功した事例として，1970 年代の日本における大規模集積回路（LSI）の共同研究開発（超 LSI 技術研究組合）や 1980 年代のアメリカにおける半導体の共同研究開発（SEMATEC：半導体共同開発機構）が有名です。ただし，現実の世界では，競合企業との共同研究開発がうまくいかないケースも数多く存在しています。この理由の 1 つは，共同研究開発では，研究開発で得られた情報をお互いに共有することが前提であるにもかかわらず，将来の製品市場での競争を見越して，自身の情報を出し惜しみして，他社の情報を得るようなフリーライドが起こりうるからです。このため，研究開発の成果がすぐに製品化に結びつくような分野では競合企業による共同研究開発は成果に乏しい一方で，すぐには製品化に至らないような基礎研究分野では共同研究開発の成果が顕著となることが，近年の実証研究で明らかとなっています。

　知識スピルオーバーの大きい共同研究開発が成功すれば，それは企業利潤を高めるだけでなく，市場価格の低下をもたらすため，財を購入する消費者の余剰をも増加させます。よって，社会的厚生の観点からもそうした共同研究開発は望ましい行為と考えられます。これは**図 11.5 (b)** に示した総余剰の描く曲線が，$\beta > 0.5$ の場合に協調した方が大きくなることから確認できます。したがって，規制当局が競合企業同士の共同研究開発をむやみに規制することは競争

政策上，望ましくありません。実際に公正取引委員会では，市場価格や取引量
に関するカルテル行為とは異なり，共同研究開発についてはガイドラインを設
けて一定の範囲で認めています。

Column ⓭　キラー買収

　キラー買収（killer acquisitions）とは，市場支配力を持った企業が，将来の
市場競争を避けるために，潜在的に脅威となりうる製品を開発しているスタ
ートアップ企業（新しいアイデアや先進技術によって市場を開拓し，短期間
で急成長している企業）を買収し，その開発を中止することをいいます。キ
ラー買収は潜在的な市場競争を排除してしまうという点で反競争的な行為と
考えられます。また，中止に追い込んだ開発中の製品が既存製品よりも優れ
ている可能性をも排除してしまうため，長期的には有望なイノベーションの
芽を摘んでしまうことにもなります。こうしたキラー買収の問題は C. クーニ
ンガムらが 2018 年に発表した論文で初めて提起されました（Cunningham et
al., 2021）。

　彼らはキラー買収が起こるメカニズムを，クールノー競争下でのイノベー
ションの効率性効果と置き換え効果を用いて分析しています。既存企業は，
スタートアップ企業がイノベーションに成功することで発生する損失を避け
るため，キラー買収によって新規参入を阻止しようとします（効率性効果）。
一方，スタートアップ企業にとっては，イノベーションの成功による市場参
入の利益がインセンティブとして大きく働きます（置き換え効果）。キラー買
収は，スタートアップ企業が市場に参入することで得られる利益よりも，既
存企業が参入阻止によって避けられる損失が大きい状況，つまり，効率性効
果が置き換え効果よりも大きい場合に起こるといえます。実際に，クーニン
ガムらは医薬品市場のデータから，既存企業が将来的に競合しうるスタート
アップ企業を買収して，開発中の医薬品を中止しているケースが多数観察さ
れることを示しました。また，買収先の企業の売上高や資産規模が，競争当
局による企業結合審査が事実上行われない程度に小さい場合に，そのような
買収が多く行われることも見出しています。

　キラー買収は医薬品市場のみならず，多くの成長産業で見られる現象です
が，近年では，とくに GAFA などの巨大プラットフォーマーによるスタート
アップ企業の買収が積極的に行われていることが指摘されています。こうし
た状況を受けて，2020 年にアメリカ規制当局は過去に認めたフェイスブック

によるインスタグラムの買収認可を撤回することを公表しました。その理由の1つに，フェイスブックの買収が将来的なインスタグラムとの市場競争を恐れての行為だったことをあげています。

　今日では世界的な大企業であるインテルやマイクロソフト，アップルなどもかつて1970年代には小さなスタートアップ企業の1つでした。これら画期的なイノベーターが登場初期に買収されなかった背景には，当時のアメリカ規制当局がIBM等の大企業による企業買収を厳しく制限していたことにあります。キラー買収に対する問題認識の広がりとともに，今後の競争政策では，優れたイノベーションを阻害する可能性のある企業買収は厳しく取り締まられることになるでしょう。

SUMMARY ●まとめ

☐ **1** イノベーションは新商品や新技術の創出に関するもののほか，新しい販売経路の獲得や新たな原材料の発掘，企業組織の改革などを含みます。また，イノベーションは，それに成功した企業だけでなく，それを利用する他企業や消費者など社会全体に利益をもたらします。

☐ **2** イノベーションには，情報財としての非競合性・非排除性，結果の不確実性，投資の分割不可能性という問題があるため，市場メカニズムに任せると過少にしか供給されない可能性があります。このため，市場の失敗を回避するために政府介入が必要とされます。

☐ **3** 新規企業と既存企業のイノベーションを起こす意欲の違いについて，前者は画期的なイノベーションに対する意欲が高く，後者は既存技術の延長線上にあるようなイノベーションに対して意欲が高いことが知られています。

☐ **4** 知識スピルオーバーが大きい場合には企業の研究開発投資は過少となります。ただし，競合企業が協調して研究開発投資できる場合には過少投資を防ぐことが可能です。

EXERCISE ● 練習問題

11-1 本文を読んで以下の空欄①〜⑨に適切な語句を入れて文章を完成させなさい。

1. イノベーションは，新しい財・サービスを創出することに関わる ① と既存の財・サービスの費用削減に関わる ② に分類できる。経済学者 ③ は，経済の本質は静学的な均衡ではなく，イノベーションによって絶えず均衡が変化し続けるダイナミックな過程にあり，イノベーションによって既存の均衡状態が破られ新しい均衡に向かう過程のことを ④ と呼んだ。

2. イノベーションの担い手に関して，（i）大企業ほど研究開発投資を積極的に行う，（ii）市場支配力の高い市場ほど研究開発投資が行われる，という 2 つの命題を ⑤ と呼ぶ。これまでに（i）に対しては仮説に整合的な実証結果が得られているものの，（ii）については一貫した結果は得られていない。これについては，理論的にはイノベーションの ⑥ 効果と ⑦ 効果のどちらが大きいかに依存することがわかっている。前者はすでに市場支配力を持った既存企業の ⑧ が大きく，イノベーションを起こしたときの追加利潤が市場支配力を持たない新規参入企業よりも小さくなる効果であり，後者は既存企業がイノベーションを起こせずに市場支配力を失うときの損失が，新規企業が参入から得られる利潤よりも大きくなる効果である。また，後者に関連して，既存企業が新規企業の参入阻止を目的に取得する特許のことを ⑨ 特許という。

CHAPTER

第 **12** 章

知的財産権の保護

特許による発明の保護はなぜ必要なのか？

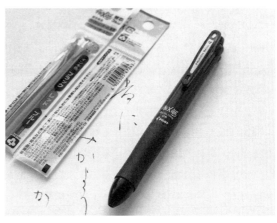

特許として登録されている消せるボールペン「フリクションペン」
（©Mark Markau - stock.adobe.com）

INTRODUCTION

　第 11 章では研究開発によって生み出されるイノベーションが情報財としての非競合性と非排除性の性質を持つことを説明しました。このため，せっかく生み出した新たな発明がライバル企業に簡単に模倣されてしまうのであれば，誰も多額の費用がかかる研究開発に取り組もうとはしなくなってしまいます。この章では企業が生み出した新しい知識やアイデアを保護し，研究開発を促進するための制度について説明します。また，そうした制度のあり方や課題についても競争政策の観点で議論します。

1 特許制度とイノベーション

特許制度とは

知的財産権制度とは，新しい発明や著作・創造物などの知的財産を生み出した者に，政府が一定期間，それらを独占利用する権利を与えることで，**知的財産**（intellectual property）を保護する制度です。いわば，政府が意図的に特定事業者による知的財産の独占利用を認める制度になりますが，これは知的財産の情報財としての性質から生じる市場の失敗を補い，投資した資金を回収する機会を発明者に与えるのが目的です。知的財産権は，大きく分けると，**特許**（patents），**実用新案**（utility model），**意匠**（industrial design rights），**商標**（trademarks），**著作権**（copyright）があり，それぞれ保護対象が異なります（表 12.1 を参照）。この章ではこれら知的財産権のうち，企業の研究開発との関係が深い特許を守るための特許制度について説明します。

特許制度で発明者が独占できる権利とは，自身の発明を他者が無断で使用した場合に，その使用を中止させる差し止め請求権と，使用によって自身が被った損害額を相手に請求することができる損害賠償請求権の 2 つです。特許制度の目的は，発明者の権利を保護して研究開発へのインセンティブを与えるものですが，産業発展を促すことに主眼が置かれています。したがって，最終的には優れた発明は誰もが使え，その恩恵を受けられる方がよいことから，保護される権利期間には期限が定められています。現行制度では原則として特許を出願してから 20 年です。保護期間が終わればパブリック・ドメイン（公有）となり，誰でも自由にその技術を使えるようになります。なお，特許による市場独占は一部の例外を除き独占禁止法の適用対象外となっています。

特許として権利化できる発明は，「自然法則を利用した技術的思想のうち高度なもの」と定められています。身近なスマートフォンを例にあげると，電池，液晶ディスプレイだけでなく，内部の駆動装置としての半導体回路，記憶装置，アンテナ，OS やアプリとなるソフトウェアなどがそれぞれ別々の発明として特許化されています。詳しくは **Column ⓮** で説明しますが，特許化できる発

知的財産	保護対象	保護期間	登録審査	具体例
特許	新しい発明	出願から20年	有	青色発光ダイオード，医薬品全般
実用新案	ちょっとしたアイデアや小発明	出願から10年	無	超立体マスク，カップ麺の構造・形状
意匠	工業デザイン	出願から25年	有	ヤクルトの容器形状，クルトガ（三菱鉛筆）の形状
商標	ブランド	登録から10年（更新可）	有	オリンピックのロゴ，不二家のペコちゃん
著作権	創作物や著作物	著作者の死後70年	無	書籍・漫画・映画・音楽・ゲーム全般

明の範囲は皆さんが想像する以上に広いといえるでしょう。

　また，発明を特許で権利化するには特許庁への申請が必要です。これを出願といいます。そして出願された発明が，特許要件を満たしているかを審査官が審査し，無事要件を満たしていた場合には特許として登録され，権利が付与されます。また，出願や登録時にはそれぞれ特許庁に出願料や登録料を支払う必要があります。

　なお，特許を取得しても自動的に他社による模倣を排除できるわけではない点に注意が必要です。権利侵害については発明者自身が監視し，模倣者がいれば警告，交渉，訴訟等の手続きを常時行っていく必要があります。つまり，権利を取得すればそれで終わりというわけではなく，権利を守るための継続的な監視と資金が必要です。

特許制度によるイノベーションの促進

　ここでは特許制度の存在が，どのようなメカニズムで発明の促進につながるのか考えてみましょう。まず，第11章第2節と同様に完全競争市場において，ある企業が限界費用を低下させるプロセス・イノベーションを行って，それを特許化した状況を想定します。つまり，この企業の技術は特許によって守られ，ライバル企業はその技術を許可なく利用できないということになります。第11章と同様に，ここでもイノベーションを，漸進的なイノベーションと画期

　特許は新たに生み出された技術や知識，アイデアの発明者に独占権を付与する制度ですが，ここではもう少し詳しく内容を見ていきましょう。まず権利の対象となるのは，本文で述べたように「自然法則を利用した技術的思想のうち高度なもの」です。したがって，「自然法則」を利用していない将棋やトランプなどのルール，あるいは万有引力の法則や数学の定理といった自然法則自体は権利化できません。2012 年にノーベル医学・生理学賞を受賞した山中伸弥教授が作製した iPS 細胞も細胞自体は単なる発見であり，技術的思想ではないので権利化できません。ただし，その製造方法は権利化できます。

　アイデアや知識を特許とするためには，従来にない新しい発明であり，かつ容易に思いつくものではないという要件を満たす必要があります。日本では年間 30 万件ほど特許出願されており，単純に考えると 1 日に 900 件弱もの発明が生まれていることになります。身近な例では，お菓子の「トッポ」や「ぷっちょ」の製造技術，消せるボールペン「フリクションペン」のインクや，アイス「雪見だいふく」の凍らないお餅などが特許として登録されています。また，こうした製造技術だけでなく，ビッグデータを利用した AI アルゴリズムや，従来使われていない変数を使った降水確率を求める回帰モデルといった概念も権利化できる可能性があります。

的なイノベーションの 2 つに区別します。前者は，この技術による限界費用の低下がさして大きくなく，イノベーションを起こした企業が他の企業を無視して独占価格をつけられるほどではないイノベーションを指します。また後者は限界費用が大きく低下し，この企業が独占価格をつけてもなお，ライバル企業を市場から排除できるようなイノベーションを指します。

　図 12.1 (a) は漸進的なイノベーションを図示したものです（これは図 11.1 (a) と同じものです）。ある企業がイノベーションに成功する前は，すべての企業は同一の限界費用 c で財を供給している完全競争市場であり，均衡価格は限界費用に等しい水準で決まります（$p^* = c$）。ある企業がイノベーションに成功して限界費用を c' に低下させると，この企業は価格を，c をわずかに下回る水準（$p ≒ c$）に設定することで需要を独占することができます。このとき，イノベー

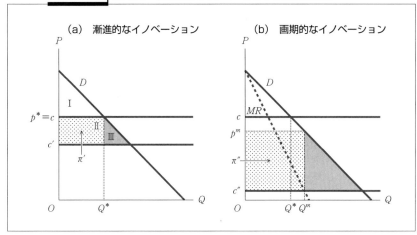

ションを起こした企業は独占利潤 $\pi' \fallingdotseq (c - c')Q^*$ を得ることができます。ここで Q^* は完全競争市場での供給量です。

　一方，図 12.1 (b) は，企業が画期的なイノベーションに成功したケースを示しています。この場合，限界費用は c から c'' へと低下しますが，この企業が他の企業を無視して独占市場と同じように限界収入 $MR = c''$ となるように独占価格 p^m を設定しても，$p^m < c$ が成立するため，ライバル企業を排除できます。したがって，企業は独占利潤 $\pi'' = (p^m - c'')Q^m$ を得ることになります。もちろん，漸進的なイノベーションよりも画期的なイノベーションによる利潤の方が大きく，$\pi'' > \pi'$ となります。

　しかし，もし特許制度がなければライバル企業はすぐにこれらの新しいイノベーションを模倣することができます。つまり，すぐに他の企業の限界費用も下がるため，すべての企業の限界費用が等しい，完全競争市場の状態に戻ります。このとき，新しい市場均衡での価格は，漸進的なイノベーションのケースでは $p^* = c'$，画期的なイノベーションのケースでは $p^* = c''$ となります。この場合，イノベーションを起こした企業は利潤をまったく増やすことができません。このことから，特許制度はライバル企業の模倣を制限し，発明者が利潤を得る機会を与えることで，発明を促進する制度であることがわかります。

社会的厚生における効率性のトレードオフ

　イノベーションを起こすには新技術・新商品の開発や人材育成などへの投資が必要不可欠です（ここでは，これらをまとめて研究開発投資と呼びます）。しかし，研究開発投資にかかるコストは事後的に回収不能なサンクコストであるため，将来的に特許制度による超過利潤がなければ，そもそもこうした投資は行われません。その面でも特許制度による発明者の保護は大切です。

　企業がどのようなイノベーションを行うのかは，研究開発投資の金額と追加的に得られる利潤に依存して決まります。イノベーションから得られる利潤が大きいほど，それだけ研究開発にかけるコストが大きくても採算が合います。したがって，政府が特許制度を強化して，イノベーションから得られる潜在的な利潤を増やすことで，企業に研究開発への投資を促し，発明を奨励できそうです。

　それでは，政策手段としての特許の保護期間を考えてみましょう。研究開発投資を行って特許を取得し，それを製品化したときの独占利潤が現状の保護期間と同じ 20 年間続くとした場合，研究開発投資にかかったコストよりも 20 年間で得られる独占利潤（正確には独占利潤の割引現在価値）の方が大きければ，企業には投資するメリットがあります。短期間の利潤では研究開発投資のコストを補えない場合でも，特許制度によって長期間イノベーションから利潤が得られるのであれば投資は行われることになります。したがって，政府は特許の保護期間を調節することで，企業の研究開発投資へのインセンティブをある程度コントロールできると考えられます。

　イノベーションへのインセンティブを大きくすることだけを考えるのであれば，特許の保護期間は長ければ長いほど望ましいといえます。しかし，長期間の権利を認めることが望ましくない理由もあります。それは特許による独占が死荷重を生み出すことです。**図 12.1** を見ると，漸進的なイノベーションと画期的なイノベーションのいずれにおいても死荷重が発生しています。とくに画期的なイノベーションの場合は，漸進的なイノベーションよりも大きな死荷重になります。ただし，発明以前の状態と比較すれば消費者余剰と生産者余剰を合わせた総余剰は増加しているため，死荷重の発生を考慮しても発明がないよりは望ましい状態です。

もし，特許の保護期間に期限があり，その期限が切れた後に，市場で競合している他企業がただちにこのイノベーションを利用して限界費用を c から c'（ないしは c''）へと下げるのであれば，企業間で限界費用に差がなくなるため，市場は以前の完全競争と同じ状態に移行します。このとき，特許によって発生していた死荷重は，それまで特許企業が得ていた独占利潤とともに消費者余剰に置き換わります。

　以上から，社会的に最も望ましいのは，発明が行われたうえで死荷重がない状態ですが，特許によって独占権が維持されるかぎりは死荷重が発生するため，社会的に最適な状態にはなりません。一般的に総余剰の大きさは，①発明がない状態（図 12.1 (a) の Ⅰ）＜②発明有り・特許有りの状態（Ⅰ＋Ⅱ）＜③発明有り・特許切れの状態（Ⅰ＋Ⅱ＋Ⅲ）となります。つまり，特許制度によって発明が起こることで②のⅡ（動学的効率性）が生まれますが，その後，特許が切れなければ，③のⅢが失われたまま社会的に最適な状態（静学的効率性）が達成されないというトレードオフがあります。

2　最適な特許の保護期間とは

▍特許期間が研究開発に与えるインセンティブ▍

　特許制度は，発明者に事後的な技術独占を認めて利潤を得る機会を与え，企業の研究開発を促進する制度です。ただし，特許の保護期間が長すぎると市場独占による死荷重が大きくなり，また短すぎるとイノベーションそのものが起こらないというジレンマがあります。それでは，社会的に望ましい保護期間はどれくらいといえるのでしょうか？　特許の保護期間が企業の研究開発投資に与えるインセンティブを明らかにしたうえで，それが社会的厚生とどのように関わるのか考えてみましょう。

　ここでは図 12.1 (a) のような漸進的なイノベーションを想定し，ある企業が特許発明によって限界費用を c から c' に下げることを考えます。ここでイノベーションによる限界費用の削減幅を $B = c - c'$（>0）と置きます。つまり，B が大きいほど限界費用の低下が大きいイノベーションになります。また，特許

の保護期間を T 年とし，企業はその期間中は毎年継続して独占利潤 $\pi(B)$ を得られるとします。ここではこの企業が特許発明から T 年間で得る独占利潤の合計を $PV(\pi(B), T)$ で表します。ただし，$PV(\pi(B), T)$ は特許を取得した時点での価値に換算した割引現在価値とします。たとえば，1 年当たりの割引率を r とすると，T 年間の保護期間で得られる独占利潤の割引現在価値は以下で表されます。

$$PV(\pi(B), T) = \sum_{t=1}^{T} \frac{\pi(B)}{(1+r)^{t-1}} = \pi(B) \cdot \frac{1 - \left(\frac{1}{1+r}\right)^T}{1 - \left(\frac{1}{1+r}\right)} = \pi(B)\alpha(T) \quad (12.1)$$

ここで，$\alpha(T) = (1 - (1+r)^{-T})/(1 - (1+r)^{-1})$ ですが，この導出には第 6 章の式 (6.2) と同様に「等比数列の和の公式」を用いています。一般的に，$PV(\pi(B), T)$ はイノベーションによる限界費用の削減幅 B が大きいほど，また保護期間 T が長くなるほど大きくなります。なお，現実的には迂回発明や技術の陳腐化によって保護期間内であっても徐々に利潤は減少していくと考えられますが，ここでは簡略化のためそのような利潤低下はないものとします。

次に企業の研究開発投資について考えます。ここでは限界費用を大きく削減しようとすると必要な投資費用が急激に増加するような費用逓増の状況を想定して，研究開発投資額 I を以下のように定式化します。

$$I = \theta B^2 \quad (12.2)$$

ここで I は限界費用の削減幅 B の 2 乗にパラメータ $\theta > 0$ をかけたものです。なお，この研究開発投資は事後的に回収できないサンクコストであるとします。

以上の仮定のもとで，限界費用の削減幅 B と独占利潤の割引現在価値 $PV(\pi(B), T)$，および研究開発投資額 I の関係をグラフにしたのが図 12.2 です。まず，$PV(\pi(B), T)$ ですが，原点を通る右上がりの直線で表されています。これはなぜかというと，図 12.1 (a) において 1 期間当たりの独占利潤は $\pi(B) = (c - c')Q^* = BQ^*$ であるため，式 (12.1) から $PV(\pi(B), T) = \pi(B)\alpha(T) = BQ^*\alpha(T)$ となり，$PV(\pi(B), T)$ は B の 1 次関数になるからです。また，$\alpha(T)$ は T の増加関数であり，特許の保護期間がたとえば，10 年（$T=10$）と 20 年（$T=20$）のケースでは，20 年の方が $PV(\pi(B), T)$ の傾きは大きくなります。次に研究開発投資額 I ですが，式 (12.2) より B の 2 次関数であるため，

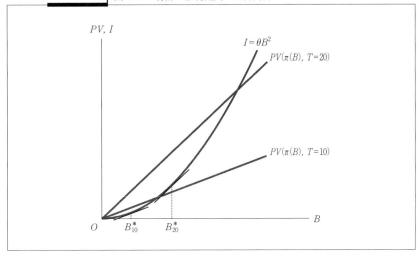

B が大きくなるにつれて急激に増加します。そのため、途中で独占利潤 $PV(\pi$ $(B),\ T)$ と交わることがわかります。

　それでは特許の保護期間 T を所与とした場合に、企業にとってどれだけの限界費用を削減するのが最適といえるのでしょうか？ 研究開発投資を含めた企業の利潤は、独占利潤 $PV(\pi(B),\ T)$ から研究開発投資額 I を引いた額なので、これを最大化する B が企業にとっての最適なイノベーションになります。図 12.2 では、$PV(\pi(B),\ T)$ と曲線 I の傾きが同じになる B が最適な B^* です。たとえば、$T=10$ のときは B_{10}^*、$T=20$ のときは B_{20}^* が最適な投資水準ですが、T が大きいほど $PV(\pi(B),\ T)$ の傾きが大きくなるので、B^* も大きくなります。つまり、特許の保護期間が長くなるほど、企業の研究開発投資に与えるインセンティブは大きくなります。

社会的に望ましい特許期間

　特許期間と企業へのインセンティブの関係を考慮した場合に、社会全体の厚生を高めるための最適な特許の保護期間はどうなるでしょうか？ 前項で見たように、特許が T 期間だけ保護されるときに、合理的な企業であれば利潤を最大にする限界費用の削減幅 $B^*(T)$ を達成しようと、$I^*=\theta\,(B^*(T))^2$ だけ研究開発投資を行うことになります。ここでは、ある企業が $t=1$ 期にこれだ

けの投資を行って限界費用を下げたときの，その後の社会的余剰の総和を考えてみましょう。ただし，投資を行った企業は保護期間の T 年間は独占利潤を得られるものの，特許が切れた $T+1$ 期以降は他の競合企業もただちにその技術を利用することで独占利潤はなくなるものとします。

　上記の設定のもとで，第 1 期に最適投資が行われたときの社会的余剰の総和（の割引現在価値）は以下の式で表すことができます。

$$S(T) = \sum_{t=1}^{\infty} \frac{\mathrm{I} + \mathrm{II}(T)}{(1+r)^{t-1}} + \sum_{t=T+1}^{\infty} \frac{\mathrm{III}(T)}{(1+r)^{t-1}} - \theta(B^*(T))^2 \qquad (12.3)$$

ここで，第 1 項は図 12.1 (a) の I と II の面積の割引現在価値を表しています。II の面積はイノベーションを行った企業が得る 1 期間当たりの独占利潤ですが，限界費用の削減幅 $B^*(T)$ に依存するので T の関数になっています。また，特許の切れた $T+1$ 期以降，$\mathrm{II}(T)$ は生産者余剰から消費者余剰に置き換わります。次に第 2 項の $\mathrm{III}(T)$ ですが，これは $T+1$ 期以降に特許の期限切れによって死荷重がなくなることで生まれる新たな消費者余剰（図 12.1 (a) の III の面積）です。そして，第 3 項はこのイノベーションの創出にかかった研究開発費用です。つまり，第 1 項と第 2 項はイノベーションによる社会的な便益，第 3 項はその費用を表していることになります。

　式（12.3）の $S(T)$ を最大化する T が最適な特許の保護期間 T^* になります。T^* は第 1，2 項による限界便益と第 3 項による限界費用がちょうど釣り合う T として求められますが，イノベーションの革新性やそれにかかる研究開発費用，また財市場の価格弾力性などによって左右されます。ここで，一般的にいえるのは価格弾力性の高い財市場ほど最適な特許の保護期間は短くなるということです。これはなぜかというと，図 12.1 (a) において価格弾力性が高い，つまり需要曲線の傾きが緩やかなほど $\mathrm{III}(T)$ の面積が大きくなりますが，特許の保護期間 T の延長とともに $\mathrm{III}(T)$ が死荷重となる期間が延び，新たな消費者余剰の実現が遅れることで便益への影響が大きくなるからです。したがって，価格弾力性の高い財市場では保護期間を短くするのが社会的余剰の観点からは望ましいといえます。

▌特許以外のイノベーションの促進制度 ▌

　特許制度はイノベーションを促す一方で，市場独占による死荷重を生むとい

う負の側面があることがわかりました。それでは，社会的厚生の観点で特許制度よりも優れた制度はあるのでしょうか？ 実はイノベーションに伴う市場の失敗を補う手段は特許制度だけではありません。ここでは，具体的な方法を2つ紹介します。

まず，政府自身が研究開発活動を行うことがあげられます。政府予算によって研究者を雇って研究開発を行い，得られた発明を無償で公開すれば，特許制度のような死荷重は発生しません。実際に政府は大学や公的研究機関に資金提供し，さまざまな研究開発を行い，その成果を無償公開しています。しかし，この方法も特許制度とは別の問題点があります。まず，政府による研究開発投資は税金によって賄われますが，税金を課す段階で市場に歪みをもたらしてしまうことです。また，どのようなイノベーションに投資すべきかについて，政府は十分な情報を持ち合わせていないことも考えられ，必ずしも社会のニーズに合った研究開発が行われるとは限りません。さらに，政府援助による研究は費用対効果の意識が低くなるため，どうしても費用がかさむ傾向もあります。対照的に，特許制度は企業の私的利益を補完する制度であるため，社会的ニーズに見合ったイノベーションを生み出すためのインセンティブとして機能します。

次に優れた発明に対して賞金を出すという方法も考えられます。政府や非営利団体などの資金提供者が優れた発明に賞金を出すことで成果を買い取り，それを無償で公開すれば，イノベーションへのインセンティブを確保したうえで，かつ独占による死荷重を回避することができます。有名な例として，ナポレオンによる新しい食品保存法に対する懸賞金や，アメリカでのXプライズ財団による有人宇宙ロケット開発や月面ロケット開発に対する賞金レースがあります。前者は陸海軍の大規模遠征に携帯する保存食を開発するために，18世紀末にフランス政府が実施した懸賞金です。これに応じたN.アペールが1804年に食料品の熱滅菌による瓶詰の保存方法を開発しました。後者は宇宙に（数分間でも）滞在できる有人ロケットの開発者に1000万ドルの賞金を出すというものです。このレースは1996年に始まりましたが2004年に無事目標が達成されました。なお，多くの賞金レースは最初に達成目標が示されますが，そうでないケースもあります。目標を定めずに事後的に優れた発明に賞金を出すというもので，ブルースカイ賞金といわれます。ブルースカイとは文字どおり青い空の

意味で，天井のないことを意味しています。

　こうした賞金レースの問題点として，どの程度の金額を賞金にするのが適切か，判断が難しいことがあげられます。賞金額は発明の社会的な価値（発明がもたらす社会的便益）に応じて決めることが望ましいですが，資金提供者がその発明からの便益を正しく判断できず，賞金額を適切に設定できない可能性があります。また，ブルースカイ賞金についても，最終的にどのような発明を賞金の対象とするのか絶対的な評価基準がないことも問題になります。

　以上のように，特許制度以外の手段にも何かしらのデメリットがあります。したがって，これらは特許制度を代替するというよりは，むしろ補完するものと考えた方がよいでしょう。たとえば，実用化にほど遠い基礎研究は，巨額の研究開発投資が必要であり，かつリスクも高いため，特許制度では十分に発明を促すことができません。したがって，こうした長期的な視野で開発を進める必要のある研究については政府資金で賄うことが望まれます。また，ニーズがはっきりしている発明については，賞金レースを導入するなどの政策が効果的です。

▍特許の専有可能性 ▍

　ここまでの説明では，特許を取得すると権利期間中は完全にライバル企業を排除できることを想定しましたが，現実の市場はそれほど甘くはありません。なぜなら，ライバル企業が権利範囲を巧妙に避けるように迂回発明をしたり，代替的な技術の発明が行われたりするケースがあるからです。企業がどの程度イノベーションから利益を確保できるのかを**専有可能性**（appropriability）といいます。うまく特許を取得してもある程度時間が経つと模倣や代替技術を開発されてしまうケースが多く，特許の専有可能性はあまり高くないことが知られています。ただし，例外的に医薬品産業や化学産業などでは，代替が難しい物質の化学式自体を特許にして製品化できるので，専有可能性が高くなる傾向があります。

　イノベーションの専有可能性を確保する手段としては，特許を取得するよりも発明を**秘匿**（secrecy）することで模倣を防ぐことが有効なケースがあります。秘匿による技術利用には権利期間がないため，情報流出しないかぎりは半永久的に利益が得られるという，特許にはないメリットがあります。有名な例では，

コカ・コーラ社のコーラの原料やケンタッキー・フライド・チキンのスパイスの製造方法などが秘匿にあたります。ただし，他社がリバース・エンジニアリングによって技術を容易に模倣できてしまう場合には秘匿は効果がありません。

3 特許をめぐる新たな問題

特許の藪

　技術が高度化・複雑化した現在では，多くの製品が複数の特許発明の組み合わせで作られています。同業他社がいる中で，製品に使われる技術をすべて自社で開発することは難しいため，特定の企業が特許を取得して単独で市場支配力を行使するという，ここまでの節で想定してきたような単純な財市場は例外的なケースです。むしろ，複数の企業が製品に関連した特許を部分的に保有するようなケースが現実的です。とくに半導体，液晶ディスプレイ，スマートフォンなどのエレクトロニクス分野や，放送，通信などのICT分野では，数百から数千もの特許が1つの製品に関連しており，特許の分散所有が進んでいます。このような分野では，意図せずに他社の権利を侵害するリスクが高まっていることが知られています。こうした状況を**特許の藪**（patent thickets）と呼びますが，複雑に入り組んだ権利関係をどのようにコーディネートするかが問題となります。

　特許侵害を避けるためには，事前に有償で特許ライセンスを権利者から受けることが必要となります。しかし，特許の藪が深刻な分野では，事前のライセンスがうまく機能しない可能性があります。この理由の1つは，たとえ個々の特許に対するライセンス料（ロイヤリティ）は小さくても，製品に関わる特許が多いと，それが積み重なることで高額な金額になりうるからです。ライセンス料は特許を利用する企業の固定費用あるいは限界費用となるので，金額が大きい場合には製品市場でその費用を十分に回収できなくなります。このような状態を**ロイヤリティ・スタッキング**（royalty stacking）といいます。

　もう1つの理由はライセンス交渉の問題です。ライセンスが成立するためには，ライセンスする側（ライセンサー）とライセンスを受ける側（ライセンシー）

でそれぞれの特許の価値を評価し，ライセンス料について合意する必要があります。しかし特許の数が多いと，そのような交渉に関わる時間や費用などの取引費用が高くなり，やはり製品化のコストが上昇します。

ロイヤリティ・スタッキングや取引費用の問題によって，製品の市場化を断念せざるをえない状況に陥ることがあります。これを**アンチコモンズの悲劇**といいます。コモンズの悲劇とは，管理者のいない放牧地や漁場のような共有地では，非排除性のため適切に資源管理が行われず，過剰に財が消費されることを意味しますが，アンチコモンズの悲劇は，その逆で，私的権利を持つ管理者が多いために権利の処理費用が高くなりすぎて，結果として過少にしか財が使用されないことをいいます。

企業にとって最も深刻な事態は，特定の製品を製造するために投資した後，あるいは生産を開始した後で，特許権者から特許侵害で生産を差し止められるケースです。企業が大規模に投資した後に，生産を差し止められると大きな損害を被るので，事実上権利者の言い値でライセンス契約を結ばざるをえません。これは第9章で学んだホールドアップ問題です。

そのような事態を避ける方法として，特許の藪が深刻な分野では，大企業を中心に，他社が侵害する可能性のある発明を，自社で利用する可能性が低くてもとりあえず特許化しておくという行為がしばしば見られます。この行為の目的は，他社が自社特許を侵害する可能性を高め，特許侵害で訴えられた場合に相手を反訴できるようにすることにあります。一種の交渉材料として特許を利用しようとする行為です。しかし，こうした行為は，参入企業がお互いに大量に特許を保有しようという行動を招き，それが特許の藪をさらに深刻化させてしまうことになります。お互いに特許を多数保有しようとする企業行動のことを特許ポートフォリオ競争といいますが，大規模な特許ポートフォリオを持たないスタートアップ企業や中小企業の当該分野への参入を抑制してしまうことも問題点として指摘されています。

クロスライセンスとパテントプール

ロイヤリティ・スタッキングや取引費用の問題を避けるために，企業間で**クロスライセンス**（cross licensing）や**パテントプール**（patent pool）という契約を結ぶケースがあります。まず，クロスライセンスとは2社間でお互いの保有す

る特定製品に関する特許を相互利用する契約です。無償で行われることが多い
ですが，双方の保有特許の量や質に差がある場合には，その分を金銭として支
払うケースもあります。クロスライセンスのメリットは，個々の特許査定や交
渉，ライセンス手続きを簡素化することで取引費用を削減しつつ，ロイヤリテ
ィ・スタッキングの問題を避けられることにあります。たとえば，液晶ディス
プレイやスマートフォンなどの半導体産業では大規模メーカー同士でのクロス
ライセンスが頻繁に行われています。ただし，特許の量や質で劣る中小企業に
は利用することが難しいという問題もあります。

　パテントプールは複数の企業が集まって特定の製品に関わる特許を集約・パ
ッケージ化し，一括でライセンスするという方法です。この方法では，企業間
で個別特許のライセンス交渉を避けることができ，特許保有の多寡に関わらず，
多くの企業が参加し，ライセンスを受けることができるというメリットがあり
ます。パテントプールは，公的機関や企業同士が集まって作る技術の**標準化**
（standardization）でもしばしば利用されています。標準化とは，一定のメンバ
ーの合意を得て規格を制定し，その規格を普及させることを指します。これは
新しい規格に準拠した技術をパテントプールによって一括ライセンスすること
で，その技術の導入コストを低下させ，普及を促すというものです。

　一方で，パテントプールは競合他社を含む複数の企業が多数集まって交渉す
ることから，カルテルなどの競争制限の手段として用いられる可能性も排除で
きません。以下に述べるように，パテントプールの反競争的な側面を抑制する
ために，現在では規制当局によるパテントプールに関するガイドラインが定め
られています。

▎パテントプールと競争政策▕

　パテントプールに伴う競争制限行為として，交渉の場を使った価格や生産数
量，お互いの販売テリトリーの取り決めなど，一般的なカルテル行為の手段と
して利用される可能性があります。また，そうでなくても，集約された特許の
ライセンスを選択的に認めることで，業界内の企業が結託して新規参入を排除
することが可能です。特許は他社の技術利用を排除する権利ですが，複数の企
業が協調して権利を行使する行為は独占禁止法上の問題となります。パテント
プールを使った新規参入の排除で問題となった事例としては，1997年に起き

た「ぱちんこ機パテントプール事件」があります。この事件では，ほぼすべてのパチンコ機メーカーが参加して結成されたパテントプールにおいて，プールに参加していない企業への新たなライセンスを制限することで，事実上当該市場への新規参入を不可能にしていました。この行為が問題となり，公正取引委員会から排除措置命令が出され，最終的にパテントプールは解散しました。

パテントプールでは，明示的な共謀行為がなくても，ライセンス料を高額にすることで実質的に他社を排除することが可能です。さらに製品化に必須とはならないような，代替技術が存在する特許をプールに含めることも問題となりうることが知られています。なぜならそのようなパテントプールが普及すると，プールに入れられなかった代替技術の需要が失われてしまい，結果として代替技術の開発・利用の機会が減少し，製品の多様性が損なわれる可能性があるからです。

このようにパテントプールにはさまざまな競争制限行為が伴います。規制当局は原則として，製品製造に不可欠，かつ代替技術のない**必須特許**（essential patents）のみをプールし，安価なライセンス料で公正で無差別にライセンス許諾するという，いわゆる **FRAND 条件**（Fair, Reasonable and Non-Discriminatory condition）下でのみ，パテントプールを認めています。

しかし，このような安価で無差別なライセンスの強制は，特許による排他的な独占権を弱めることになるので，研究開発へのインセンティブを付与するという特許制度本来の機能が損なわれてしまう可能性も指摘されています。

Column ⑮　パテント・トロールの問題

特許の藪が深刻な業種で懸念される問題として，パテント・トロール（特許の怪物）の存在があります。パテント・トロールとは，自社で技術を利用するためではなく，権利侵害で他社を訴え，損害賠償金や和解金を得ることを目的に特許を買い集める事業体を指します。パテント・トロールという呼び名は差別的な意味を含むので，近年は PAE（Patent Assertion Entities：特許侵害主張団体）と呼ばれるようになっています。PAE の基本的な戦略は，企業が特定の製品に大規模な投資を行った後，あるいは企業が集まってパテントプールや標準化がなされた後に，製品化に必要不可欠な必須特許を用いて，それら企業を権利侵害で訴えることで，ホールドアップ状態に追い込む

というものです。ただし，PAE は訴訟で賠償金を勝ち取るというよりはむしろ，ほどほどの金額を提示して和解金を得ることで短期的な収益化を指向するケースが多いようです。この問題がとくに深刻なのはアメリカです。アメリカでは訴訟になると多額の弁護士費用がかかるので，このような和解金ビジネスが成立しやすいといえます。

　PAE による訴訟の事例として，マイクロソフトやアップルが多額の和解金を支払ったケースがあります。PAE の脅威はアメリカで活動する日本企業にとっても例外ではありません。たとえば，トヨタ自動車やホンダのアメリカ法人が，ハイブリッドカーのモーターエンジン制御システムやナビゲーションシステムの特許侵害で PAE から訴訟を起こされています。また，任天堂も家庭用ゲーム機のコントローラに関する特許に関して PAE から訴えられています。

　健全な企業にとって PAE の活動が厄介なのは，彼らは自身で製品・サービスの製造・販売を行っていないので，特許侵害で訴えられた側が訴え返すという反訴ができない点にあります。したがって，特許を多数保有する大企業であっても PAE の脅威を無視することはできません。また，中小企業やスタートアップ企業では，人的・資金的な制約から PAE に対して十分に効果的な対策がとれない可能性が高いといえます。

　PAE の活動による意図しない特許侵害の可能性が高まることで，企業が新たに製品・サービスを提供するのを控えるような状況が懸念されています。一方で PAE によって企業間の特許売買やライセンス契約が活発になれば，技術市場の形成が進むという側面もあります。資金力が乏しく，大規模な工場などのいわゆる補完的資産を持たない中小企業やスタートアップ企業にとっては，特許売買やライセンス契約は技術の収益化の手段の1つです。その点で，PAE の活動は悪い面ばかりではないともいわれています。そのため，PAE の活動が経済にどのような影響を与えているのか，多角的な分析の必要性が高まっています。

SUMMARY ●まとめ

□ 1 特許制度は新しい発明を行った事業者に，研究開発費用を回収できる機会を与えることで研究開発を促す制度です。特許制度は長期的にはイノベーショ

ンを促すことで市場の動学的効率性を高めます。一方で，特定企業に技術独占を認めることで死荷重が発生するため，短期的には静学的効率性が損なわれる一面があります。

□**2** 特許の保護期間が長くなるほど企業の研究開発投資が促される一方で，イノベーションの独占期間が延びることで発生する死荷重も大きくなります。社会的余剰の観点で最適な保護期間は，イノベーションの革新性や費用などに依存しますが，一般的には価格弾力性の高い市場ほど短くなります。

□**3** 特許制度以外のイノベーションを促す方法には，政府自身が研究開発活動を担うことや賞金レースを開催することなどがあげられます。しかし，それら方策も万能ではなく，むしろ特許制度を補完する役割が期待されます。

□**4** 技術の高度化・複雑化とともに，近年は特許の乱立の問題が起こっています。このため，企業間でのライセンス料や取引費用が高額化する傾向にあり，特許の存在がイノベーションを妨げるような新たな問題も出てきています。

EXERCISE ● 練習問題

12-1 本文を読んで以下の空欄①〜⑭に適切な語句を入れて文章を完成させなさい。

1. 知的財産は大きく分けると，特許，　①　，意匠，　②　，著作権の 5 つがある。特許は新しい発明を保護するための制度であり，特許庁への出願・審査を経て登録されるが，保護期間は出願から　③　年である。著作権は，書籍や音楽，ゲームなどの創作物や著作物を保護する制度であり登録・審査の必要はない。また，保護期間は著作者の死後　④　年である。

2. 特許を取得した場合であっても，企業がその発明からの利益を常に独占できるとは限らない。競合企業が既存特許の権利範囲を巧妙に避ける　⑤　を行ったり，まったく異なる方法で同等の効果を得るような代替技術を発明したりするケースがあるからである。企業がどの程度イノベーションから利益を確保できるかを　⑥　という。企業が　⑥　を高めるには，新しい発明を特許にするのではなく，誰にも知られないように　⑦　することが有効な場合もある。

3. 先端技術分野では，1 つの製品に関連する特許件数が多いため，意図せずに他社の特許を権利侵害する可能性が高くなる傾向にある。この状態を　⑧　と呼ぶ。また権利侵害を避けるため，大量の特許を個別にライセンス契約を結ぼうとすると，ライセンス料の総額が高額になってし

まう ⑨ の問題がある。このような問題を避けるために，あらかじめ2社間で特定製品にかかる特許を相互に自由に使えるようにする ⑩ 契約を結ぶ場合がある。また，複数の企業が保有する特許を集約して一括でライセンスを結ぶ ⑪ が行われる場合もある。ただし，後者は特定の財市場で競合している企業が新しい技術を共同利用することになるので，⑫ などの反競争的な手段として用いられる可能性がある。公正取引委員会では，この問題に対処するために，製品製造に不可欠かつ代替技術のない ⑬ のみを，安価なライセンス料で公正かつ無差別にライセンス許諾するという，いわゆる ⑭ 条件下でのみ，⑪ を認めている。

参考文献

(全体)
- 泉田成美・柳川隆（2008）『プラクティカル産業組織論』有斐閣
- 小田切宏之（2001）『新しい産業組織論——理論・実証・政策』有斐閣
- 小田切宏之（2016）『イノベーション時代の競争政策——研究・特許・プラットフォームの法と経済』有斐閣
- 小田切宏之（2017）『競争政策論（第2版）』日本評論社
- 長岡貞男・平尾由紀子（2013）『産業組織の経済学——基礎と応用（第2版）』日本評論社
- 丸山雅祥（2017）『経営の経済学（第3版）』有斐閣
- Belleflamme, P. and M. Peitz (2015) *Industrial Organization: Markets and Strategies*, 2nd ed., Cambridge University Press.

(第1章)
- 柳川隆（2001）「産業組織論の分析枠組——新産業組織論と構造 - 行動 - 成果パラダイム」『神戸大学経済学部研究年報』第47巻，125〜142頁
- 『日本経済新聞』2021年8月27日付朝刊「GAFAの時価総額が日本株超え」
- Viscusi, W. K., J. E. Harrington, Jr. and J. M. Vernon (2005) *Economics of Regulation and Antitrust*, 4th ed., MIT Press.

(第2〜5章)
- 岡田章（2021）『ゲーム理論（第3版）』有斐閣
- 奥野正寛（2008）『ミクロ経済学』東京大学出版会
- 川口健一（2014）「牛丼三国志，新章へ——デフレ外食の象徴，牛丼3チェーンの新たな競争局面」ジェイ・エム・アール生活総合研究所
- 神取道宏（2014）『ミクロ経済学の力』日本評論社
- 経済産業省（2004, 2018）『エネルギー白書』
- マンキュー, N. G.（足立英之・石川城太・小川英治・地主敏樹・中馬宏之・柳川隆 訳）（2019）『マンキュー経済学Ⅰミクロ編（第4版）』東洋経済新報社
- Amir, R. and A. Stepanova (2006) "Second-mover Advantage and Price Leadership in Bertrand Duopoly," *Games and Economic Behavior*, vol. 55, no. 1, pp. 1-20.

(第6章)
- 経済産業省（2015）『各国競争法の執行状況とコンプライアンス体制に関する報告書——国際的な競争法執行強化を踏まえた企業・事業者団体のカルテルに係る対応策』

- 公正取引委員会（2016-2021）『年次報告書』
- 丹野忠晋（2010）「岩見沢官製談合事件と日本の競争政策の深化」『跡見学園女子大学マネジメント学部紀要』第10号，51〜61頁
- 長縄友明（2008）「日米欧の独占禁止法——エンフォースメントの動向と強化改正（1/2）」『大阪経済大学論集』第59巻第2号，107〜140頁
- Connor, J. M.（2008）"The Great Global Vitamins Conspiracies, 1985-1999," SSRN.
- Hay, G. A. and D. Kelly（1974）"An Empirical Survey of Price Fixing Conspiracies," *Journal of Law & Economics*, vol. 17, no. 1, pp. 13-38.

（第7章）
- 植草益編（2004）『エネルギー産業の変革』（日本の産業システム①）NTT出版
- 竹中康治編（2009）『都市ガス産業の総合分析』NTT出版
- 『朝日新聞』2015年12月25日付朝刊「公取委，2社に警告　常滑・ガソリン安売り競争」
- 『日本経済新聞』2016年9月15日付朝刊「JASRAC，違反確定　著作権契約巡り審判請求取り下げ」
- Gkonis, K. G. and H. N. Psaraftis（2008）"Early Commitment and Entry Deterrence in an LNG Shipping Market," *Proceedings of 2nd International Symposium on Ship Operations, Management, and Economics*, SNAME Greek Section, Athens, Greece, 17-18 September 2008.
- Gkonis, K. G. and H. N. Psaraftis（2009）"The LNG Market: A Game Theoretic Approach to Competition in LNG Shipping," *Maritime Economics & Logistics*, vol. 11, no. 2, pp. 227-246.
- OECD（2005）OECD Policy Roundtables: Barriers to Entry.

（第8章）
- 公正取引委員会（2014）『平成25年・26年生産・出荷集中度調査』

（第9章）
- 大橋弘・中村豪・明城聡（2010）「八幡・富士製鐵の合併（1970）に対する定量的評価」経済産業研究所，RIETI Discussion Paper Series, 10-J-021
- 公正取引委員会（2016-2021）『企業結合関係届出等の状況』
- レコフ編（2008）『日本企業のM&Aデータブック——1985-2007』レコフ
- 『M&A専門誌MARR』レコフ，April, 2022

（第10章）
- 岡田羊祐・林秀弥編（2009）『独占禁止法の経済学——審判決の事例分析』東京大学出版会

- 小川純生（2011）「テレビゲーム機の変遷──ファミコン，スーパーファミコン，プレステ，プレステ 2，Wii まで」『東洋大学経営論集』第 77 号，1〜17 頁
- 川濱昇・柳川隆・林秀弥・諏訪園貞明・瀬戸英三郎（2012）『再販売価格維持行為の法と経済学』公正取引委員会競争政策研究センター
- 経済産業省（2018, 2021）『電子商取引に関する市場調査報告書』
- 公正取引委員会（2007）「独占の梃子に関連して独占禁止法上問題となった主な事例」
- 公正取引委員会（2017）「流通・取引慣行に関する独占禁止法上の指針」
- 佐久間正哉編（2018）『流通・取引慣行ガイドライン』商事法務
- 林秀弥（2010）「知的財産権の不当な行使と競争法」『東京大学社会科学研究所紀要』第 61 巻第 2 号，29〜65 頁
- Bronnenberg, B. J. and P. B. Ellickson（2015）"Adolescence and the Path to Maturity in Global Retail," *Journal of Economic Perspectives*, vol. 29, no. 4, pp. 113-134.
- Evans, D. S.（2011）*Platform Economics: Essays on Multi-Sided Businesses*, CreateSpace.
- Rysman, M.（2009）"The Economics of Two-Sided Markets," *Journal of Economic Perspective*, vol. 23, no. 3, pp. 125-143.

（第 11，12 章）
- 岡田羊祐（2019）『イノベーションと技術変化の経済学』日本評論社
- Cunningham, C., F. Ederer and S. Ma（2021）"Killer Acquisitions," *Journal of Political Economy*, vol. 129, no. 3, pp. 649-702（Firstly posted in Sep. 2018）.
- Gilbert, R.（2006）"Competition and Innovation," *Journal of Industrial Organization Education*, vol. 1, no. 1, pp. 1-23.
- Hall, B. H. and N. Rosenberg eds.（2010）*Handbook of The Economics of Innovation*, vol. 1, North Holland.
- Suzanne Scotchmer（2006）*Innovation and Incentives*, MIT press.（青木玲子監訳，安藤至大訳『知財創出──イノベーションとインセンティブ』日本評論社，2008 年）

練習問題解答

第1章

1-1
1. ①公正かつ自由な　②公正取引委員会　③当然違法　④合理の原則
2. ⑤共謀仮説　⑥構造　⑦行動　⑧成果
3. ⑨効率性仮説　⑩効率性　⑪合併　⑫カルテル

第2章

2-1
1. ①左上　②小さく
2. ③固定費用　④可変費用　⑤埋没費用（サンクコスト）　⑥限界費用
3. ⑦同質　⑧参入・退出
4. ⑨内部化　⑩政府収支　⑪社会的余剰

2-2
1. 1200万円
2. 1000万円
3. 700万円

第3章

3-1
1. ①市場支配力　②ゼロ
2. ③市場分割　④増加
3. ⑤固定料金　⑥従量料金　⑦数量割引
4. ⑧高く　⑨低い　⑩低く　⑪高い

3-2　価格：700円　1日当たりの利潤：3万5000円

3-3　解答略

3-4　純粋抱き合わせの生産者余剰：146.875億円，単品販売のみの場合：135億円，混合抱き合わせの場合：141.875億円となり，純粋抱き合わせの方が生産者余剰は大きい。

第4章

4-1　ナッシュ均衡は (U, R) (D, L) の2つ。

4-2

ナッシュ均衡は（シカ，シカ）と（ウサギ，ウサギ）の2つ。

4-3　部分ゲーム完全均衡は（泣き寝入り，発送しない）。

第5章

5-1
1. ①完全競争市場　②クールノーの極限定理　③限界費用
2. ④独占　⑤クールノー競争　⑥ベルトラン競争　⑦完全競争　⑧完全競争　⑨ベルトラン競争　⑩クールノー競争　⑪独占
3. ⑫浸透価格　⑬経験財　⑭ネットワーク外部性　⑮規模の経済　⑯学習効果

5-2　価格は600円。また，1日当たりの利潤は10000円。

第6章

6-1
1. ①不当な取引制限　②価格カルテル　③生産数量カルテル　④シェアカルテル　⑤投資カルテル　⑥市場分割カルテル　⑦入札談合
2. ⑧企業数　⑨参入　⑩事業者団体　⑪同質的　⑫需要変動
3. ⑬リーニエンシー（課徴金減免）　⑭全額免除

第7章

7-1
1. ①サンクコスト　②規模の経済　③スイッチング・コスト　④ネットワーク外部性
2. ⑤不当廉売　⑥不公正な取引方法　⑦平均回避可能費用

7-2　解答略

第8章

8-1
1. ①総括原価　②事業資産　③営業費　④X非効率性　⑤アバーチ＝ジョンソン　⑥プライスキャップ　⑦ヤードスティック
2. ⑧80%　⑨2600　⑩100%　⑪4400　⑫低い
3. ⑬小さいが有意かつ一時的でない　⑭関連市場　⑮狭い

第9章

9-1
1. ①シナジー　②範囲の経済　③ホールドアップ　④関係特殊
2. ⑤ウィリアムソンのトレードオフ　⑥セーフハーバー　⑦HHI　⑧単独　⑨協調

第 **10** 章

10-1

1. ①著作物　②書籍・雑誌　③ブランド内競争　④ブランド間競争　⑤フリーライド

2. ⑥テリトリー制　⑦排他的取引　⑧抱き合わせ　⑨優越的な地位の濫用

3. ⑩市場創造　⑪視聴者獲得　⑫需要調整　⑬シングルホーミング　⑭マルチホーミング　⑮クリティカル・マス

10-2　解答略

第 **11** 章

11-1

1. ①プロダクト・イノベーション　②プロセス・イノベーション　③シュンペーター　④創造的破壊

2. ⑤シュンペーター仮説　⑥置き換え　⑦効率性　⑧機会費用　⑨ブロッキング

第 **12** 章

12-1

1. ①実用新案（商標）　②商標（実用新案）　③20 年　④70 年

2. ⑤迂回発明　⑥専有可能性　⑦秘匿

3. ⑧特許の藪　⑨ロイヤリティ・スタッキング　⑩クロスライセンス　⑪パテントプール　⑫カルテル　⑬必須特許　⑭FRAND

索　引

● アルファベット

DeNA 事件　229
FRAND 条件　272
FTC　→連邦取引委員会
GAFA　2, 254
HHI　→ハーフィンダール＝ハーシュマン指数
JASRAC　→日本音楽著作権協会
M&A　→合併・買収
PAE　→パテント・トロール
PCM　→プライス・コスト・マージン
SCE 事件　→ソニー・コンピュータエンタ
　　ーテイメント事件
SCP パラダイム　14
SIC　→日本標準産業分類
SSNIP テスト　→仮想的独占者テスト
X 非効率性　167

● あ 行

アバーチ゠ジョンソン効果　167
アンチコモンズの悲劇　270
アンバンドリング　169
暗黙の共謀　127, 128
意　匠　258
イノベーション　236-239, 262
　　――の置き換え効果　241, 244, 254
　　――の効率性効果　244, 254
　　画期的な――　242, 259, 261
　　漸進的な――　240, 259, 261
インセンティブ規制　168
ウィリアムソンのトレードオフ　197, 200
迂回発明　242
後ろ向き帰納法　→バックワード・インダク
　　ション
上澄み吸収価格　106, 109
オープン・テリトリー制　213

● か 行

外部性　42, 221
　　正の――（外部経済）　42, 44
　　負の――（外部不経済）　42
外部性収支　45
価格カルテル　128
価格規制　165, 170
価格競争　→ベルトラン競争
価格差別　55, 60
価格戦略　106
価格対抗保証　127
価格弾力性　178
　　需要の――　25
下級財　23
学習効果　108, 109, 154
過剰参入　140
寡占市場　93
仮想的独占者テスト（SSNIP テスト）
　　179, 181, 199
課徴金　9, 119, 129
課徴金減免制度　→リーニエンシー制度
合　併　6, 186, 188, 190
合併ガイドライン　199
合併審査　198, 200
　　八幡・富士製鉄の――　201
合併・買収（M&A）　6, 9, 186
株式交換制度　187
可変費用　28, 29
空脅し　84, 145, 147, 151
カルテル　9, 118-122, 128, 227
カルテル破り　122, 129
川上企業　188
川下企業　188
関係特殊投資　192
官製談合　130
官製談合防止法　130
完全価格差別　56
完全競争市場　35-37, 40
完全情報ゲーム　75
完全補完財　71, 216
関連市場　180, 199

機会費用　26
企業組合　129
企業結合　186, 190
企業結合規制　198
企業連合（トラスト）　12
規制緩和　5, 7
規制産業　5, 162
規模の経済　108, 142, 154, 162, 191
ぎまん的顧客誘引　217
逆需要関数　51
供給曲線　34
　市場全体の――　35
競争回復措置　199
競争政策　5, 10, 193, 198, 216, 227
競争阻害効果　213
競争促進効果　213
競争入札　130
協調効果　191, 199
共同研究開発　253
共謀仮説　14
共謀行為　9
キラー買収　254
均　衡　77
均衡戦略　77
クーニンガム, C.　254
繰り返しゲーム　124
クリティカル・マス　226, 228, 229
クールノー競争（数量競争）　96, 101, 103, 109, 114
クールノーの極限定理　103
クレイトン法　12
クローズド・テリトリー制　213
クロスライセンス　270
経験財　108, 154
ケイブス, R. E.　13
決節点　→ノード
ゲーム・ツリー　80
ゲーム理論　16, 74
ケリー, D.　128
限界収入　52
限界費用　29, 30, 52, 100, 154, 156
限界費用価格規制　165

研究開発　267
研究開発投資　237, 239, 262, 264
　――における協調行動　251
公共財　237
広　告　127
交差価格弾力性　105, 178
　供給の――　177
　需要の――　177
公正性　41
公正取引委員会　8
公正報酬率規制　166
構　造　14
構造推定　201
拘束条件付き取引　217
行　動　14
公平性　41
効　用　20
効率性　38, 41
　――の改善　191
効率性仮説　15
合理の原則　9
顧客奪取効果　138
国際カルテル　131
コスト・スプレッディング　239
固定価格買取制度　46
固定費用　28, 29, 40
固定料金　61
古典的産業組織論　14
コミットメント　89, 90, 114
　信頼のおける――　147
コモンズの悲劇　270
コングロマリット型合併（混合型合併）　188, 190
混合戦略ゲーム　79
混合抱き合わせ　68, 216
コンテスタブル市場　141, 164

● さ　行

再生エネ賦課金　47
再生可能エネルギー　46
最適反応　76
再販適用除外制度　211

再販売価格維持（再販売価格の拘束）　210,
　212, 213, 231
先取り　244
差別化　143
差別財市場　104
差別的取り扱い　217
三角合併　187
産業政策（産業保護政策）　10, 46
産業組織論　3, 4
産業保護　10
サンクコスト（埋没費用）　28, 138, 141,
　158, 164
3社集中度　173, 174
参入規制　140, 143, 163
参入コスト　140
参入自由化　5
参入障壁　142
参入阻止　89
　設備投資による――　148, 153
参入阻止価格　145, 147
参入阻止ゲーム　80, 87
参入封鎖　150
残余需要　96
シカゴ学派　15
死荷重（デッドウェイト・ロス）　40, 43,
　55, 262, 266
事業者団体　129
事業譲渡　186
市場介入　43, 45
市場拡大型合併　190
市場画定　175, 178, 181
市場支配力　6, 54, 141, 171, 179, 191, 199,
　239
市場自由化　11
市場集中度　172
市場の失敗　41, 43, 238
市場分割　57
市場メカニズム　13, 36
自然独占　139, 163
実用新案　258
私的独占　217
　支配型――　217

排除型――　217
私的独占の禁止及び公正取引の確保に関する
　法律　→独占禁止法
私的費用曲線　42, 45
シナジー効果　191, 195
支配戦略　77
支払意思額　20
資本参加　186
資本提携　186
社会インフラ産業　145, 162
社会的費用曲線　42
社会的余剰　44
シャーマン法　12
自由化　11
　航空産業の――　7
　電力市場の――　169
囚人のジレンマ　76, 77, 122
従たる財　142, 215
収入　51
従量料金　61
シュタッケルベルグ競争　111, 152
主たる財　215
需要曲線　20
　――のシフト　22
　市場全体の――　21
純粋コングロマリット型合併　190
純粋戦略ゲーム　79
純粋抱き合わせ　68
純粋持株会社　187
シュンペーター，J. A.　236, 239
シュンペーター仮説　239
上級財　23
消費者余剰　38
商　標　258
商品拡大型合併　190
情報財　237
情報の非対称性　36
新規参入　138, 139
シングルホーミング　226
新産業組織論　16
新実証産業組織論　16
浸透価格　106, 108, 154

垂直型合併　188, 192
垂直的な取引関係　207
垂直的な取引制限　216
垂直統合　209
スイッチング・コスト　89, 143
水平型合併　188, 193, 196
数量競争　→クールノー競争
数量割引　61, 89
スタートアップ企業　254
スティグラー，G. J.　15
成果　14
静学的効率性　263
生産キャパシティ　89, 114, 148
生産者余剰　39, 40
生産要素　26
政府収支　45
政府の失敗　45, 170
セーフハーバー基準　199
セロファンの誤謬　179
先行者優位　112
専売店制　9, 214
専有可能性　268
戦略　74, 124
戦略形ゲーム　75, 82
戦略的代替　98
戦略的補完　99
総括原価　166
操業停止点　34
創造的破壊　236
総費用　27, 28
総費用曲線　27
双方向市場　→両側市場
総余剰　40
ソニー・コンピュータエンターテイメント事件（SCE事件）　230
損益分岐点　33

● た　行

タイイング　71
代替関係　177
代替財　23
多角経営　155

抱き合わせ　9, 68, 71, 142, 144, 215, 216, 218
ただ乗り　→フリーライド
短　期　29
談　合　119, 130
単独効果　191, 199
チェンバリン，E. H.　13
逐次手番ゲーム　75, 80
知識スピルオーバー　246, 249, 250
知的財産　258
長　期　29
著作権　258
追随者優位　113
ディキシット，A. K.　148
ディーラー制　214
デジタル革命　60
デジタルプラットフォーム取引透明化法　2
デッドウェイト・ロス　→死荷重
デムゼッツ，H.　15
テリトリー制　143, 213
展開形ゲーム　80, 82
電子商取引　219
電力産業　169
同意審決　201
動学的効率性　263
同時手番ゲーム　75, 82
投資の分割不可能性　238
当然違法　9, 119
等比数列の和の公式　126, 264
独占企業　165
独占禁止法（私的独占の禁止及び公正取引の確保に関する法律）　8, 12, 129
　——第1条　217
　——第2条　156, 211
　——第15条　198
独占市場　13, 50
　——の社会的厚生　54
独占的競争　106
独占の梃子　216
特　許　258, 260
　——制度　145, 245, 258, 259, 263, 266

——の保護期間　262, 263, 265
——の藪　269
特許侵害主張団体　→パテント・トロール
特許ポートフォリオ競争　270
トラスト　→企業連合
トリガー戦略　125
とりこの理論　170
取引拒絶　217
取引費用　270

● な　行

内部化　45
内部補助　155
ナッシュ, J.F., Jr.　78
ナッシュ均衡　78, 83, 84
二重マージン　208
二部料金　61, 63
日本音楽著作権協会（JASRAC）　144
日本標準産業分類（SIC）　176
入札談合　130
ネットワーク外部性　108, 143, 221
ネットワーク型産業　17
ネットワーク効果　154, 221
　間接——　221, 222, 224
　直接——　221
ノード（決節点）　80

● は　行

買　収　6, 186
排除型私的独占　217
排除措置命令　9, 129, 144
排他的取引　143, 214, 229
パ　ス　80
ぱちんこ機パテントプール事件　272
バックワード・インダクション（後ろ向き帰
　納法）　86, 110, 124
パテント・トロール（PAE；特許侵害主張
　団体）　272
パテントプール　270, 271
ハーバード学派　14
ハーバード＝シカゴ論争　15
ハーフィンダール＝ハーシュマン指数

（HHI）　173, 174, 199
パレート最適　40, 78
範囲の経済　192
反トラスト法　12
バンドリング　218
反応関数　95, 96
非競合性　237
ビタミン・カルテル　131
必須特許　272
秘　匿　268
非排除性　237
費　用　26, 51
標準化　271
費用逓減産業　162
評判形成　148
フォークの定理　127
不確実性　238
不完全競争市場　41, 100
不完全情報ゲーム　75
不完備情報ゲーム　90
複占市場　94
不公正な取引方法　211, 217
不正競争防止法　245
不当な取引制限　9, 118, 217
不当な利益による顧客誘引　217
不当廉売　156, 158, 228
　ガソリンの——　157
不当廉売ガイドライン　228
部分ゲーム　84
部分ゲーム完全均衡　84, 85
プライスキャップ規制　168
プライス・コスト・マージン（PCM）
　171
プライス・テイカー　31, 36
プライス・メーカー　50
プラットフォーマー　2, 220, 224, 254
プラットフォーム　17, 220, 223
　市場創造型の——　222
　視聴者獲得型の——　222
　需要調整型の——　222, 226
プラットフォーム・ビジネス　143
フランチャイズ制　214

ブランド間競争　206
ブランド内競争　206, 209
ブランド・ロイヤリティ　89, 143
フリーライド（ただ乗り）　122, 212, 246,
　253
ブルースカイ賞金　267
プレイヤー　74
プロセス・イノベーション　236, 240, 259
ブローゼン, Y.　15
プロダクト・イノベーション　236, 242
ブロッキング特許　244
ヘイ, G. A.　128
平均回避可能費用　156
平均可変費用　29, 30
平均固定費用　29
平均増分費用　156
平均費用　29, 30
平均費用価格規制　166
ベイン, J. S.　13
ベルトラン競争（価格競争）　98, 100, 107,
　109, 110
　差別財の――　104, 112
補完財　23
補助金　44
ポスト・シカゴ学派　17
ボーモル, W. J.　141
ホールドアップ問題　192, 200, 270

● ま 行

埋没費用　→サンクコスト
マーケットシェア　172
マッチング・サービス　221
マルチホーミング　226
民営化　5
　国有企業の――　11

メイスン, E. S.　13
メニュー料金　66
持株会社　10, 11, 186
モニタリング　170

● や 行

ヤードスティック規制　168
優越的地位の濫用　217
ユニバーサル・サービス　5
余　剰　38

● ら・わ 行

ライセンス　269
ラーナー, A. P.　171
ラーナーの独占度　171
利　潤　32, 39, 51
　――最大化条件　32, 53
　独占企業の――　50
リージン事件　212
利　得　74
利得表　74
リーニエンシー制度（課徴金減免制度）
　131
リバース・エンジニアリング　245
略奪価格　154, 155
流通革命　219
流通・取引慣行ガイドライン　213
両側市場（双方向市場）　221, 223, 227
レント・シーキング　170
連邦取引委員会（FTC）　13
連邦取引委員会法　13
ロイヤリティ・スタッキング　269
ロビー活動　170
ロビンソン, J. V.　13
割引現在価値　125

有斐閣ストゥディア

産業組織のエッセンス
The Essence of Industrial Organization

2022 年 9 月 25 日　初版第 1 刷発行

著　者	明_{みょう}城_{じょう}　　聡_{さとし}
	大_{おお}西_{にし}　宏_{こう}一_{いち}郎_{ろう}
発行者	江　草　貞　治
発行所	株式会社　有　斐　閣

郵便番号 101-0051
東京都千代田区神田神保町 2-17
http://www.yuhikaku.co.jp/

印刷・大日本法令印刷株式会社／製本・大口製本印刷株式会社
© 2022, Satoshi Myojo, Koichiro Onishi. Printed in Japan.
落丁・乱丁本はお取替えいたします。
★定価はカバーに表示してあります。
ISBN 978-4-641-15100-0